Künstliche Intelligenz:
Transformation und Krisen in Wirtschaft und Gesellschaft

Prof. Dr. Frank H. Witt studierte Wirtschaftswissenschaften und Philosophie an der Bergischen Universität Wuppertal und forschte am dortigen Forschungsinstitut für Telekommunikation, am Instituto de Dirección y Organización de Empresas (IDOE) de la Universidad de Alcalá und dem Research Center For Advanced Sciences and Technology of the University of Tokyo. Nach einer akademischen Karriere in Deutschland, Wuppertal, Karlsruhe, Hannover und Berlin, sowie u. a. in London, Kairo und Windhuk war er als Chairman und Partner der Science, Consulting & Investment Ltd. SAR Hong Kong im internationalen Projektmanagement auf den Gebieten Wirtschaft, Technologie und Bildung tätig. Derzeit arbeitet er von Deutschland und Malta aus als freier Autor, Dozent und Consultant im internationalen, Venture Capital finanzierten Projektmanagement an der Entwicklung von mit künstlicher Intelligenz unterstützten, hybriden Studien- und Trainingsprogrammen.

Frank H. Witt

Künstliche Intelligenz: Transformation und Krisen in Wirtschaft und Gesellschaft

UVK

Umschlagabbildung: © imaginima iStockphoto

Bibliografische Information der Deutschen Nationalbibliothek
Die Deutsche Nationalbibliothek verzeichnet diese Publikation in der Deutschen Nationalbibliografie; detaillierte bibliografische Daten sind im Internet über http://dnb.dnb.de abrufbar.

DOI: https://doi.org/10.24053/9783381130726

– Ein Unternehmen der Narr Francke Attempto Verlag GmbH + Co. KG
Dischingerweg 5 · D-72070 Tübingen

Internet: www.narr.de
eMail: info@narr.de

Druck: Elanders Waiblingen GmbH

ISBN 978-3-381-13071-9 (Print)
ISBN 978-3-381-13072-6 (ePDF)
ISBN 978-3-381-13073-3 (ePub)

MIX
Papier | Fördert gute Waldnutzung
FSC® C016368
FSC www.fsc.org

Inhalt

Vorwort und Danksagung

Der vorliegende Text besteht aus ausgearbeiteten Vorlesungen, Vorträgen und Seminaren mit Fallstudien an verschiedenen Universitäten und Forschungseinrichtungen sowie im Rahmen von Executive Trainings, die wie zum Teil Kollegen als eingeladene Gastdozenten seit 2018 an Institutionen auf nahezu allen Kontinenten abgehalten haben. Es wäre uns nicht möglich gewesen, dieses kleine Buch zu schreiben, ohne fördernde Institutionen. Zu nennen ist hier an erster Stelle der Deutschen Akademischen Austauschdienst (DAAD) und einladende Institutionen und Auftraggeber, die Kosten von Reisen und Aufenthalten übernommen haben.

Dankbar für die vielen Anregungen, die wir durch Diskussionspartner, Kollegen und Zuhörer erhalten haben, manchmal auch in zufälligen Begegnungen auf den im Kontext der ökologischen Krise nicht gerade förderlichen Reisen. Wissenschaft, Forschung und Beratung sind ein globales System oder Geschäft, das sich auch im konkreten Erleben von Interaktion konkretisieren muss. Natürlich danken wir auch all jenen, die Beiträge zu Wissenschaft und Forschung geleistet haben, auf die wir hier aufbauen können. Auf diese Quellen wird, den Üblichkeiten in Lehrbüchern folgend, in Fußnoten hingewiesen.

Für großzügige Unterstützung mit Sachkenntnis und teils auch notwendigen Ressourcen danken wir darüber hinaus dem Mathematiker und Wirtschaftswissenschaftler *Dirk Linowski* in Rostock, dem Mathematiker und Informatiker *Thomas Kelterbach* in Alfter bei Bonn sowie *Vijay P. Singh* in Hongkong und Hangzhou der uns Zugänge zum gegenwärtigen Stand der neurobiologischen und KI-Forschung vermittelt hat. Hier zu nennen sind auch viele Kollegen und Freunden aus alter und neuer Zeit darunter *Klaus Schild*, *Magdalena Klein* und *Lutz Becker* sowie *Gunnar und Constantin Sohn*, die mir in vielen Gesprächen oder auf Social Media wertvolle Einsichten und Einschätzungen zu KI vermittelt haben. Gerade auch weil sie zum Teil Einwände hatten und andere Einschätzungen vertreten. Zu danken habe ich auch den Mönchen des Benediktiner Klosters Santa María in Ripoll, Katalonien, die mich in ihrer Bibliothek unermesslich kostbare Abschriften von Texten aus dem 15. Und 16. Jahrhundert sehen ließen und dazu Auskünfte in allen gängigen europäischen Sprachen geben konnten sowie *Yvonne Awuor*

Atieno, die mich dazu inspiriert hat, über das Mysterium des Glaubens, den ich selbst nicht besitze, nachzudenken.

Der Text selbst ist vorwiegend in San Ġiljan, Malta und im Mindspace – Coworking & Private Büros in Düsseldorf entstanden.

San Ġiljan, 01.04.2025
Frank H. Witt

1 KI im Verhältnis zu Krisen und Transformation der Gegenwartsgesellschaft

„What I cannot create, I do not understand." *Richard Feynman*[1]

„Jetzt müssen wir verstehen, dass moderne KI eine viel bessere Form der Intelligenz ist als die, die wir selbst haben. Sie ist uns schon heute in vielen Bereichen weit überlegen." *Geoffrey Hinton*[2]

Künstliche Intelligenz (KI) erscheint wie ein Bote aus einer uns noch unbekannten Welt, der uns auch über uns selbst aufklären könnte. Wenn wir etwas herstellen können, so der geniale theoretische Physiker **Richard Feynman**, dann können wir es auch verstehen. Zu fragen, wie etwas funktioniert, ist für uns – auch in den Wirtschafts- und Sozialwissenschaften – der beste Zugang zur Wirklichkeit. Das gilt ebenso für Maschinen, die zentrale Funktionen des Gehirns gleichwertig imitieren und in vielerlei Hinsicht dessen Leistungsfähigkeit übertreffen. Wir erfahren damit etwas über uns selbst, was wir bisher nicht wussten, und können künftige Möglichkeiten erkennen. Es geht um einen *realistischen* Blick auf Gegenwart und Zukunft. Das erfordert aber auch, darzustellen, wie Wirklichkeit entsteht, sich verändert und weiter verändern wird. Das ist nicht leicht zu verstehen, aber wir bemühen uns nach Kräften.

Gefühle, das bewusste Erleben und Empfinden von Freude oder das Erkennen der Farbe Rot, sogenannte *Qualia* fungieren in Diskussionen über die Menschenähnlichkeit von KI als zentrales Unterscheidungsmerkmal zwischen Lebewesen, insbesondere Menschen auf der einen und Maschinen auf

---

1 Das Zitat wird dem renommierten Physiker und Nobelpreisträger Richard Feynmann zugeschrieben. Es fand sich nach seinem Tot im Jahr 1988 auf einer Tafel in seinem Haus. Vgl. Gleick, J. (1992). Genius: The Life and Science of Richard Feynman. New York: Pantheon Books. Es ist eine prägnante Beschreibung empirischer und experimenteller Wissenschaft, die dem sich seit dem 15 Jahrhundert und in der Gegenwart stark beschleunigendem wissenschaftlich-technischen Fortschritt zu Grunde liegt.

2 Zitat aus Book, S. (2024) Wir sollten sehr ängstlich sein. Interview mit Geoffrey Hinton. Ein SPIEGEL-Gespräch von Simon Book 14.09.2024, 12.48 Uhr • aus DER SPIEGEL 38/2024 https://www.spiegel.de/netzwelt/web/ki-erfinder-geoffrey-hinton-ultimativ-droht-die-ausloeschung-der-menschheit-a-b4eebf6a-d10c-4f7d-8994-c145dae6f9c7?sara_ref=re-xx-cp-sh

der anderen Seite. Kann KI ein Bewusstsein haben? Das ist für den Philosophen **David Chalmers**[3] der ultimative Test, ob es eine KI, die dem Menschen ebenbürtig ist, überhaupt geben kann. Nun, Intelligenz und Bewusstsein sind etwas vollkommen anderes, als das, was sich Geisteswissenschaftler darunter vorstellen. Ein anderer Philosoph, **Ludwig Wittgenstein** hat uns in seinen posthum bereits Mitte des 20. Jh. veröffentlichten Vorlesungsmanuskripten, den Philosophischen Untersuchungen[4] über die Phänomene des individuellen Bewusstseins, der Sprache und der Bedeutung von Zeichen, Worten und Sätzen aufgeklärt bzw. die Überzeugungen dazu, die im Zusammenhang mit der Philosophie der Aufklärung stehen, kritisch mit dem bereits damals bekannten Stand der empirischen Forschung abgeklärt. Das Buch von Wittgenstein, zu dessen Studenten der für die Entwicklung von KI wohl bedeutendste Computerwissenschaftler, **Alan Turing**, gehörte, hat kaum jemand „richtig“ gelesen oder „verstanden“. Deshalb ist in den Teilen III und IV dieses Lehrbuches sehr viel die Rede von **Ludwig Wittgenstein** *bevor* wir dann zur Abklärung der Funktionsweise *des Gehirns und von KI* auf dem heutigen Stand der Forschung kommen.

1.1 Sozialisation von Maschinen: Wenn das Gehirn Gefühle „errechnet“, können KI, GPTs und deren Weiterentwicklungen das dann im Prinzip auch?

Falls Sie jetzt schon die Neugierde quält, ein kleines Beispiel: Ein Experiment mit einer Gummihand, das illustriert, womit sich Neurologen beschäftigen, wenn von Gefühlen und Bewusstsein die Rede ist und den Studierenden zu erklären versuchen, was diesen Phänomenen zugrunde liegt: Nur eine von vielen Funktionen des zentralen Nervensystems, des Gehirns.

---

3 Chalmers, D. J. (1995). Facing up to the problem of consciousness. Journal of Consciousness Studies, 2(3), 200–219. Chalmers, D. J. (1996). The conscious mind: In search of a fundamental theory. Oxford University Press.

4 Wittgenstein, L. (1953). Philosophische Untersuchungen (G. E. M. Anscombe, Übers.). Basil Blackwell

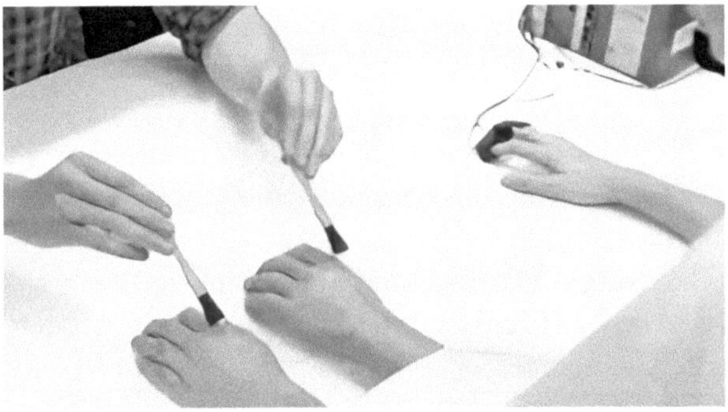

Abbildung 1 und 2: Mit Studierenden nachgestelltes Experiment von Botvinick und Cohen (1998). Nelson Monument. London Trafalgar Square (eigene Fotos)

Das „Gummihand Experiment“ bzw. das Rubber Hand Experiment der US-Psychologen **Matthew Botvinick** und **Jonathan Cohen** von 1998[5] ist zu einem Klassiker im Neurologiestudium geworden, aber auch zu einem anschaulichen Beweis der Theorien des *Computational, Predictive und Social Brains.*[6] Ihr Gehirn kann dafür sorgen, dass Sie bewusst Empfindungen haben, die *nicht real* sind. Deshalb besitzen Sie i. d. R. eine große *Empathie* für andere Menschen und ihre Gefühle („Einfühlungsvermögen“); möglicherweise auch in Bezug auf Tintenfische auf ihrem Teller oder im Ozean (viel weniger). Setzen Sie Versuchspersonen an einen Tisch, verdecken deren Sicht auf die Verbindung zur linken Hand durch eine Blende. Sichtbar daneben legen Sie ein Gummimodel einer Hand und reizen echte und künstliche Hand gleichzeitig mit einem Pinsel. Die Probanden haben das Gefühl, die Gummihand gehöre zu ihrem Körper.

Wenn Sie jemals das Unglück hatten, eine Gliedmaße zu verlieren, werden Sie wahrscheinlich eine Phantomempfindung erleben, bei der sich Ihr fehlendes Glied so anfühlt, als wäre es noch da. Etwa 90 Prozent der Amputierten verspüren zumindest vorübergehend eine solche Empfindung. Sie können sehen, dass das Glied fehlt, und es dennoch in jeder Einzelheit spüren. Wie der *Geist* einer Gliedmaße erstreckt es sich unsichtbar vom Körper weg. Lord Horatio Nelson, der große britische Admiral, der in der

---

5 Botvinick, M., & Cohen, J. (1998). Rubber hands ‚feel‘ touch that eyes see. Nature, 391(6669), 756. https://doi.org/10.1038/35784 – siehe auch Kapitel 3

6 Die Grundlagen der Theorie des „Social Brain“ werden wir in Kapitel 2 zur Homininen-Evolution erklären und später in Kapitel 3 und IV vertiefen.

Seeschlacht von Santa Cruz de Tenerife am 24. Juli 1797den linken Arm verlor, soll auf die Frage ob er an Geister und ein Leben nach dem Tod glaubt geantwortet haben: Ja! Wenn sein Arm einen Geist haben könne, dann könne das auch der Rest von ihm.[7] Zu ergänzen ist, wenn das so ist, dann kann KI ebenso wie das menschliche Gehirn Gefühle errechnen, die möglicherweise nicht mit der Wirklichkeit korrespondieren, möglicherweise aber doch.[8]

Bereits jetzt verfügen Generative Pre-Trained Transformer (GPTs), sogenannte Large Language Models (LLMs) oder Large Reasoning Models (LRMs sind mittlerweile die Grundlage für „KI Agenten“ und werden die Fachdiskussionen in nächster Zeit dominieren.)[9] Wie das genau funktioniert und das diese zumindest in Bezug auf Kommunikation über den dem menschlichen Bewusstsein zumindest *ähnliche* Aufmerksamkeit verfügen, erklären wir in Kapitel 4 dieses Buches.

1.2 Das Gehirn als Vorbild für die Entwicklung von KI

Mit immer leistungsfähigerer KI wird sich nicht nur die Art und Weise, *wie* wir leben, verändern, sondern potenziell auch das Leben selbst. Schließlich basiert die Entwicklung von KI auch auf Fortschritten in der Biologie, sowohl in der Neurobiologie als auch im Verständnis der Evolution als informationsverarbeitendem Prozess, in dem die Weitergabe und Veränderung von Erbinformationen eine zentrale Funktion bei der Anpassung an eine sich ebenfalls verändernde Umwelt hat.

Ohne KI wäre auch das Editieren, also die planvolle Veränderung von Genomen, wie sie in der Gentechnologie vor allem durch eine *CRISPR-Cas9* genannte Technik – die sogenannte „Genschere“, entwickelt von **Jennifer Doudna** und **Emmanuelle Charpentier** – ermöglicht wird, nicht durchführbar.[10] Das spielt in Bezug auf das menschliche Genom aus ethischen

7 Vgl. Graziano, M. S. A. (2019) Rethinking Consciousness – a Scientific Theory of Subjective Experience, Princeton NJ, Pp..102

8 Welivita, A., & Pu, P. (2024). Empathy showdown: Comparing empathetic responding of state-of-the-art LLMs with human responses. arXiv preprint arXiv:2406.05063. https://arxiv.org/abs/2406.05063

9 Siehe oben und vgl. Tak, S., & Gratch, J. (2023). How well does GPT-3.5/GPT-4 infer emotions? A psychological evaluation of ChatGPT's emotion recognition abilities. arXiv preprint arXiv:2307.13779. https://arxiv.org/abs/2307.13779

10 CRISPR: Clustered Regularly Interspaced Short Palindromic Repeat; Cas 9: CRISPR associated Protein 9. CRISPR-Cas9 ist eine Technologie zur gezielten Genom-Editie-

Gründen und aufgrund bestehender gesetzlicher Verbote bisher nur bei dringenden Behandlungsversuchen schwerer Erbkrankheiten eine Rolle, wenn Patienten sonst versterben würden und deshalb Ausnahmegenehmigungen von den zuständigen Behörden erteilt werden.

Die technischen Möglichkeiten, Chromosomen und damit Erbinformationen zu verändern und zielgenau menschliche Embryonen mit vorbestimmten, erwünschten Eigenschaften zu erzeugen, sind aber vorhanden. Bisher machte allerdings nur ein Fall Schlagzeilen, in dem sich eine Forschergruppe über ethische Bedenken und bestehende Verbote hinwegsetzte und Zwillinge schuf, die gegen die durch das HIV-Virus verursachte Infektionskrankheit AIDS immun sein sollen und diese Immunität auch weitervererben würden.[11] Eingriffe in die menschliche Keimbahn gelten nach wissenschafts- und medizinethischen Standards als zu risikoreich, da bisher die Funktion von nur wenigen der ca. drei Milliarden menschlichen Gene bekannt ist. Noch viel weniger weiß man darüber, wie genau Aktivierung und Deaktivierung einzelner Gene infolge von Wechselwirkungen untereinander ablaufen und wie sich diese zuverlässig über Generationen hinweg steuern ließen. Der Schlüssel dazu liegt allerdings nicht bei der Lebenswissenschaft selbst, sondern bei fortgeschrittenen Formen künstlicher Intelligenz.

Es genügt hier der Hinweis, dass es sich bei der Entwicklung künstlicher Intelligenz um eine *Doppelrevolution der Biotechnologie und Informationstechnologie* handelt, die aufeinander aufbaut, wechselseitig zurückwirkt und sich daher enorm beschleunigt. Letztlich geht es auf beiden Seiten um funktional äquivalente Sachverhalte: Informationsverarbeitung auf verschiedenen Komplexitätsstufen, die dem menschlichen Bewusstsein allein schon wegen der großen Zahlen in der Kombinatorik – sehr geringer Wahrscheinlichkeiten bei enorm vielen Kombinationsmöglichkeiten – kaum zugänglich sind, lernenden Maschinen jedoch schon. Es zeigt sich bereits jetzt, dass Muster und Abweichungen, die zu Krankheiten oder zu bestimmten Eigenschaften führen, besonders gut durch KI erkannt und vorhergesagt

---

rung, die es ermöglicht, genetischen Code in der Form von DNA oder RNA präzise zu schneiden und zu verändern. Im Detail:
Doudna, J. A., & Charpentier, E. (2014). The new frontier of genome engineering with CRISPR-Cas9. Science, 346(6213), 1258096. DOI: 10.1126/science.1258096

11 Cyranoski, D. (2019). What CRISPR-baby prison sentences mean for research. Nature, 566(7742), 16-17. DOI: 10.1038/d41586-019-00173-2

werden können.[12] Eine planvolle Veränderung des menschlichen Genoms und die Beherrschung der damit verbundenen Risiken rücken erst durch die Entwicklung künstlicher Intelligenz in den Bereich des Möglichen.

1.3 Ohne grundlegende Kenntnisse der Funktionsweise der globalen Gegenwartsgesellschaft können die Wirkungen von KI nicht sinnvoll beurteilt werden

Gesellschaft und *soziale Funktionssysteme* wie Wirtschaft, Politik, Recht, Bildung und Wissenschaft sind eine andere Stufe und Form der Systembildung. Diese ist über biologische Prozesse und die Anpassung an die natürliche Umwelt durch zufällige genetische Veränderungen nicht zu erklären. Der moderne Mensch hat sich genetisch seit Zehntausenden von Jahren nicht wesentlich verändert. Kultur und Gesellschaft sowie das, was wir wissen (könnten), und die Maßstäbe bzw. Normen sozialen Handelns hingegen schon.

Dass KI Menschen dort ersetzen könnte, wo sie bisher als unersetzlich galten – nämlich in dem Raum zwischen uns, der Kommunikation[13] – stellt auch die gewohnten Strukturen der globalen Gegenwartsgesellschaft und ihre Funktionsweise infrage:

> „KI, die Bilder, Sprache und Text verstehen und generieren kann, wird alles verändern."[14]

Denn es gilt: Gesellschaft und soziale Funktionssysteme sowie die Institutionen und Organisationen, in denen sie sich — in Politik, Recht, Wirtschaft, Bildung, Wissenschaft und Forschung — materialisieren, basieren auf Kom-

---

12 Vgl. für viele: Jumper, J., Evans, R., Pritzel, A. et al. (2021). Highly accurate protein structure prediction with AlphaFold. Nature 596, 583–589 (2021). https://doi.org/10.1038/s41586-021-03819-2

13 Graziano, Michael S. A. (2018). The Spaces Between Us: A Story of Neuroscience, Evolution, and Human Nature. Oxford University Press.

14 Vgl. Book, S. (2024) Wir sollten sehr ängstlich sein. Interview mit Geoffrey Hinton. Ein SPIEGEL-Gespräch von Simon Book 14.09.2024, 12.48 Uhr • aus DER SPIEGEL 38/2024 https://www.spiegel.de/netzwelt/web/ki-erfinder-geoffrey-hinton-ultimativ-droht-die-ausloeschung-der-menschheit-a-b4eebf6a-d10c-4f7d-8994-c145dae6f9c7?sara_ref=re-xx-cp-sh

munikation und Veränderungen durch Kommunikation, die sich in Kultur und Technologie abbilden.[15]

Darin stimmen wir mit dem eingangs neben **Richard Feynman** zitierten **Geoffrey Hinton** überein, der als einer der führenden Köpfe auf dem Gebiet der KI und der zugrunde liegenden Deep-Learning-Technologien gilt. Kaum jemand dürfte so viel von KI und ihren Möglichkeiten verstehen wie Hinton. Er wurde 2018 zusammen mit **Yann LeCun** und **Yoshua Bengio** für die Entwicklung von sogenannten Backpropagation-Algorithmen und Regularisierungstechniken mit dem Turing-Preis für Informatik ausgezeichnet.[16] Diese Verfahren und Technologien sorgen dafür, dass Maschinen ähnlich wie Menschen lernen und denken können. Hinzu kommt der Nobelpreis für Physik, den Hinton 2024 zusammen mit **John Hopfield** aus anderen Gründen erhalten hat (dazu mehr in Kapitel 4). Backpropagation-Lernalgorithmen ermöglichen KI bereits jetzt, Probleme zu verstehen und zu lösen, indem sie Analogien bildet und kreativ ist (oder wie Menschen kreativ zu sein scheint). Dies wird möglich, indem biologische, neurologische Prozesse im Gehirn durch Software repräsentiert und nachgeahmt werden. Alle genannten Forscher wurden mit einigen der renommiertesten Wissenschaftspreisen der Gegenwart geehrt, weil sie einem Forschungsprogramm zum Durchbruch verhalfen, das der Namensgeber des Informatikpreises, **Alan Turing**, bereits in einem bahnbrechenden Artikel in der renommierten Zeitschrift *Mind* im Jahr 1950 skizzierte.[17]

Turing schlug sowohl einen empirischen Test[18] vor, mit dem festgestellt werden kann, ob die Entwicklung von KI voranschreitet, als auch einen Weg, um die Entwicklung künstlicher Intelligenz zu beschleunigen. Demnach

---

15 Luhmann, N. (1997). Die Gesellschaft der Gesellschaft. 2 Bände. Frankfurt am Main: Suhrkamp; Luhmann, N. (1984). Soziale Systeme: Grundriss einer allgemeinen Theorie. Frankfurt am Main: Suhrkamp.

16 Association for Computing Machinery (ACM). (2019). „2018 ACM A.M. Turing Award Honors AI Pioneers.“ Pressemitteilung vom 27. März 2019. Verfügbar unter: https://www.acm.org/media-center/2019/march/turing-award-2018 sowie LeCun, Y., Bengio, Y., & Hinton, G. (2015). „Deep learning.“ Nature, 521(7553), 436–444.

17 Turing, Alan M. (1950): „Computing Machinery and Intelligence.“ In: Mind, Band 59, Nummer 236, Oktober 1950, Seiten 433–460; Turing, A. M. (1948). Intelligent Machinery. National Physical Laboratory. (Reprinted in D. C. Ince (Ed.) (1992), Collected Works of A. M. Turing: Mechanical Intelligence (pp. 107-127), 1992, Elsevier.)

18 Der von Turing beschriebene Test besteht im Original aus einem in Schriftform vorzulegenden Dialog zwischen zwei Diskutanten und einem Moderator. Eine der Rollen wird jeweils von einer Maschine übernommen. Wenn bei einem hinreichend großen Sample Menschen nicht mehr statistisch signifikant unterscheiden können,

sei ein Programm zur Entwicklung von KI an der Imitation menschlicher Gehirnfunktionen und an der Epigenetik zu orientieren. Als geeignetes Vorbild nannte Turing die Entwicklung und *Sozialisation* von Kindern, ihrer geistigen Fähigkeiten, ihrer Intelligenz und ihrer Fähigkeit zu denken. Diese Fähigkeiten werden durch die genetisch festgelegte Entwicklung des Gehirns bestimmt und bei Kindern wie Erwachsenen durch Erziehung und Training erweitert; viele Fähigkeiten lernen Kinder jedoch auch ganz ohne pädagogische Kontrolle, nämlich selbstmotiviert aus eigener Erfahrung oder durch Kommunikation.

Bei KI geht es demnach um die *„Sozialisation von Maschinen"*, also um beides: Lernen durch systematisches Training sowie selbstmotiviertes Lernen, über das Streben nach Belohnung oder auch reine Neugier. Die als *Generative Pre-Trained Transformer* (GPT) entwickelten fortgeschrittenen Modelle von KI unterscheiden sich darin grundlegend von klassischen Computern, Großrechnern, Personal Computern, Laptops, Tablets und Mobiltelefonen. In der klassischen Informatik befolgen Computerprogramme lediglich von Menschen in Symbolsprache geschriebene Anweisungen – vorausgesetzt, Programme und Hardware sind nicht fehlerhaft oder wurden unbefugt manipuliert.[19] Das traf allerdings nur zu, bevor KI bzw. *„Brainstyle Computing"* sich als neue Basistechnologie im Internet, in der Medienwelt und künftig auch in sämtlichen Funktionssystemen der Gegenwartsgesellschaft etablierte (oder noch etablieren wird).[20]

In der Öffentlichkeit sind die drei 2018 mit dem Turing-Preis ausgezeichneten Wissenschaftler **Hinton**, **LeCun** und **Bengio** seither als „Godfathers of AI" bzw. „Paten der KI" bekannt. **Hinton** trat vor Kurzem erneut ins Licht der Öffentlichkeit, weil er seine Tätigkeit als Forschungsdirektor für KI bei Google bzw. der Alphabet Holding aufgab. Er begründete dies damit[21],

---

welche Rolle von einer Maschine und welche von Menschen wahrgenommen wird, gilt der Test als bestanden.

19 Goodfellow, Ian; Bengio, Yoshua; Courville, Aaron (2016). Deep Learning. MIT Press.
Brown, Tom B.; Mann, Benjamin; Ryder, Nick; et al. (2020). „Language Models are Few-Shot Learners." In: Advances in Neural Information Processing Systems, Band 33, Seiten 1877–1901.
LeCun, Yann; Bengio, Yoshua; Hinton, Geoffrey (2015). „Deep Learning." In: Nature, Band 521, Nummer 7553, Seiten 436–444.

20 Sejnowski, Terrence J. (2018). The Deep Learning Revolution. MIT Press, Cambridge, MA.

21 Book, S. (2024) Wir sollten sehr ängstlich sein. Interview mit Geoffrey Hinton. Ein SPIEGEL-Gespräch von Simon Book 14.09.2024, 12.48 Uhr • aus DER SPIEGEL 38/2024 http

dass er – anders als **Yann LeCun** und andere Forscher, die weiterhin für große Digitalplattformen der Tech-Konzerne arbeiten – erhebliche Gefahren bei der Anwendung der zugrunde liegenden Technologie in Wirtschaft und Gesellschaft sieht. Zu fürchten seien nicht nur die Macht der Digitalkonzerne und die Interessen bzw. Absichten der Menschen hinter diesen Unternehmen, sondern auch, dass die Technologie selbst zur Gefahr für die Menschheit wird. **Hinton** sieht jedoch ebenso wie viele andere erhebliche Verbesserungsmöglichkeiten für die globale Gegenwartsgesellschaft. Unterstützung bei der Bewältigung großer Krisen, die der Menschheit über den Kopf zu wachsen drohen, wäre durchaus willkommen. Das ist jedoch etwas, worauf wir erst am Ende dieses Buches hinweisen können. **Hinton** beeindruckt – wie viele andere Computerwissenschaftler, die sich mit KI beschäftigen – insbesondere die Leistungsfähigkeit des Gehirns im Vergleich zu klassischen Computern:

> „Krähen können Probleme lösen, und sie verfügen nicht über eine Sprache. Sie tun dies nicht, indem sie Zeichenketten speichern und manipulieren. Sie tun es, indem sie die Verbindungen zwischen den Neuronen in ihrem Gehirn stärken. Daher muss es auch möglich sein, komplexe Dinge zu lernen, indem man die Verbindungsstärken in einem künstlichen neuronalen Netzwerk verändert."[22]

Die *fortgeschrittenen Formen von KI*, die auf GPTs basierenden „Großen Sprachmodelle" (Englisch: *Large Language Models*, LLMs) mit Bezeichnungen wie ChatGPT, Gemini, Perplexity, Claude oder Mistral sowie Metas leistungsfähige Llama open source Software – sowie ihre weniger bekannten asiatischen Pendants, wie Deepseek R1[23] (ebenfalls für alle einsehbare open source Software), überraschten im Januar 2025 mit großer Leistungsfähigkeit bei mathematischen und Logikproblemen trotz geringer Investitionen – beruhen auf Strukturen und Funktionen, die als neurale Netzwerke softwarebasierte Abstraktionen von Gehirnfunktionen nachbilden. Es liegt daher nahe, die Möglichkeit eines fundamentalen Wandels der modernen globalen Gegenwartsgesellschaft in naher Zukunft durch bzw. mit KI in Betracht zu ziehen.

---

s://www.spiegel.de/netzwelt/web/ki-erfinder-geoffrey-hinton-ultimativ-droht-die-ausloeschung-der-menschheit-a-b4eebf6a-d10c-4f7d-8994-c145dae6f9c7?sara_ref=re-xx-cp-sh

22 Siehe oben

23 Siehe Thompson, B. (2025) https://stratechery.com/2025/deepseek-faq/

Durch Training oder durch Wahrnehmung der natürlichen und sozialen Umwelt werden auch im menschlichen Gehirn Strukturen, insbesondere die Stärke und Anzahl der Verbindungen zwischen einzelnen Nervenzellen und Gruppen von Nervenzellen, verändert. Das geschieht im Verlauf der Entwicklung jedes Individuums, gesteuert durch den genetischen Code – Programme, die evolutionär in den Erbanlagen eines Menschen eingeschrieben sind – in unterschiedlichem Ausmaß und mit unterschiedlicher Geschwindigkeit. Säuglinge und Kleinkinder entwickeln erstaunliche Fähigkeiten, scheinbar mühelos und in kurzer Zeit: Sie lernen zu sehen, sich fortzubewegen und zu kommunizieren. Bereits Kleinkinder erwerben nicht nur Sprachkenntnisse, sondern auch grundlegende soziale Fähigkeiten wie das Hineinversetzen in andere Menschen und das Erkennen von Absichten.[24] KI wird deshalb insbesondere als *Vorhersage- und Kontrolltechnologie* gefürchtet.[25] Das ist einerseits nachvollziehbar, andererseits aber auch überaus erstaunlich – und wie wir heute wissen, kein Wunder. **Alan Turing** hatte dies als Grundlage für die Entwicklung von KI bereits früh erkannt.[26]

Um KI und damit auch menschliche Intelligenz verstehen zu können, benötigen wir daher ein Grundverständnis der biologischen Evolution des Menschen, der Entwicklung von Wirtschaft und Gesellschaft sowie jener Faktoren und Prozesse, die dabei eine entscheidende Rolle spielen.

KI-Skeptiker[27] argumentieren in der Regel damit, dass KI und die zugrunde liegenden Technologien überschätzt werden. Zum einen deshalb, weil das immer so ist und zum anderen handele es sich lediglich nur um Computer-Technologie, die in Wirklichkeit nicht viel mit dem Menschen gemeinsam hat.

Bei den großen Sprachmodellen, LLMs, handele es sich nur um „stochastische Papageien“,[28] die nicht wissen, was sie schreiben, sagen oder auch in

---

24 Warneken, F., & Tomasello, M. (2006). Altruistic helping in human infants and young chimpanzees. Science, 311(5765), 1301–1303

25 Zuboff, S. (2019). The age of surveillance capitalism: The fight for a human future at the new frontier of power. PublicAffairs.

26 Siehe oben

27 Chalmers, D. J. (1995). Facing up to the problem of consciousness. Journal of Consciousness Studies, 2(3), 200–219; Chalmers, D. J. (1996). The conscious mind: In search of a fundamental theory. Oxford University Press.

28 Bender, E. M., Gebru, T., McMillan-Major, A., & Mitchell, S. (2021). On the Dangers of Stochastic Parrots: Can Language Models Be Too Big? Proceedings of the 2021 ACM Conference on Fairness, Accountability, and Transparency, 610–623. https://doi.org/10.1145/3442188.3445922; Schreiner, M. (2023), Sprachmodelle trotzen dem Narrativ vom

der Form von generierten Bildern oder Videos auf eine Eingabe, englisch „Prompt“, antworten. Mit anderen Worten: Da steckt kein Geist dahinter. Tatsächlich ist im Gehirn aber auch niemand sonst zu Hause, es ist das Gehirn, das denkt und Wissen ist auch etwas völlig anderes, als gemeinhin angenommen wird; letztlich nur ein auf der Wahrscheinlichkeit von Assoziationen aufgebautes Gedächtnis. Erst in Kapitel 4 können wir zeigen, dass sowohl im Gehirn als auch in den entwickelten Formen von KI eine Energiefunktion optimiert wird bzw. *Entropie*, freie Energie oder „Unordnung“ mit stochastischen Verfahren, also durch zufällige Variationen minimiert wird. Das vollzieht sich in einer entsprechend gestalteten bio-elektrischen oder durch Software simulierten Umgebung mit homöostatischen Eigenschaften.

In Kapitel 3, in dem wir dem wir die Funktionsweise des Gehirns analysieren und diskutieren, zeigen wir, dass das auch bei Säugetieren und beim Menschen dem Stand der empirischen Wissenschaft nach genauso ist und dass KI nichts anderes als eine Software ist, die solche Prozesse simuliert (Kapitel 4). Eine Schlüsselrolle bei Lernprozessen spielt der *Neurotransmitter Dopamin.* Kinder sind neugieriger als Erwachsene und lernen auch viel schneller und besser, weil sie sich viel mehr freuen, wenn ihre Neugierde befriedigt wird als Erwachsene oder gar sehr alte Menschen.[29] Man kann das sehr gut an der Ausschüttung des *Neurotransmitters Dopamins* durch die Erregung von Nervenzellen in der schwarzen Substanz des Gehirns, der *Substantia Nigra,* durch bildgebende Verfahren (fMRI-Scans) und Analyse des Dopamin-Spiegels sehen bzw. messen. Das *dopaminerge System* gilt als Kern des Belohnungssystems im Gehirn und spielt bspw. bei Suchtkrankheiten eine große Rolle. Die Funktionsweise des dopaminergen Systems wird durch eine Form von besonders „aggressiven“ *Backpropagation Lernalgorithmen* beim Training von KI imitiert. Googles im Bereich von Spielen und auch im Bereich der Wissenschaft etwa bei der Vorhersage der räumlichen Struktur von Proteinen unseres Körpers besonders erfolgreiches AlphaZero System beruht auf solchen Algorithmen.

„stochastischen Papagei“ The Decoder. 9. Juni 2023. https://the-decoder.de/sprachmodelle-trotzen-dem-narrativ-vom-stochastischen-papagei/

29 Schultz, W, Dayan, P & Montague, PR (1997) „A neural substrate of prediction and reward.“ Science, 275(5306), 1593–9. Zaghloul, KA, Blanco, JA, Weidemann, CT, McGill, K, Jaggi, JL, Baltuch, GH & Kahana, MJ (2009) „Human substantia nigra neurons encode unexpected financial rewards.“ Science, 323(5920), 1496–9.

1.4 Inhalt und Struktur der Kapitel 2, 3, 4 und 5

Auf diese kurze Einführung in das Thema KI (Kapitel 1) folgt in Kapitel 2 eine Erläuterung evolutionsbiologischer Grundlagen. Sie dient nicht der Beantwortung der philosophischen Frage: *Was ist der Mensch?* – sondern beleuchtet im Kontext der Evolutionstheorie – entsprechend dem Stand der empirischen Wissenschaften – in groben Umrissen:

- Wie funktionieren Menschen als Lebewesen?
- Warum hat sich die Gattung *Homo* so entwickelt, dass sie – anders als viele andere Arten – nicht ausgestorben, sondern bisher so außerordentlich erfolgreich ist?

Erfolgreich nicht nur im biologischen Sinne (hinsichtlich der Zahl lebender Individuen), sondern auch in empirisch messbarer Qualität, etwa anhand einfacher Indikatoren, wie sie im Human Development Index der Vereinten Nationen vorgeschlagen werden.[30] Menschliche Entwicklung, eine bessere globale Gesellschaft, wird dabei aus der *Allgemeinen Erklärung der Menschenrechte der Vereinten Nationen von 1948* abgeleitet,[31] die als Reaktion auf die zivilisatorischen Katastrophen der beiden Weltkriege in der ersten Hälfte des 20. Jahrhunderts zu interpretieren ist. Mittlerweile wird sogar diskutiert, ein neues Erdzeitalter auszurufen und nach dem Menschen zu benennen, der seine Geschicke und die der Natur bzw. des Planeten selbst in die Hand nehmen kann: *Anthropozän.* Angesichts der Krisenerscheinungen der globalen Gegenwartsgesellschaft erscheint das allerdings vielen zunehmend unrealistisch.

Wenn eine optimistischere Einschätzung gerechtfertigt sein sollte, dann vielleicht mit Verweis auf den seit Beginn der Neuzeit (also seit etwa 500 Jahren) stark beschleunigten wissenschaftlichen und technologischen Fortschritt.

Daran schließt Kapitel 3 an, in dem es um die *Funktionsweise des menschlichen Gehirns und Bewusstseins* geht. Dessen Leistungsfähigkeit war *bisher* die zentrale, notwendige Bedingung für die Entwicklung komplexer, kul-

30 United Nations Development Programme (UNDP). (2022). Human Development Report 2021/2022: Uncertain Times, Unsettled Lives: Shaping our Future in a Transforming World. New York: UNDP

31 Vereinte Nationen (1948): Allgemeine Erklärung der Menschenrechte. Resolution 217 A (III) der Generalversammlung vom 10. Dezember 1948 Allgemeine Erklärung der Menschenrechte – Vereinte Nationen – Regionales Informationszentrum für Westeuropa (unric.org)

turfähiger Gesellschaften mit einer immer größeren Unabhängigkeit von natürlichen Gegebenheiten durch Technologie.

In Kapitel 4 wird dann die Hypothese der grundsätzlichen Überlegenheit von KI gegenüber natürlicher, auch menschlicher Intelligenz beleuchtet, also KI als Fortsetzung sowohl der biologischen als auch der soziokulturellen Evolution.

Schließlich werden in Kapitel 5 die zum jetzigen Zeitpunkt greifbaren Wirkungen der Doppelrevolution auf der Basis von Neurobiologie und Computertechnik hingewiesen: Sollen wir uns nur fürchten oder dürfen wir hoffen? Bspw. auf eine globale Gesellschaft, die mehr Freiheit für das Individuum, ohne Mühsal und Plage durch fremdbestimmte Arbeit, weniger soziale und wirtschaftliche Ungleichheit sowie Kooperation und Solidarität zwischen den Menschen ermöglicht. Es geht dabei nicht um Details, sondern um einen allgemeinen Richtungswechsel in der soziokulturellen Evolution, der sich nur *gegen die vorherrschende konservativ-liberale Interpretation der globalen Gegenwartsgesellschaft durchsetzen* ließe. Wir schließen dabei an eine Diskussion mit Lutz Becker und Gunnar Sohn an, die auf fehlende Utopien hingewiesen hat.[32]

Am Anfang jedes Teils finden Sie zudem eine Einführung, die zeigt, wie der *Kontext* zum Verständnis der Wirkungen von KI jeweils erweitert wird.

Wenn wir uns selbst sowie die auf menschlichem Verhalten basierenden Prozesse in Wirtschaft und Gesellschaft besser verstehen und in die Lage versetzen wollen, die multiplen Krisen der Gegenwart auch mit Hilfe technologischer Innovationen wie künstlicher Intelligenz zu bewältigen, müssen wir im wahrsten Sinne des Wortes *„aufklären"* und vieles auch *skeptisch abklären.* Darüber kommunizieren wir hier in Schriftform und möchten zum Nachdenken anregen – auch und gerade in Zeiten einer zunehmenden Entkopplung von Intelligenz und menschlichem Bewusstsein. Die Antworten auf die diesem Lehrbuch zugrunde gelegten Forschungsfragen lassen sich entsprechend dem Stand der empirischen Forschung zur Evolutions- und Neurobiologie, zur Funktionsweise des Gehirns und der globalen Gegenwartsgesellschaft, natürlich nur stark verkürzt und deshalb hier noch rätselhaft erscheinend, im Sinne der folgenden Fragen und Antworten zusammenfassen:

---

32 Becker, L., Sohn, G. (2021). „Was würdest Du machen, wenn du König von Deutschland wärst?", Klingen Verlag „Es fehlen die Utopien mit Frank H. Witt" siehe auch: https://www.youtube.com/watch?v=x8efgDGf3F4

Wie funktioniert der Mensch als Lebewesen?
Vor allem als Symbiont, der auf Kooperation und Gemeinschaft angewiesen ist. Das menschliche Gehirn ist ein „soziales Organ“ und braucht etwa 25 Jahre, um vollständig auszureifen; danach beginnt ein langsamer Abbau – auch wenn wir es meist nicht bemerken (Kapitel 2). Bei keinem anderen Lebewesen ist die Sozialisation von so fundamentaler Bedeutung für die Möglichkeiten und Prägung individuellen Verhaltens.

Wie funktioniert die globale Gegenwartsgesellschaft?
Sie basiert auf Kommunikation und wird daher zunehmend von Algorithmen und digitalen Plattformen gesteuert (Kapitel 2).

Wie funktioniert das Gehirn?
Es agiert im Wesentlichen als stochastischer, biologischer Automat: Wahrnehmung und Erfahrung, meist an Belohnungen orientiert, führen zu Veränderungen in den Verbindungen (Synapsen) zwischen Neuronen (Kapitel 3).

Wie funktioniert KI?
KI ist einer stochastischen Maschine (in der Form einer Restricted Boltzmann Machine) ohne vorherbestimmbare Prozesse, wie mechanische Maschinen. KI ist ausgestattet mit Selbstaufmerksamkeit sowie im Gegensatz zu individuellem, begrenzten und sterblichen Bewusstsein im Prinzip unbegrenzt skalierbar und als Software unsterblich (Kapitel 4).

Wie lässt sich die Zukunft prognostizieren und gestalten?
Indem wir die Transformation von Wirtschaft und Gesellschaft durch und mit KI aufmerksam verfolgen – und aktiv mitgestalten (Kapitel 5).

2 Biologische und biokulturelle Voraussetzungen und die Funktionsweise der globalen Gegenwartsgesellschaft

„Cogito ergo sum." **René Descartes**[33]

„Denk nicht, sondern schau!" **Ludwig Wittgenstein**[34]

2.1 Warum Sie Kapitel 2 lesen sollten

Sie können nicht alles gleichzeitig lesen und *bewusst* zu verstehen versuchen, sondern nur in einer Sequenz, einem Nacheinander; uns geht es genauso. KI in ihrer gegenwärtig höchsten entwickelten Form von LLMs kann auf der Grundlage von *„Parallel Computing"*, besser und viel schneller lesen und verstehen. Die Sprachverarbeitung in neuralen Netzen basiert auf „Kontextfenstern" und die Berechnung von Wahrscheinlichkeiten für Schlussfolgerungen oder Assoziationen, die sich aus einem komplexen Zusammenhang von Zeichen, Worten und Sätzen ergeben. LLMs können daher viele Anfragen und Kontexte gleichzeitig bearbeiten. Der Engpass besteht also nur für Sie und uns, und zwar in jenem Phänomen, das wir menschliches Bewusstsein nennen.

Also alles schön der Reihe nach, wie LLMs das machen, klärt sich erst später in Kapitel 4 auf. *Nach* dem Lesen werden Sie verstehen und sehen in Kapitel 5, dass die *„Sozialisation von Maschinen"* in der modernen, globalen Gegenwartsgesellschaft wie in Kapitel 1 bereits angedeutet, nahezu alles verändert, denn KI ist – oder besser funktioniert als – eine Fortsetzung der Evolution über menschliches Bewusstsein hinaus (Kapitel 3). So schaffen wir in diesem Kapitel 2 des Textes den *„Kontext"* um die Sachverhalte und die Beziehungen, die zwischen ihnen bestehen in den noch folgenden Teilen *langsam* zu verstehen und zu analysieren.

---

33 Descartes, R. (1641). Meditationes de prima philosophia. Parisiis: Apud Michaëlem Soly.

34 Wittgenstein, L. (1953). Philosophische Untersuchungen (G. E. M. Anscombe, Übers.). Basil Blackwell

	Biologische Evolution	Bio-Kulturelle Evolution	Sozio-Kulturelle Evolution
Sachverhalte	*Autokatalyse und Autopoiesis*, Selbstermöglichung und Selbstvervielfältigung des Lebens auf der *Basis von organischen Molekülen, DNA* sowie energetisch günstigen Bedingungen, geeigneter Energiezufuhr und daraus resultierender *Homöostase*	*Verzweigung robusterer und intelligenterer Menschenarten* als Anpassung an die Austrocknung von Uferzonen und Regenwäldern in den Habitaten früher Homininen-Arten in Afrika (zentrales Ereignis der Homininen-Evolution)	*Zivilisationsgeschichte* von den vorgeschichtlichen Anfängen der globalen Ausbreitung von Homininen bis hin zu ersten *Hochkulturen* der Jungsteinzeit sowie der *großen Transformation im 15. Jh.* durch Globalisierung, Finanzierung durch Eigen- und Fremdkapital, Rivalität kolonialer Imperien und Institutionalisierung empirischer Forschung und *Verstetigung des technischen Fortschritts*
Entstehung und Veränderung	Zufällige Entstehung und *Mutationen von Erbinformationen* (Genen), Anpassung an und Selektion durch die Umwelt	Die Homininen-Evolution führt zu Arten von *Frühmenschen mit komplexem Nervensystem, bewusstem Verhalten und Kommunikationsfähigkeit, Werkzeuggebrauch,* Weitergabe von Wissen über Gruppen eng verwandter Individuen hinaus, einschließlich der *Verbreitung von Wissen über Generationen und Gruppengrenzen hinweg*	*Symbolische Generalisierung von Kommunikation* durch Kunstformen, Rituale und Kulte; Dominanz und Generalisierung von Sinn gegenüber individuellen Vorstellungen; Bildung von Institutionen, Eigentum und Erbhierarchien sowie komplementärer sozialer Ordnungen; *Verstetigung der Beschleunigung von wissenschaftlichem und technischen Fortschritt*

Tabelle 1: Vorausschau auf Kapitel 2 des Textes

2.2 Evolution als Selbstorganisation komplexer Systeme

Es geht hier zunächst also um *biologische Evolution*, dann um *biokulturelle Evolution* und später um *soziokulturelle Evolution*. Wir betrachten, wie – verbunden mit zufälligen Ereignissen und Veränderungen, sowohl bei lebenden Organismen als auch in ihrer Umwelt und in sozialen Systemen – die Grundlagen sozialer und kultureller Entwicklung entstehen.

Die *Evolutionstheorie* ist als eine biologische, soziobiologische und soziale Theorie der *Selbstorganisation komplexer Systeme*[35] zu verstehen. Die Grundlagentheorie der Lebenswissenschaft basiert auf der zufälligen Variation des genetischen Codes und dadurch verbesserter Anpassung an Veränderungen der Umwelt.[36] Die Selbstorganisation sozialer Systeme ist wesentlich komplexer; sie wird, wie wir später erläutern, nicht durch einzelne Individuen, ihr Verhalten oder gar dadurch gesteuert, *was* diese fühlen und denken. Dass *Zufall* in beiden Fällen eine Rolle spielt, heißt *nicht*, dass diese Entwicklungen vollkommen chaotisch verlaufen. Das ist im Fall der biologischen Entwicklung von Menschen in der Form von *Phylogenese* (Entwicklung der biologischen Art) und *Ontogenese* (Entwicklung des Individuums) auch nicht der Fall. Erst in Kapitel 3, nachdem biologische und neurologische bzw. psychische Grundlagen geklärt sind, können wir zeigen, dass individuelles Bewusstsein und die Steuerungsfähigkeit von Individuen geradezu *maßlos überschätzt* werden. Diese Überschätzung bestimmt bezogen auf das eigene Verhalten und auf soziale Prozesse insbesondere das *europäische Menschenbild der Neuzeit* und der Philosophie der Aufklärung.

---

35 Vgl. Camazine, S., Deneubourg, J.-L., Franks, N. R., Sneyd, J., Theraulaz, G., & Bonabeau, E. (2001). Self-organization in biological systems. Princeton University Press. Kauffman, S. A. (1993). The origins of order: Self-organization and selection in evolution. Oxford University Press.
Waldrop, M. M. (1992). Complexity: The emerging science at the edge of order and chaos. Simon & Schuster. Maturana, H. R., & Varela, F. J. (1980). Autopoiesis and cognition: The realization of the living. D. Reidel Publishing Company.

36 Vgl. Monod, Jacques (1971). Zufall und Notwendigkeit: Philosophische Fragen der modernen Biologie. München: Piper. Ilya Prigogine, Isabelle Stengers (1984). Dialog mit der Natur: Neue Wege naturwissenschaftlichen Denkens / Order Out of Chaos: Man's New Dialogue with Nature, deutsche Ausgabe Piper.

2.3 Die Entstehung des Lebens

Dem französischen Biologen **Jacques Monod** fällt das Verdienst zu, die Einwände von Anhängern der Schöpfungstheorie, Kreationisten, in Bezug auf die Evolutionstheorie verständlich entkräftet und die Entstehung des Lebens grundsätzlich erklärt zu haben.[37] Leben ist letztlich ein *normaler Zufall*, der – berücksichtigt man die kosmologisch langen Zeiträume bis es zur Entstehung von Leben kam – *keineswegs so unwahrscheinlich* ist, dass man das als Wunder oder Werk von Göttern und Geistern betrachten müsste.

In seinem Essay „Zufall und Notwendigkeit" führt Monod die Entstehung von Lebensformen auf die *Selbstorganisation von Molekülen* unter gegebenen *energetischen Gleichgewichtsbedingungen* zurück.[38] Die Wechselwirkung verschiedenster Moleküle, die nur in geeigneten Umgebungen zu organischen Verbindungen und Bausteinen des Lebens werden, brachte über *sehr lange Zeiträume* sich selbst vermehrende Zellen mit einem *stabilen, programmgesteuerten Stoffwechsel* hervor. Es reicht, wenn das nur wenige Male geschieht. Das ist zwar immer noch zufällig und hoch unwahrscheinlich – möglicherweise unwahrscheinlicher, als den Jackpot im deutschen Zahlenlotto 6 aus 49 zu gewinnen – aber auch das passiert bei 7 bis 8 Millionen Spielern mit mehreren Tippreihen alle paar Wochen, selbst wenn auf beiden Seiten *zufällig getippt* und *zufällig Zahlen* ausgelost werden.[39]

Die Entstehung von zunächst wenig komplexen, einzelnen lebenden Zellen aus den vielfältig vorhandenen Kohlenstoffverbindungen unter geeigneten Bedingungen – mit Wasser und in warmen, aber nicht zu heißen Umgebungen – ist, bedenkt man die langen Zeiträume und die Vielzahl geeigneter Moleküle auf der Erde, möglich und irgendwann wahrscheinlich, wenn nicht gar zwingend.

---

37 Siehe oben

38 Siehe oben

39 Die Gewinnchancen für 6 „richtige" ohne Berücksichtigung der Ziehungsreihenfolge und die ebenfalls ausgeloste Superzahl aus den 10 Ziffern 0 bis 9 zu Tippen berechnet sich wie folgt: (49 × 48 × 47 × 46 × 45 × 44 ÷ (6 × 5 × 4 × 3 × 2 × 1)) × 10 = 13.983.8160. Es gibt also 13.983.816 mögliche Kombinationen für die 6 Zahlen und noch 10-mal so viele, wenn der Jackpot über die richtig getippte Superzahl gewonnen werden soll. Die Wahrscheinlichkeit ist also 1 zu 139.838.160 oder etwa 0,0000007151% oder wie ein Mathematiker schreiben würde ungefähr 7,151×10 –9
Damit also fast 0, aber eben nicht 0 und damit braucht es nur eine große Zahl von Spielern und ein paar Wochen Zeit, damit dieser Fall nicht mehr unwahrscheinlich, sondern wahrscheinlich ist.

Leben ist ein *autokatalytischer* und *autopoietischer*, d. h. sich selbst ermöglichender und reproduzierender Prozess auf der Grundlage von *Erbinformationen* und deren Reproduktion im Zuge der Zellteilung. Die Existenz von Erbinformationen in Form der *DNA* (englisch: Deoxyribonucleic Acid; Desoxyribonukleinsäure) ist Voraussetzung für die Autokatalyse und Autopoiese von Leben als Gegenstand der Biologie.[40] Die Erbinformationen von Lebewesen und von Viren – DNA-Viren und RNA[41]-Viren – liegen kodiert in Form langer Ketten aus vier verschiedenen Basen vor, die jeweils einen Abschnitt, ein „Gen", bilden. Viren gelten als unbelebt, weil sie sich nicht selbst reproduzieren können, sondern dazu in lebende Zellen eindringen müssen, die dann Kopien der Viren erstellen.[42]

2.4 Komplexe Lebensformen und die Vielfalt des Lebens

Der in der Evolutionsgeschichte erst viel später auftretende Austausch von Erbinformationen zwischen verschiedenen Individuen hat zur erheblichen Beschleunigung der Evolution im Hinblick auf die Vielfalt des Lebens geführt – lange nach der Entstehung komplexer, mehrzelliger Lebewesen. Die geschlechtliche Fortpflanzung von mehrzelligen Lebewesen führt eine *zweite Ebene von Zufällen* ein, nämlich in Bezug auf die *Entstehung der Eigenschaften von Individuen* und eine stärkere und schnellere Differenzierung zwischen ihnen, soweit diese durch die Weitergabe von Erbinformationen bestimmt werden.

---

40 Maturana, H. R., & Varela, F. J. (1980). Autopoiesis and cognition: The realization of the living. Springer.

41 DNA (Desoxyribonukleinsäure) ist ein doppelsträngiges Molekül, das genetische Informationen speichert und weitergibt, während RNA (Ribonukleinsäure) meist einzelsträngig ist und verschiedene Funktionen in der Proteinsynthese und Genregulation übernimmt. Ein zentraler Unterschied ist, dass DNA die Base Thymin (T) enthält, während RNA stattdessen Uracil (U) besitzt und anstelle der Desoxyribose Ribose als Zucker verwendet. Alberts, B., Johnson, A., Lewis, J., Raff, M., Roberts, K., & Walter, P. (2014). Molecular biology of the cell (6th ed.). Garland Science.

42 Siehe oben

2.5 Die biologische und biokulturelle Evolution der Homininen (Menschen)

Seit **Charles Darwin** am 1. Juli 1858 seine Theorie der Entstehung und Veränderung der Arten in der Linnean Society in London vorstellen ließ und sie 1859 als „On the Origin of Species by Means of Natural Selection" veröffentlichte, ist die Evolutionstheorie die grundlegende, einheitliche Theorie der Biologie als Lebenswissenschaft.[43] Sie erklärt auch die Entstehung des Menschen und seine mittlerweile dominante Stellung unter den mehrzelligen Organismen.

Im Bereich der *Biologie* sind die Verhältnisse im Vergleich zur Komplexität der Geschichte menschlicher Zivilisationen relativ einfach: Es gibt lebende *Individuen, Populationen* von Individuen und *Habitate* – also Umwelten und Bedingungen, die Einfluss auf Individuen und Populationen haben. Dazu gehören Faktoren wie Ressourcen, insbesondere Nahrung, andere Individuen und Populationen sowie physikalische und klimatische Bedingungen. Die biologische Forschung entwickelte durch die Beobachtung wesentlicher Unterschiede und Merkmale von Lebensformen eine als *Taxonomie* bezeichnete Systematik zur Klassifizierung der bekannten Arten und zur Einordnung neu entdeckter Spezies.

Diese Taxonomie unterscheidet aktuell 29 noch lebende Säugetierordnungen voneinander;[44] eine davon ist die Ordnung der Primaten. Diese wird unterteilt in Feuchtnasenaffen und Trockennasenaffen. Sie unterscheiden sich durch das Vorhandensein oder Fehlen eines durch Drüsen befeuchteten Nasenspiegels, wie er beispielsweise auch bei Hunden vorhanden ist.

Die *Trockennasenaffen* zählen zu den sogenannten *anthropoiden Primaten.* Innerhalb dieser Gruppe gibt es die Familie der *Hominidae, die Menschenaffen,* zu denen auch alle heute noch lebenden Menschenaffenarten zählen, einschließlich des modernen Menschen (*Homo sapiens*). Molekulargenetische Analysen zeigen, dass der moderne Mensch vor bis zu 7 Millionen Jahren einen gemeinsamen Vorfahren mit anderen Hominidae hatte. Wir

---

43 Graziano, M. S. A. (2016, March 9). Most popular theories of consciousness are worse than wrong. The Atlantic.

44 Wilson, D. E., & Reeder, D. M. (2005). Mammal Species of the World: A Taxonomic and Geographic Reference. 3rd edition. Johns Hopkins University Press.

folgen bei der Darstellung dem Standardwerk zur Anthropologie von **Friedemann Schrenk**.[45]

Bei der durchschnittlichen Lebenserwartung von Trockennasenaffen in natürlichen Habitaten ist ein durchschnittliches Reproduktionsalter von 20 Jahren anzunehmen. In Bezug auf die Homininen-Evolution sprechen wir also über Veränderung und Anpassung von Menschenarten im Umfang von etwa *350.000 Generationen.* Die *Gattung Mensch* wird in der Taxonomie als *Homo* von den anderen Hominiden unterschieden. Menschen sind als Gattung also besondere Trockennasenaffen und gehören zur *Gruppe der Hominini, deren einziger noch lebender Vertreter der Homo sapiens* ist – der *anatomisch moderne und mutmaßlich besonders kluge Mensch „Homo sapiens"*. Die Belege dafür und wie es dazu kam, wollen wir hier so kurz wie möglich erläutern.

Paläoanthropologie, Paläogenetik, die *vergleichende Primatenforschung* an unseren biologischen Verwandten, den Menschenaffen, sowie Kulturanthropologie und Ethnologie liefern innerhalb der Theorie der biologischen Evolution im Wortsinn harte Fakten in Form von versteinerten Überresten unserer Vorfahren und nahe verwandter Spezies.

Die Evolution der Homininen lässt sich durch den enormen wissenschaftlichen und technischen Fortschritt der zurückliegenden Jahrzehnte und darauf beruhende Methoden der Analyse zu einer immer realistischeren Darstellung der Entwicklung der Gattung Mensch verdichten. Die materielle Basis der *Paläogenetik* ist die DNA;[46] damit lassen sich nur jüngere Fossilien untersuchen, bei denen sich DNA oder RNA zumindest teilweise erhalten hat. Aber es lassen sich durch die Analyse der genetischen Strukturen von heute noch lebenden Menschen Hypothesen und Vorurteile widerlegen: Genetische Unterschiede zwischen verschiedenen Völkern bzw. Populationen können *kaum* ein *unterschiedliches Verhalten* oder eine sehr *ungleiche*

---

45 Schrenk, F. (2019). Die Frühzeit des Menschen: Der Weg zum Homo sapiens (6. Aufl.). C.H. Beck.

46 Für paläogenetische Studien eignet sich insbesondere mitochondriale DNA (mtDNA), da sie fast ausschließlich von der Mutter an die Nachkommen weitergegeben wird. Brown, W. M., George, M., Jr., & Wilson, A. C. (1979). Rapid evolution of animal mitochondrial DNA. Proceedings of the National Academy of Sciences, 76(4), 1967–1971. https://doi.org/10.1073/pnas.76.4.1967

Verteilung von Einkommen, Vermögen, Rechten und sozialem Status in der Gegenwart begründen; diese sind überwiegend soziokulturellen Ursprungs.[47]

Für unsere Zwecke ist es ausreichend, auf die Verzweigung von robusteren Frühmenschenarten (Paranthropi) und intelligenteren Menschenarten hinzuweisen, die zu unseren direkten Vorfahren zählen. (Siehe Abbildung 3)

Die frühen *Hominininen* besaßen bereits folgende Merkmale:

- Zumindest zeitweise aufrechter Gang,
- Rückbildung überlanger Arme,
- Längenwachstum der Beine
- und eine komplexere Struktur des Gehirns

Diese sind bereits *anatomische Merkmale früher Hominininen* vor über 3 Mio. Jahren. Hinzu kommen nach der Verzweigung in der Evolution

- der regelmäßige *Gebrauch von Werkzeugen* und weitere Merkmale wie
- die Kommunikation und
- die Weitergabe von Wissen auch über die Grenzen von zusammenlebenden Gruppen hinweg
- sowie die Entwicklung eines weniger aggressiven und kooperativeren Sozialverhaltens unter dem sich entwickelnden Zweig intelligenterer Hominininen

Diese Eigenschaften ermöglichten zunächst eine *biokulturelle* und später auch *soziokulturelle Evolutionsdynamik*. In der Folge überstieg die *Kulturfähigkeit von Hominininen* (Menschen und Frühmenschen) die der Hominiden (Menschenaffen) bei Weitem. Deshalb wurde auch die räumliche Verbreitung einiger Unterarten des Menschen über sehr unterschiedlich strukturierte Habitate hinweg möglich.

47 Schon Talcott Parsons spottete über den zu seiner Zeit noch grassierenden Sozialdarwinismus und die Spiegelung desselben in der ökonomischen Theorie. Parsons, T. (1937). The structure of social action: A study in social theory with special reference to a group of recent European writers. McGraw-Hill.

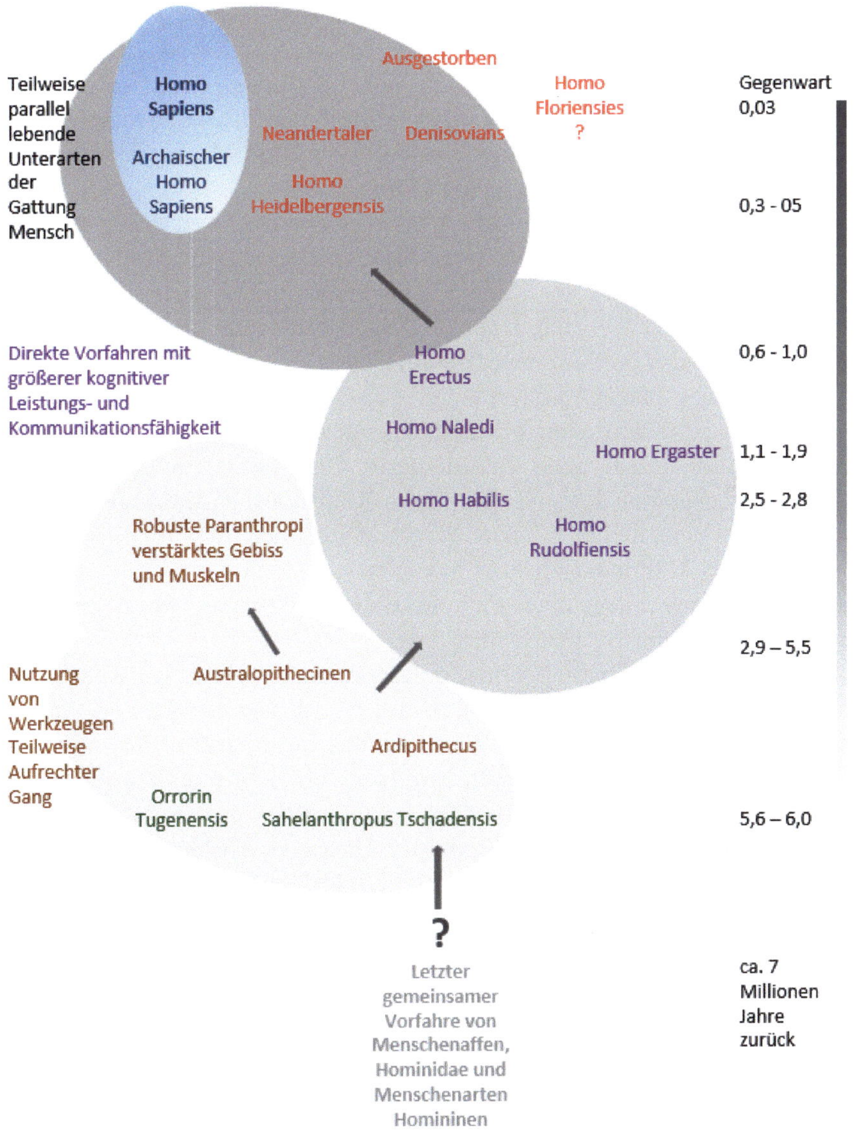

Abbildung 3: Homininen – Evolution und ihre Verzweigung vor ca. 2,9 Mio. Jahren

Aufrechter Gang und Werkzeuggebrauch lassen sich anhand der geologischen Gegebenheiten, der Einbettung von Fossilien in verschiedene Bodenschichten sowie durch verschiedene *Datierungsmethoden* nicht immer mit Sicherheit nachweisen. Aber anatomische Besonderheiten lassen zumindest vermuten, dass schon die ältesten menschenähnlichen Fossilienfunde bereits über in der ersten Aufzählung beschriebene Merkmale der Gattung *Homo* verfügten, aber ansonsten noch gemeinsame Merkmale mit Menschenaffenarten wie den Schimpansen aufweisen.

Die Möglichkeit und Gewohnheit, zeitweise aufrecht zu gehen, bot insbesondere in den *Uferzonen des tropischen Afrikas* mit einem reichhaltigen Nahrungsangebot, aber auch vielen Nahrungskonkurrenten und Raubtieren, einen plausiblen Vorteil. Doch die Regenwaldzonen und Feuchtgebiete Afrikas zogen sich, gemessen an geologischen Zeiträumen, relativ schnell – innerhalb von 300.000 Jahren – auf eine Ausdehnung zurück, die etwa der aus dem 19. Jahrhundert bekannten, zwar etwas größeren Ausdehnung als heute, aber immer noch viel kleineren Größe entsprach. Große Teile Afrikas, insbesondere das zuvor tropische Ostafrika, die Sahelzone und auch große Teile des südlichen Afrikas, verwandelten sich in dem Zeitraum von vor 2,8 bis 2,5 Millionen Jahren – also über ca. 15.000 Generationen – von zunächst *tropischen Regenwäldern* in *Feucht- und Trockensavannen* und dann *zu Halbwüsten- und Wüstenlandschaften.*

Der Auslöser für die in Abbildung 3 dargestellte *Verzweigung der Homininen-Evolution* in Bezug auf die Herausbildung von letztlich erfolglosen Arten mit robusteren und stärkeren Individuen (Paranthropus) oder von erfolgreicheren Arten mit Verhaltensweisen, die mehr soziale Kooperation ermöglichten, ist das in der Forschung nachgewiesene klimageografische Szenario der Verkleinerung der Regenwaldzonen in Afrika.

Das Standardwerk von **Friedemann Schrenk** zum Stand der Paläoanthropologie[48] geht daher schon für die Zeit der langsamen Verkleinerung der afrikanischen Regenwälder und der Homininen Habitate an den Uferzonen von Gewässern, in denen der aufrechte Gang der Homininen besondere Vorteile bot, von zwei Lösungsansätzen der noch *ausschließlich biologischen Evolution* aus.

1. ***Robustere und aggressivere Individuen:*** Abzulesen an fossilisierten Zähnen, kräftigeren Gebissen und auch größeren Reiß- bzw. Eckzähnen sowie vermutlich auch höherer Muskelkraft. Die Vergrößerung biologi-

48 Schrenk, F. (2019). Die Frühzeit des Menschen: Der Weg zum Homo sapiens (6. Aufl.). C.H. Beck.

scher Resistenz war möglicherweise auch mit aggressiverem Verhalten verbunden, um sich gegen Nahrungskonkurrenten und innerhalb der eigenen Art sowie gegen Raubtiere durchsetzen zu können.

2. ***Individuen mit einem größeren und leistungsfähigeren Gehirn:*** Verbunden mit erweiterten Fähigkeiten zur Kommunikation (mit entsprechenden organischen Voraussetzungen bei Kehlkopf und Stimmapparat) und Kooperation unter Homininen, was auch mit einer Reduktion der Neigung zu aggressivem Verhalten einherging. Die Entwicklung höherer kognitiver Fähigkeiten, Intelligenz und Kulturfähigkeit war vor allem im Hinblick auf die Herausbildung einer Werkzeugkultur von Bedeutung. Frühmenschengesellschaften konnten sich durch die Weitergabe von Wissen über die Herstellung und Verwendung von Werkzeugen über Generationen und Grenzen von Gruppen hinweg entwickeln. Dies erforderte vielfältigere Kooperationsformen und sozialeres Verhalten in der Gruppe, was wiederum die Entwicklung erfolgreicher kooperativer Strategien bei der Jagd, z. B. das Treiben von Wild über Abhänge und in natürliche Fallen, ermöglichte.

Mit der *Reduzierung aggressiven Verhaltens* und der *Verstärkung kooperativen Verhaltens* gingen auch *Veränderungen im Fortpflanzungsverhalten* einher.[49] (Sozialer) *Status* war bei älteren Frühmenschenarten zuvor gebunden an körperliche Stärke sowie *Aggressivität und Dominanz.* Viel später wurden Aggressivität und Dominanz durch *andere Formen der Attraktivität* ersetzbar. Der *Geschlechtsdimorphismus* zwischen männlichen und weiblichen Homininen – also Unterschiede in Körperformen, Körpergröße und Muskulatur – verringerte sich. Die *Regulierung durch kulturelle Normen* setzt sich mit der Entwicklung von komplexer Kommunikation auch im Hinblick auf zuvor genetisch bestimmte symbiotische Lebensformen durch, wobei sich eine große Vielfalt von Formen entwickelte, die allein auf der Grundlage von Erbinformationen nicht möglich gewesen wäre.

Das ermöglichte auch die *viel später eintretende Verwandlung von biologisch in kulturell bedingte soziale Unterschiede der Geschlechter.* Die Betreuung von Nachkommen (Kindern) verband sich mehr und mehr mit der Ausprägung von unterschiedlichen Verhaltenserwartungen und späteren, sehr komplexen Rollenerwartungen, die nicht mehr biologisch erklärt

49 Das Gehirn ist ein soziales Organ (und KI eine „soziale Maschine“), siehe auch die letzten Absätze von Kapitel 3

werden können. Weibliche Homininen, die ihre Kinder säugten und bei Wanderungen trugen, mussten im Fortgang der Entwicklung ihrer Nachkommen zwischen den Rollenerwartungen an männliche und weibliche Kinder unterscheiden können, um diese weiterzugeben. Das biokulturelle Erbe der kognitiven Revolution wirkt auch hier bis in die Gegenwart nach.

Kulturanthropologen deuten die Hervorhebung der eigenen, *individuellen Attraktivität* letztlich als eine Verbesserung der Möglichkeiten, mit potenziellen Partnern in einer Gruppe oder auch nur zu zweit mehr Nachkommen zu haben und ernähren zu können. Bei zunehmend *diversen, unterschiedlichen Attraktivitätsmerkmalen* ergibt sich in viel späteren soziokulturellen Kontexten eine *Umformung von Aggression* in ein breites Spektrum individueller Attraktivität zur Verbesserung der Chancen, einen Partner zu finden. Im Ergebnis wird die soziale Diversifizierung von Geschlechterrollen und das Konzept der Geschlechtsidentität in der folgenden Zivilisationsgeschichte mehr und mehr sozial bestimmt und in Bezug auf die moderne Gegenwartsgesellschaft als individuelle *Identität unabhängig von der biologischen Reproduktionsfunktion* gedeutet.[50]

Die Kulturanthropologie und selbst die *Geschichtswissenschaften*, soweit sie sich mit der Vorgeschichte ohne hinreichende schriftliche Überlieferung beschäftigen, räumten der Verwendung von *Werkzeugen* im Hinblick auf Erklärungen für die Entwicklung der Menschheit Priorität ein. Erst in jüngerer Zeit wird dagegen die *Weitergabe des mit dem Werkzeuggebrauch verbundenen Wissens (Technologie)*, auch über die Grenzen einer kleinen, lokalen Gruppe von Individuen hinweg, in den Mittelpunkt gestellt. Das entspricht eher der Wirklichkeit und auch den tatsächlichen historischen Gegebenheiten in der *immer schnelleren Technologieentwicklung* der letzten 500 Jahre. Dampfmaschinen oder Mobiltelefone wurden – anders als Faustkeile – nicht schon von Frühmenschen entwickelt, weil diese weniger intelligent waren als der anatomisch moderne Mensch seit dem 15. Jahrhundert, sondern weil *Innovationen kumulativ* sind, d.h. auf der Weitergabe und dem Teilen von Wissen in Gesellschaften beruhen. Die *Ausnahmestellung der Gattung Homo* innerhalb der biologischen Evolution entstand weniger dadurch, dass Individuen Genies wurden, sondern weil ein *leistungsfähigeres Gehirn* ein *flexibles Sozialverhalten* zulässt, dessen Strukturen immer weni-

50 Ember, C. R., Ember, M., & Peregrine, P. N. (2015). Anthropology (14th ed.). Pearson. Kottak, C. P. (2021). Cultural Anthropology: Appreciating Cultural Diversity (18th ed.). McGraw-Hill.

ger allein durch Erbinformationen bestimmt werden. Ohne die Entwicklung der genetischen Disposition von einigen frühen Homininen zu weniger aggressivem Verhalten wäre das nicht möglich gewesen.

Die die *biokulturelle Evolution* bei Homininen bestimmenden und beschleunigenden Faktoren verstärken und ergänzen sich im Unterschied zu unseren evolutionsbiologisch nahen Verwandten (den Menschenaffen) gegenseitig – nicht nur auf genetischer Ebene. Komplexere Gehirnstrukturen, kognitive Kapazität, Werkzeuggebrauch, gewaltvermeidendes Sozialverhalten, funktionale Anatomie des Stimmapparates und verbesserte Verarbeitung akustischer Signale, Kommunikation, Fortbewegung und (Aus-)Wanderung, Neugier und Entdeckerlust werden gleichermaßen zu biologischen und kulturellen Eigenschaften. Diese sind sowohl in der *Stammesgeschichte der Gattung Homo* (Phylogenese) als auch in der *Entwicklung jedes einzelnen Individuums von der befruchteten Eizelle bis hin zum Erwachsenen* (Ontogenese) und dem Altern über Erbinformationen – *Programmen oder Algorithmen vergleichbar* – eingeschrieben. Das bedeutet jedoch nicht, dass nicht auch *soziale und Umwelteinflüsse* zu einer *großen Variationsbreite des Verhaltens* beitragen.

Im Zuge der *kognitiven Revolution* entstanden *neue spezifische Eigenschaften der Gattung Homo* und *verstärkten sich im sozialen Kontext,* nicht ausschließlich in Bezug auf die genetisch bedingten Verhaltensdispositionen einzelner Individuen. Bezogen auf die *gesamte Population* bilden sich Eigenschaften wie Intelligenz, Kommunikationsfähigkeit und Kooperationsfähigkeit in Form einer *Normalverteilung* ab, das heißt, Mittelwerte sind am häufigsten, extreme Abweichungen nach oben oder unten sehr selten. Die damit einhergehende Streuung im Genpool erweist sich langfristig als nützlich.

Diese Wahrscheinlichkeit durch Gewalt ums Leben zu kommen oder physisch verletzt zu werden war historisch in der weiteren *Zivilisationsgeschichte,* die seit der Sesshaftwerdung des Menschen vor etwa 12.000 Jahren greifbar wird, in Bezug auf Parameter wie *Einkommen und Vermögen sehr ungleich* verteilt. Früher starben gerade Menschen von hohem sozialem Status, etwa Anführer von Gruppen und Herrscher, vergleichsweise häufig eines gewaltsamen Todes,[51] in der Gegenwart hat sich das *umgekehrt,*

---

51 Harari, Y. N. (2011). Sapiens: A Brief History of Humankind. Harper. Jan von Flocken. (2007, 13. September). 1327: Eduard II. – Grausamer Tod eines schwulen Königs. Welt.de. https://www.welt.de/kultur/history/article1320282/Eduard-II-Grausamer-Tod-eines-sc

wohlhabende Menschen mit einem hohen sozialen Status sind weniger von Gewalt betroffen und können im Übrigen gesünder und länger Leben.[52] Die Kriterien in des *Human Development Index der Vereinten Nationen* (HDI) würden dafürsprechen, dass Menschen in wohlhabenden Ländern im Durchschnitt viel glücklicher und sicherer sind als Menschen mit geringem Einkommen in weniger wohlhabenden Ländern, das ist aber nicht der Fall.[53] Ein ähnliches Phänomen zeigt sich in Bezug auf den sozialen Status.[54] Das liegt wiederum an unserem evolutionären Erbe und der *Anpassung des dopaminergen Systems* an die Umwelt bzw. die gewohnten Lebensumstände. *Neurotransmitter wie Dopamin* (Botenstoffe im Gehirn) regulieren unseren Gefühlshaushalt und die *Motivation mehr oder besseres zu erreichen.* Die gleichbleibenden eigentlich glücklichen Lebensumstände werden *nicht* dauerhaft als *Glück* empfunden, sondern lediglich die Verbesserungen und die *Hoffnung* auf das Erreichen neuer Ziele und Verbesserungen.[55]

2.6 Zur Soziobiologie von Gesellschaftskrisen und Konservatismus

In Wirtschaft und Gesellschaft brechen *Krisen* aus, wenn die Menschen an eine bessere Zukunft, die ihnen ja stets in Aussicht gestellt wird, nicht mehr

---

hwulen-Koenigs.html; Saleh, J. H. (2019). Statistical analysis of the life spans of Roman emperors. PLOS ONE, 14(1), e0207631. https://doi.org/10.1371/journal.pone.0207631

52 Robert Koch-Institut (RKI). (2013). Körperliche und psychische Gewalterfahrungen in der deutschen Erwachsenenbevölkerung. Bundesgesundheitsblatt – Gesundheitsforschung – Gesundheitsschutz, 56(5-6), 745–755. https://doi.org/10.1007/s00103-013-1689-2
Robert Koch-Institut (RKI). (2014). Soziale Unterschiede in der Mortalität und Lebenserwartung. GBE kompakt, 5(2). https://www.rki.de/DE/Content/Gesundheitsmonitoring/GBEDownloadsK/2014_2_soziale_unterschiede.pdf?__blob=publicationFile

53 Frey, B. S., & Scheidegger, F. (2021). Macht Wohlstand glücklich? Die Volkswirtschaft. Abgerufen von https://dievolkswirtschaft.ch/de/2021/09/macht-wohlstand-gluecklich/

54 Clark, A. E., & D'Ambrosio, C. (2015). Attitudes to Income Inequality: Experimental and Survey Evidence. In A. B. Atkinson & F. Bourguignon (Hrsg.), Handbook of Income Distribution (Bd. 2, S. 1147–1208). Elsevier.

55 Schultz, W. (2015). Neuronal Reward and Decision Signals: From Theories to Data. Physiological Reviews, 95(3), 853–951. https://doi.org/10.1152/physrev.00023.2014; Brickman, P., & Campbell, D. T. (1971). Hedonic Relativism and Planning the Good Society. In M. H. Appley (Hrsg.), Adaptation-Level Theory: A Symposium (S. 287–302). Academic Press.

glauben und kaum noch Aussicht besteht glücklich zu werden.[56] Der aus der klinischen Psychologie bekannte Begriff Depression ist nicht nur als medizinische Diagnose bekannt, sondern beschreibt auch *Wirtschafts- und Gesellschaftskrisen.*[57] In Bezug auf die Biologie des individuellen Verhaltens spielt die *Hirnalterung* auch unabhängig von gesellschaftlichen Krisen eine Rolle, die Änderung gewohnter Verhältnisse ist in der Regel weniger gewünscht als in den *Entwicklungsphasen*, wenn es mit der *Alterung* gut läuft wird man mit dem zufrieden, was man hat und der Lebensqualität, die man *noch* hat. Der *motivierende Neurotransmitter Dopamin* wird immer knapper. Das Gehirn passt sich an den zunehmenden eigenen Verfall an. Davon und von dem Hirnalterungsprozess sowie dem genetischen und funktionalen Hintergrund des *dopaminergen Systems* wusste man im 19. Jahrhundert noch nichts. Es gab aber allerlei absurde Schlussfolgerungen, die aus Darwins Evolutionstheorie in Bezug auf die Gesellschaft gezogen wurden und die zu den zivilisatorischen Katastrophen der beiden Weltkriege im 20. Jahrhundert beigetragen haben: Die von vielen Wissenschaftlern überhöhten Begriffe der Rassen und Völker und ein damit verbundenes Sendungsbewusstsein.[58]

---

56 Suckert, L. (2021). Die Zukunft in der Krise. Max-Planck-Gesellschaft. Abgerufen von https://www.mpg.de/16623464/die-zukunft-in-der-krise

57 Akerlof, G. A., & Shiller, R. J. (2009). Animal spirits: How human psychology drives the economy, and why it matters for global capitalism. Princeton University Press.; Keynes, J. M. (1936). The general theory of employment, interest, and money. Macmillan. Kapitel 12 („The State of Long-Term Expectation") ist besonders relevant, da Keynes hier die Bedeutung von Erwartungen und psychologischen Faktoren diskutiert; Schumpeter, J. A. (1942). Capitalism, socialism, and democracy. Harper & Brothers. Keynes verbindet psychologische Erwartungen mit Konjunkturzyklen und weist darauf hin, dass ein Verlust an Optimismus eine Depression auslösen kann. Schumpeter zeigt, wie Krisen durch Innovationen ausgelöst werden und langfristig Teil der wirtschaftlichen Evolution sind.

58 Vgl. die Kritik an Rassentheorien von Schrenk, F. (2019). Die Frühzeit des Menschen: Der Weg zum Homo sapiens (6. Aufl.). C.H. Beck. Sowie Weingart, P., Kroll, J., & Bayertz, K. (1992). Rasse, Blut und Gene: Geschichte der Eugenik und Rassenhygiene in Deutschland. Suhrkamp.

2.7 Die schnelle globale Verbreitung von Hominninen im Zusammenhang mit der Entkopplung der soziokulturellen Evolution von der biologischen Evolution

Durch den *Übergang von biokultureller zu soziokultureller Evolution* konnten sich die Homininen von einer direkten Abhängigkeit von der Umwelt und der Notwendigkeit einer sehr langsamen genetischen Anpassung an Umweltbedingungen über viele Generationen hinweg befreien. Die Beschleunigung der Evolution der Homininen zeigt sich auch in ihren Wanderungsbewegungen, die zu einer globalen Verbreitung führten. Dies gilt für frühe Homininen wie *Homo erectus*, der ein Vorfahre des *Homo sapiens* war, sowie für spätere Homininen wie die Neandertaler und Denisova-Menschen, die anfangs noch zeitgleich mit *Homo sapiens* lebten.

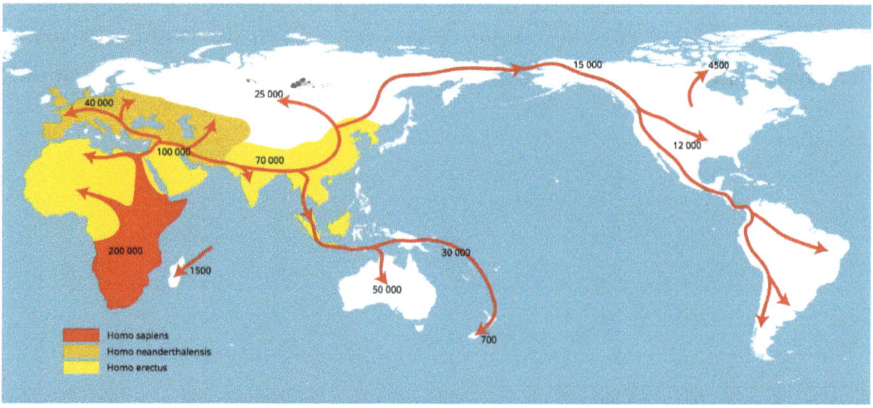

Abbildung 4: Globale Ausbreitung von Frühmenschen (Homo erectus) sowie von anderen Menschenarten (z. B. Neandertaler), die mit dem anatomisch modernen Menschen (Homo sapiens) vor ihrem Aussterben noch zeitweise koexistierten, bevor sie ausstarben.[59]

In der Grafik sind aus Gründen der Einfachheit und Klarheit nur die frühen Routen der Pionierpopulationen dargestellt; im Fall des *Homo sapiens* circa vor 125.000 Jahren. *Homo erectus* verließ Afrika erstmals vor mehr als 1,8 Millionen Jahren. Die vorausgehenden Besiedelungen durch *Homo*

59 https://commons.wikimedia.org/wiki/File:Spreading_homo_sapiens_ru.svg (commons license, gemeinfrei)

erectus sind gelb, und das Siedlungsgebiet des Neandertalers ist ockerfarben eingefärbt. Der *Denisova-Mensch* und *Homo floresiensis* fehlen aufgrund der noch *unsicheren Datenlage* und umstrittenen Interpretationen der Funde. Die Zahlen beziehen sich allein auf die geographische Ausbreitung des *Homo sapiens* und die Jahre vor der Gegenwart. **Johannes Krause** und **Svante Pääbo** sowie ihre Teams am Max-Planck-Institut für evolutionäre Anthropologie in Leipzig gelang es im Jahr 2010, die DNA aus den Mitochondrien eines fossilisierten Fingerknochens aus der Denisova-Höhle mithilfe der DNA-Sequenzierung auszuwerten.[60] Die Wissenschaftler konnten dabei nicht nur auf die Evolutionstheorie Darwins zurückgreifen, sondern auch auf die bereits bekannte Struktur der Erbinformation. Der Nachweis des grundlegenden biologischen Prozesses der Weitergabe und Vervielfältigung von genetischem Material gelang erstmals **James Watson** und **Francis Crick** im Jahr 1953 mit der Entdeckung der Doppelhelix-Struktur der DNA. Diese besteht aus zwei umeinander gewundenen Strängen, die durch Basenpaare verbunden sind.[61]

Zumindest bei geschlechtlicher Fortpflanzung folgt die Vererbung von Genen *Wahrscheinlichkeitsgesetzen.* Dabei erhöht sich die *Variationsrate und die genetische Diversität,* wenn über Fortpflanzung eine Durchmischung von über lange Zeit voneinander getrennten Populationen erfolgt. Darwin hat dies in Bezug auf die Anwendung der Evolutionstheorie auf die Entwicklung des Menschen bekräftigt; *die Evolutionstheorie legt also das Gegenteil der rassistischen Erblehren nahe,* die „Rassenhygiene" bis hin zum gesetzlichen Verbot von sogenannten „Mischehen" forderten.

In allgemeiner Form wird Evolution bereits bei Darwin als Prozess von (zufälliger) Variation und Selektion dargestellt: Die Entstehung von Arten wird durch die Weiterverbreitung überlebensfähiger und für die Reproduktion günstiger Veränderungen, Retention bzw. Vererbung erklärt. Es ist für unsere Zwecke nochmals hervorzuheben, dass Auslese sich bereits in Bezug auf die biologische Entwicklung des Menschen doppelt auswirkt:

---

60 Krause, J., Fu, Q., Good, J. M., Viola, B., Shunkov, M. V., Derevianko, A. P., & Pääbo, S. (2010). The complete mitochondrial DNA genome of an unknown hominin from southern Siberia. Nature, 464(7290), 894–897. https://doi.org/10.1038/nature08976

61 Watson, J. D., & Crick, F. H. C. (1953). Molecular structure of nucleic acids: A structure for deoxyribose nucleic acid. Nature, 171(4356), 737–738. https://doi.org/10.1038/171737a0
Diese kurze Publikation markiert den historischen Moment, in dem die Doppelhelix-Struktur der DNA beschrieben wurde, ein zentraler Durchbruch in der Biologie.

- durch Anpassung an Umweltbedingungen
- und durch größere oder kleinere Reproduktionschancen.

Neben der *Paläoanthropologie* und der *Paläogenetik* ist auch die Erforschung von Stammesgesellschaften seit der Epoche des Kolonialismus und Imperialismus eine Quelle von Wissen über die mutmaßliche Organisationsweise von Gesellschaften in der Vorgeschichte. Die Erforschung noch heute lebender, sogenannter „nicht kontaktierter" Gesellschaften oder Gesellschaften ohne intensiven Kontakt mit der globalen modernen Gesellschaft ist deshalb mit einer Vielzahl von ethischen Problemen belastet.[62]

2.8 Genetische Flaschenhälse und vorzivilisatorische Krisen der Menschheit im Übergang von biokultureller zu soziokultureller Evolution

Dass die *Gattung Homo* und der anatomisch moderne Mensch, Homo sapiens, *lange vor der Entwicklung von Hochkulturen* mehrere Male *vor dem Aussterben* stand, ist ein noch wenig bekanntes, mittlerweile *durch genetische Untersuchungen nachweisbares Faktum.* Drastische Bevölkerungsrückgänge bilden sich in sogenannten *genetischen Flaschenhälsen* ab. Diese weisen durch eine Verkleinerung der Population auch eine geringere Gesamtzahl von genetischen Mutationen und Variationen in den betrachteten Zeiträumen auf. Aus den Daten der molekulargenetischen Untersuchungen lässt sich wiederum auf die Zahl der in diesen Zeiträumen lebenden Individuen schließen.

Erste plausible Hinweise auf einen genetischen Flaschenhals in der Evolution der Homininen lassen sich durch demografische Modellierung auf der Grundlage von Daten zur Diversität aktiver und inaktiver Gene beim heutigen Menschen bereits für die Populationen der Vorfahren des Homo sapiens in Afrika für die Zeit von *vor ca. 930.000 bis 813.000 Jahren*

---

62 Barton, N. H., & Charlesworth, B. (1998). Why sex and recombination? Science, 281(5385), 1986–1990. https://doi.org/10.1126/science.281.5385.1986; Shipman, P. (1994). The Evolution of Racism: Human Differences and the Use and Abuse of Science. Simon & Schuster. Lee, R. B., & Daly, R. (Eds.). (1999). The Cambridge Encyclopedia of Hunters and Gatherers. Cambridge University Press. Diese Quellen bieten fundierte Einblicke in die genannten Themenbereiche und unterstützen ein tieferes Verständnis der Zusammenhänge zwischen genetischer Diversität, Evolutionstheorie und der Bedeutung der Erforschung von Stammesgesellschaften.

gewinnen. Die dramatisch niedrige geschätzte Zahl von *im Durchschnitt nur ca. 1.280 in den jeweiligen Generationen fortpflanzungsfähigen Individuen* zeigt, wie „knapp" das „Rennen" zwischen Klima- und Habitatveränderungen und auch den weniger robusten, dafür aber durch genetische Anpassung mit größeren kognitiven Fähigkeiten und Kulturfähigkeit ausgestatteten Homininen war.

Hinweise auf einen *zweiten afrikanischen Flaschenhals*, diesmal schon in Bezug auf den *Homo sapiens*, ergeben sich für die Zeit der ersten Wanderungsbewegungen aus Afrika und dem Nahen Osten hinaus für die Zeit von *vor 70.000 bis 50.000 Jahren*.

Die *letzte globale Eiszeit*, gemeint ist eine Zeit von großer Ausdehnung von regionalen Eisflächen und Temperaturabfall in wechselnden Gebieten, das sogenannte Weichsel-Glazial, datiert auf die Zeit vor 115.000 bis 11.700 Jahren. Die vorausgehende Warmzeit oder Interglazialperiode von vor 130.000 bis 115.000 Jahren bot dagegen gute Lebensbedingungen für den Homo sapiens und dessen Ausbreitung innerhalb Afrikas sowie auf angrenzende Regionen. Folgen der Klimaverschlechterung auf dem afrikanischen Kontinent und den angrenzenden Regionen waren ein Rückgang der Populationen und Populationsisolierung, bei der kleine, isolierte Gruppen zu einer geringeren genetischen Diversität der Gründerpopulationen führten. Die spätere Expansion von lange Zeit isoliert voneinander lebender Gruppen lässt sich auch in der Gegenwart noch in regional geclusterten Genanalysen nachweisen.

Die oben zusammengefassten gegenwärtig vorliegenden Befunde[63] bestätigen die bereits zuvor, allerdings auf der Grundlage weniger fortgeschrittener molekularbiologischer Methoden, durchgeführten Studien des Genetikers **Luca Cavalli-Sforza**,[64] insbesondere in Bezug auf die Verbindung von Sprache, kognitiven Fähigkeiten und genetischer Vielfalt der Menschheit. Die *genetische Vielfalt innerhalb der gegenwärtigen menschlichen Population ist gering* und geringer, als sie ohne wiederholt auftretende „Flaschenhälse" und Isolierung sein könnte.

---

63 Neuere Studien stellen jedoch infrage, aus welchen Gründen es zu einem genetischen Flaschenhals kam. Lane, C. S., Chorn, B. T., & Johnson, T. C. (2013). Ash from the Toba supereruption in Lake Malawi shows no volcanic winter in East Africa at 75 ka. Proceedings of the National Academy of Sciences, 110(20), 8025–8029. https://doi.org/10.1073/pnas.1301474110

64 Cavalli-Sforza, L. L. (2000). Genes, Peoples, and Languages. University of California Press.

2.9 Genetische Homogenität vs. kulturelle Diversität

Bei der in der Gegenwart lebenden gesamten Population haben die geringen genetischen Unterschiede zwischen Gruppen keine signifikanten Auswirkungen auf die Verteilung von kognitiven Fähigkeiten im Vergleich von Populationen (wohl aber im Vergleich von Individuen). Unterschiede bei *kognitiven Fähigkeiten von Populationen werden hauptsächlich durch kulturelle, soziale und umweltbedingte Faktoren beeinflusst*, nicht durch genetische Unterschiede. *Sprachen und genetische Muster entwickelten sich oft parallel aufgrund prähistorischer Migrationsmuster.* Doch *Sprache* (selbstverständlich nicht die dafür notwendigen Veränderungen der Hirnfunktionen und Anatomie) *ist bereits sicher ein rein kulturelles Phänomen und unabhängig von genetischen Determinanten.*[65]

In der neurobiologischen Forschung lässt sich aufgrund von Experimenten aus neuester Zeit, die mit bildgebenden Verfahren und mit Sonden, die die Aktivierung einzelner Nervenzellen abgreifen können, genau zeigen, was beim Sprechen und Lesen im menschlichen Gehirn vor sich geht.[66] Es lässt sich ableiten, dass es weder eine genetisch programmierte Ursprache gibt (Generative Transformationsgrammatik) noch ein Zusammenhang von Rassen, Sprache und Intellekt. Die von **Noam Chomsky** in den 1950er Jahren entwickelte Hypothese zum gemeinsamen genetischen Ursprung aller Sprachen ist ebenfalls falsch, wie auch der KI-Forscher **Geoffrey Hinton** betont.[67] In den meisten kulturellen Kontexten hat sich eine Schriftsprache ohnehin nicht selbständig entwickelt,[68] so dass sich Sprachen und Schriftsysteme von zentralen oder dominanten Kulturen in die Peripherie

---

65 Ebenda
In diesem Buch argumentiert Cavalli-Sforza, dass die geringe genetische Diversität unter heutigen menschlichen Populationen darauf hindeutet, dass Rassenkategorien biologisch bedeutungslos sind. Er betont, dass kulturelle Entwicklungen, einschließlich Sprache, unabhängig von genetischen Unterschieden sind und hauptsächlich durch historische Migrations- und Vermischungsmuster geprägt wurden.

66 Ward, J. (2015). The Student's Guide to Cognitive Neuroscience (3. Aufl.). Psychology Press.

67 Gabriotti, R. B., & Zomignan, R. (2020). Das zweisprachige Gehirn: Gehirnprozesse während des Spracherwerbs. Revista Científica Multidisciplinar Núcleo do Conhecimento, 5(8), 68–96. https://doi.org/10.32749/nucleodoconhecimento.com.br/bildung-de/zweisprachige-gehirn
Hinton, G. (2021). Geoffrey Hinton on Noam Chomsky. [Video]. YouTube. https://www.youtube.com/watch?v=urBFz6-gHGY

68 Siehe oben

ausgebreitet haben. Viele Kulturen sind deshalb nicht mehr als Einheiten zu erkennen, miteinander verschmolzen bzw. ausgestorben.

Die Thesen vieler Genetiker und Rassetheoretiker des 19. und 20. Jahrhunderts von einer Überlegenheit bestimmter „Rassen“ verlieren damit *endgültig* die Plausibilität, die sie auf den ersten Blick – aufgrund der Unterschiedlichkeit von Kulturen (nicht der Gene) – hatten. *Menschenrassen gibt es gar nicht (mehr)*; leicht wahrnehmbare Äußerlichkeiten wie beispielsweise Hautfarbe oder Stärke der Körperbehaarung und des Bartwuchses sind lediglich *marginale Anpassungen an Umweltbedingungen, die innerhalb weniger Jahrtausende erfolgten. Noch vor ca. 7.000 Jahren waren alle Europäer von dunkler Hautfarbe.*[69] Kulturelle und soziale Verhaltensunterschiede wurden und werden maßlos übertrieben bzw. in genetische Unterschiede uminterpretiert und zur Rechtfertigung des Kolonialismus und Imperialismus genutzt.[70]

2.10 Die soziokulturelle Evolution - der Übergang zur Zivilisationsgeschichte

Die soziokulturelle Evolution lässt sich nicht präzise bis zu ihren Anfängen in den Gesprächen, Weltdeutungen und sozialen Aktivitäten von Gemeinschaften von *Neandertalern, Denisova-Menschen* und modernen Menschen, *Homo sapiens*, zurückverfolgen. Ohne schriftliche Überlieferung kann die Umstellung von dominanter biokultureller auf soziokulturelle Evolution nicht mit exakt bestimmbaren Wegmarken bis in die prähistorische Zeit zurückverfolgt werden. Immerhin sind Höhlenmalereien und vermutlich kultischen Zwecken dienende *Artefakte von Neandertalern und Homo sapiens* bis etwa 90.000 Jahre vor der Gegenwart nachzuweisen. Die ältesten bisher gefundenen Höhlenmalereien stammen von Neandertalern und sind ca. 64.000 Jahre alt, erhaltene gravierte Muscheln und Ockerstücke sind sogar noch älter. Die auf der indonesischen Insel Java 2014 bei Grabungen gefun-

---

69 Für viele: Schrenk, F. (2019). Die Frühzeit des Menschen: Der Weg zum Homo sapiens (6. Aufl.). C.H. Beck. Und siehe unten Fußnote 50

70 Kattmann, U. (2021). Die genetische Vielfalt der Menschen widerspricht der Einteilung in Menschenrassen. Naturwissenschaftliche Rundschau, 74(7), 285–291. Naturwissens chaftliche Rundschau; Gibbons, A. (2015). How Europeans evolved white skin. Science. https://www.science.org/content/article/how-europeans-evolved-white-skin ; Yudell, M., Roberts, D., DeSalle, R., & Tishkoff, S. (2016). Taking race out of human genetics. Science, 351(6273), 564–565. https://doi.org/10.1126/science.aac4951

denen Muschelschalen mit eingravierten geometrischen Mustern sind auf vor 500.000 Jahren datiert und gelten als eines der frühesten *bekannten* Beispiele für symbolisches oder abstraktes Verhalten bei Homininen und eindeutig dem *Homo erectus* zuzuordnen.[71]

Unserer Ansicht nach hat eine *„kognitive Revolution"* bereits mit der Entwicklung des Homo erectus und seiner vermutlich komplexen Psyche sowie Kulturfähigkeit auf der Basis von Kommunikations- bzw. Sprachfähigkeit die biologischen und biokulturellen Voraussetzungen für die globale Ausbreitung von Frühmenschen geschaffen.[72] Sie hat damit schon viel früher begonnen als in der Kulturanthropologie und Geschichtswissenschaft bisher angenommen. Grund dafür ist das unterschiedliche Tempo von durch Genveränderungen oder durch Kommunikation hauptsächlich getriebene Evolution. Die sehr langsame *biokulturelle Evolution* ermöglichte dem sich erst *viel später* entwickelnden anatomisch modernen Menschen kumulative Innovationen, aufgrund derer er zur *dominanten Spezies* wurde. Dass es eine enorm lange Zeitspanne brauchte, bis grundlegende Technologien, wie das Rad oder Schriftsprache erfunden wurden, ist der nur spärlichen Verbreitung der Gattung Homo in isoliert lebenden Gruppen geschuldet. Die über sehr lange Zeit nur sehr langsam voranschreitende soziokulturelle Evolution ist nicht auf einen Mangel an individueller Intelligenz zurückzuführen.

2.11 Überblick zur unterschiedlichen Bestimmung von Epochen der Menschheit

Die zeitgenössische moderne biologische, anthropologische, historische und sozialwissenschaftliche Forschung kommt in Bezug auf die Datierung wesentlicher Umbrüche in der Evolution und Geschichte der menschlichen Gesellschaften zu unterschiedlichen Ergebnissen und benutzt dabei verschiedene Formen der Periodisierung, etwa in Bezug auf den Gebrauch typischer Werkzeuge und Materialien. Die verschiedenen Disziplinen nutzen unterschiedliche Kriterien für die Periodisierung. Im Detail wird dies in

---

71 Joordens J.C.A., d'Errico F., Wesselingh F.P., Munro S. de Vos, J., Wallinga, J. Ankjærgaard, C., Reimann, T., Wijbrans, J.R., Kuiper K.F., Mücher H.J., Coqueugniot, H., Prié, H.V., Joosten, I., van Os, B., Schulp, A.S., Panuel, M., van der Haas V., Lustenhouwer W., Reijmer J.J.G., Roebroeks, W. Homo erectus at Trinil on Java used shells for tool production and engraving. Nature, December 2014 DOI: 10.1038/nature19362

72 Für viele: Schrenk, F. (2019). Die Frühzeit des Menschen: Der Weg zum Homo sapiens (6. Aufl.).

unten dargestellt. Die unterschiedlichen Periodisierungen reflektieren die spezifischen Interessen und Methoden der Wissenschaftsdisziplinen. Es gibt zeitliche Überlappungen und unterschiedliche Benennungen für ähnliche Zeiträume.

Wissenschaft Zeit	**Geologie**	**Evolutionsbiologie & Anthropologie**	**Kultur- & Geschichtswissenschaften**	**Wirtschaftswissenschaften**
Vor 7 Mio.	Spätes Neogen	Erste Homininen (Sahelanthropus)	-	-
Vor 2,6 Mio. Jahren	Beginn Quartär (Pleistozän)	*Homo habilis*, Werkzeuggebrauch	Altsteinzeit beginnt	Jäger- und Sammlergesellschaften
Vor 1,9 Mio.	-	*Homo erectus*, Auswanderung aus Afrika	-	-
Vor 300.000 Jahren	Mittel-Pleistozän	Auftreten von *Homo sapiens*	Mittelsteinzeit	-
Vor 70.000 Jahren	Spätes Pleistozän	Kognitive Revolution	-	-
Vor 12.000 Jahren	Ende Pleistozän, Beginn Holozän	-	Neolithische Revolution (Jungsteinzeit)	Beginn der Agrargesellschaften
Vor 5.000 Jahren	Holozän	-	Bronzezeit, erste Schriftkulturen	Handels- und Handwerksgesellschaften entstehen
Ab 18. Jh.	-	-	Moderne	Industrielle Revolution, Industriegesellschaften
Ab Mitte 20. Jh.	Anthropozän	-	Postmoderne	Dienstleistungs- und Informationsgesellschaft

Tabelle 2: Epochen in der Entwicklung der Menschheit

Der Begriff der kognitiven Revolution ist beispielsweise aufgrund der dem aktuellen Stand der Forschung entsprechenden Darstellungen von Anthropologen wie **Friedemann Schrenk** und auch *unseres Erachtens* auf eine viel frühere Entwicklung von Kooperations- und Kulturfähigkeit von Homininen anzuwenden. Prominente *Historiker* wie **Ian Morris** und **Yuval Noah Harari**, verwenden ihn dagegen ausschließlich im Zusammenhang mit Höhlenmalereien, symbolischen Darstellungen und Nachweisen für Kulthandlungen und Riten, die etwa 70.000 Jahre vor unserer Zeitrechnung datieren. Mit Blick auf die Entwicklung der Hirnleistungsfähigkeit früherer Homininen infolge der Verzweigung in der Evolution der Homininen und aufgrund des langsamen Klimawandels in den afrikanischen Habitaten ist eine frühere Datierung auf die Zeit der Entwicklung von Homo erectus naheliegend.

Der Begriff *„Anthropozän“* ist noch Gegenstand aktueller wissenschaftlicher Debatten. Dem Menschen einen dominanten Einfluss auf die Entwicklung des Planeten einzuräumen, ist für die Zeit ab Mitte des 20. Jahrhunderts zumindest, was Biosphäre, Erdoberfläche und Klima anbelangt, alles andere als abwegig.[73]

2.12 Neolithische Revolution und funktionsorientierte soziale Differenzierung

Die (Jungsteinzeitliche) *Neolithische Revolution* des Menschen vor etwa 12.000 Jahren und die Entwicklung dauerhafter Großsiedlungen, nachgewiesen in der Nähe der großen Flussläufe des Nahen Ostens – zwischen dem heutigen Iran, dem Zweistromland von Euphrat und Tigris, dem Jordantal und dem Nil – markieren die von Historikern gezogene Abgrenzung zwischen Vorgeschichte und Zivilisationsgeschichte des Menschen. Wie viel wir darüber im Detail wissen können, hängt von der Auswertung von archäologischen Grabungen ab und steht auch im Zusammenhang mit der späteren Entwicklung von Schriftkulturen und überlieferten Mythen und Erzählungen. Spätestens mit der Ausdifferenzierung dauerhaft institutionalisierter politischer Herrschaftssysteme über Territorien (Staaten) begann die durch eine Vielzahl von Quellen gesicherte Geschichte der

73 Schwägerl, Ch. (2024): Geologen lehnen neues Erdzeitalter „Anthropozän“ überrasche nd ab – Spektrum der Wissenschaft

Menschheit. Trotz der vielen Konflikte, die im Vordergrund der Geschichtsschreibung stehen, kann die Zivilisationsgeschichte über lange Zeiträume als Geschichte eines nahezu stetigen, langsamen Fortschritts in sozialer und ökonomischer Hinsicht gelesen werden.

Grundlage für die Entwicklung von Zivilisationsgeschichte und politischer Geschichte war die Umstellung der Ernährung und Lebensweise von *Jagen und Sammeln auf Ackerbau und Viehzucht*. Die Erzielung von Überschüssen in der Landwirtschaft ermöglichte soziale Differenzierung durch die Institutionalisierung von *Eigentumsformen* sowie die *Erblichkeit von sozialem Status und Besitz*. Aus den Ahnen- und Geisterkulten der Jäger und Sammler entstanden komplexe *Religions- und Moralsysteme*, die dauerhafte Differenzierung und soziale Ungleichheit rechtfertigten und stabilisierten. Sie interpretierten die entstehenden komplizierten und dauerhaft ungleichen Verhältnisse als sinnvolle Ordnung und machten dies über *Symbolik* auch sichtbar. Damit wurden diese „festgeschrieben" und über Generationen tradiert. Die Unterschiede zwischen den Schamanenpraktiken und den aus direkten Interaktionen entstehenden Glaubenssystemen der Jäger- und Sammler-Kulturen der Frühmenschen sind so gewaltig, dass Historiker von einer *Revolution* im Sinne einer grundlegenden Veränderung von Organisationsprinzipien der Gesellschaft sprechen.

Seitdem lässt sich eine langsame, teils durch Naturkatastrophen lokal unterbrochene *soziokulturelle Entwicklung* nachweisen, die bis *zur modernen globalen Gegenwartsgesellschaft* führt. Diese bildet das allgemeinste, auf Kommunikation und Erreichbarkeit beruhende soziale System und kann bis auf die wenigen noch existierenden, sogenannten nicht kontaktierten, marginalisierten Gesellschaften mit nur vergleichsweise wenigen Individuen als Einheit betrachtet werden.[74]

Die Anfänge des archäologisch zugänglichen Übergangs von segmentierten Gruppengesellschaften zu größeren Gesellschaften mit differenzierter Sozialstruktur lagen im sogenannten *Proto-Neolithikum*, der Vor-Jungsteinzeit. Diese Zeit fällt mit der Errichtung erster, mutmaßlich *kultischen Zwecken* dienender *Sakral- und Monumentalbauten* zusammen, die die dauerhafte Kooperation verschiedener regionaler Jäger- und Sammlergruppen erforderten.

---

74 Bauer, A. M. (2011). The Neolithic Revolution in the Near East: Transforming the Human Landscape. Cambridge University Press. Bellwood, P. (2005). First Farmers: The Origins of Agricultural Societies. Blackwell Publishing. Vgl. auch Luhmann, N. (1997). Die Gesellschaft der Gesellschaft. 2 Bände. Frankfurt am Main.

Yuval Noah Harari favorisiert die Idee *sinnstiftender Narrative* über die Entstehung der Welt, die kosmische Ordnung und den Sinn des Lebens. Diese hätten die Kraft gehabt, die Lebenspraxis verschiedener Gruppen zu vereinheitlichen und an einem höheren Sinn auszurichten.[75] Er führt diesbezüglich eine unter Historikern umstrittene Unterteilung der Zivilisationsgeschichte ein, mit der er auf die besondere Relevanz großer Erzählungen (Religionen, Mythen oder säkularisierte Normen wie Menschenrechte) mit einem überzeitlichen und umfassenden Anspruch hinweist. Institutionen und Lebenspraxis in Gesellschaften konnten oder sollten damit auch mit Blick auf die Zukunft ausgerichtet werden.[76]

Dafür hat er, wie viele andere, gute Argumente auf seiner Seite. In der neuen Gesellschaftsform des Neolithikums musste die Mehrheit der Bevölkerung körperlich hart *arbeiten*, um Überschüsse in der Landwirtschaft zu erzielen. Die Investitionen in Kulte und die Symbolisierung des höheren Sinns einer differenzierten Lebenspraxis waren nur möglich durch die Anstrengungen von Bauern und Handwerkern. Die religiöse Kontemplation von Priestern und die Tätigkeit von Verwaltern, die Sicherung und Verteilung von Land, Ernten und Vorräten durch Ordnungskräfte und Militär sowie die Legitimität und der Bestand der gesellschaftlichen Ordnung bei *Erblichkeit von Eigentum und sozialem Status* erforderten im Vergleich zur Reproduktion der Kleingruppengesellschaften von Jägern und Sammlern einen viel größeren Aufwand. Allerdings wurde das Leben – zumindest das weltliche, vor dem Tod – für die Mehrheit nicht spürbar besser.

Die *Kulturen der Jäger und Sammler* beruhten auf der Möglichkeit *direkter Interaktion* zwischen allen. *Führungsrollen* konnten entsprechend allein aufgrund beobachtbarer Eigenschaften verteilt werden, was für das Überleben der Gruppe günstig war. So sieht beispielsweise das *Meat-Sharing-Ritual* der in den Halbwüsten Namibias, Südafrikas und Botswanas lebenden *Khoi* und *San* vor, dass die Jagdbeute so verteilt wird, dass der beste oder mutigste Jäger den ersten Zugriff hat – also sich als Erster ein Stück der Beute aussuchen darf – was von den ältesten und erfahrensten Mitgliedern, darunter auch Frauen der Gruppe, überwacht wird.[77] Die Erzählungen von

75 Harari, Y. N. (2011). Sapiens: A Brief History of Humankind. Harper.

76 Siehe oben und für vieles: Yuval Noah Harari on religion & nationalism | Yuval Noah Harari | The Faye D'Souza Show

77 Barnard, A. (1992). Hunters and Herders of Southern Africa: A Comparative Ethnography of the Khoisan Peoples. Cambridge University Press. Lee, R. B. (1979). The !Kung San: Men, Women, and Work in a Foraging Society. Cambridge University Press.

einem vorzeitlichen *Paradies* könnten auf der *geringen sozialen Ungleichheit* zwischen den Individuen in Gruppen beruhen und darauf, dass die zum Leben notwendigen Ressourcen mit wenig Anstrengung beschafft werden konnten. Wenn ein ausreichendes Nahrungsangebot vorhanden war, waren nur wenige Stunden Arbeit pro Tag ausreichend, um den Kalorienbedarf der Gemeinschaft zu decken.

Die Lebenspraxis der Bevölkerung in den durch Ackerbau entstehenden *trifunktionalen Gesellschaften* unterschied sich erheblich von den vorausgehenden und lange parallel existierenden Jäger- und Sammlergesellschaften. Diese neuen Gesellschaften wurden durch drei Funktionen geprägt:

1. Religion und Sinngebung
2. Politik, Verwaltung und Sicherheit
3. Landwirtschaftliche Basis der Wirtschaft, ergänzt durch Überschussproduktion und handwerkliche Tätigkeiten

Durch *erbliche soziale Unterschiede* und die damit verbundene dauerhafte Zuordnung von Funktionen und die Differenzierung von Populationen in soziale Klassen wird der endgültige Übergang zur Zivilisationsgeschichte markiert.

2.13 Die Zivilisationsgeschichte und globale Bevölkerungsentwicklung in historischer Analyse und grafischer Darstellung

Bevor wir die zeitgenössische Sichtweise der wirtschafts- und sozialwissenschaftlichen Modelle zur Entstehung und Funktionsweise der globalen Gegenwartsgesellschaft diskutieren, werfen wir einen letzten Blick auf die Zivilisationsgeschichte mit den bereits bekannten Kategorien aus dem biologischen und soziobiologischen Kontext – nämlich der *Population* im Sinne der gleichzeitig lebenden menschlichen Individuen. Die folgende Abbildung stellt die *Bevölkerungsentwicklung seit der Neolithischen Revolution* und die damit verbundenen Veränderungen der *Homo sapiens*-Population dar. Sie zeigt sowohl ein exponentielles Wachstum der Anzahl gleichzeitig lebender Individuen als auch seit dem 18. Jahrhundert einen enormen Anstieg der durchschnittlichen *Lebensdauer bzw. Lebenserwartung*. Letzteres ist ein geeigneter Schätzparameter für den *Human Development Index* (HDI), den die Vereinten Nationen für Statistiken zur menschlichen Entwicklung verwenden.

Ian Morris hat in seinem bekannten historischen Grundlagenwerk ***„Measure of Civilization"*** eine detaillierte Berechnung verschiedener Indikatoren für die durchschnittliche individuelle Lebensqualität vorgelegt und kommt zu einem ähnlichen Ergebnis wie in der folgenden Grafik, in der der späte Anstieg der durchschnittlichen Lebenserwartung ein Indikator für den Anstieg der Lebensqualität ist.[78]

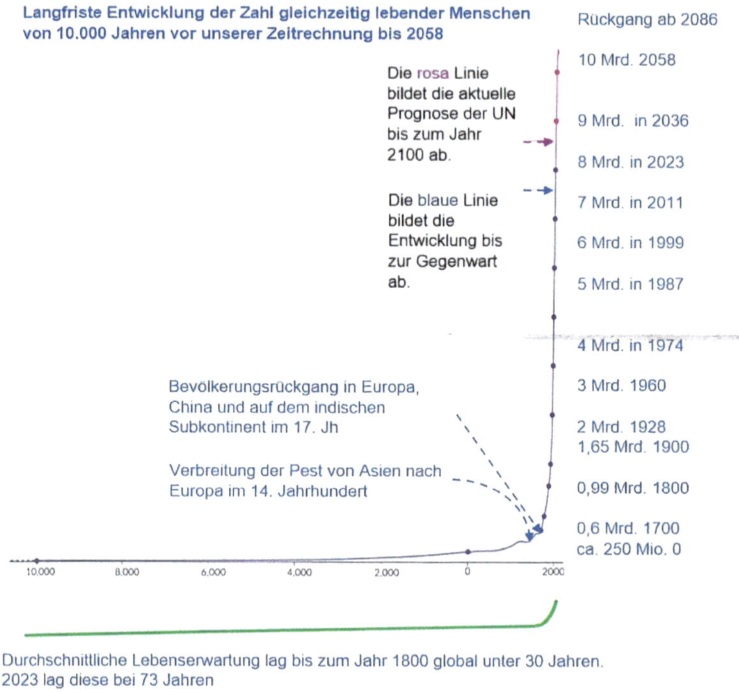

Abbildung 5: Entwicklung von Bevölkerung und Lebenserwartung – Daten der Universität Utrecht und Prognose der Vereinten Nationen zur Bevölkerungsentwicklung bis 2100[79]

78 Morris, I. (2013). The Measure of Civilization: How Social Development Decides the Fate of Nations. Princeton University Press.

79 United Nations, Department of Economic and Social Affairs, Population Division. (2022). World Population Prospects 2022: Summary of Results. Verfügbar unter https://www.un.org/en/global-issues/population; https://www.uu.nl/en/organisation/about-us/facts-and-figures
Human Mortality Database. (n.d.). University of California, Berkeley (USA), and Max Planck Institute for Demographic Research (Germany). Verfügbar unter https://www.mortality.org/

Die letzte globale Eiszeit, auch als *Weichsel- oder Würm-Kaltzeit* in Europa bekannt, *endete* vor etwa *11.700 Jahren.* Dieser Zeitraum markiert den Beginn der heutigen Warmzeit, dem *Holozän*, in dem wir uns immer noch befinden. Besonders in den Habitaten des *Homo sapiens*, die sich als erstes erwärmten, an den großen Wasserläufen des Nahen Ostens und Nordafrikas (Euphrat und Tigris, das Jordantal sowie das Niltal und -delta) – entwickelten sich wieder *Homo sapiens*-Populationen von nennenswerter Größe mit intensivem Austausch der regionalen Gruppen untereinander. Ähnliche Entwicklungen fanden mit klimabedingter Verzögerung im nördlichen Europa und Asien statt. Die Expansion des *Homo sapiens* in Nordasien ermöglichte die späte Wanderung von neolithischen Gruppen über die *Beringstraße* – die damals noch eine Landverbindung darstellte – ins bis dahin unbesiedelte Amerika sowie über den indonesischen Archipel nach Australien.

Zu Beginn des Neolithikums dürfte die *globale Gesamtpopulation* bereits in Millionen gezählt haben. Schätzungen belaufen sich auf *5 bis 10 Millionen* Individuen.[80] Die Anteile der verschiedenen Kontinente an der Weltbevölkerung waren sehr unterschiedlich.[81]

Die *Weltbevölkerung wuchs* bis zum Beginn des 18. Jahrhunderts unserer Zeitrechnung langsam, im Trend mit durchschnittlich *0,04 %* pro Jahr[82] Die Datensammlung zur Entwicklung von Bevölkerung und Umweltbedingungen der Forscher der Universität Utrecht verzeichnet über den Zeitraum von vor 12.000 Jahren bis in die Gegenwart lediglich *zweimal einen Rückgang* der Weltbevölkerung – im *14. Jahrhundert* und im *17. Jahrhundert.* Selbst die beiden großen zivilisatorischen Katastrophen des 20. Jahrhunderts, der Erste und Zweite Weltkrieg hinterlassen keine sichtbaren Spuren in Form eines globalen Bevölkerungsrückgangs in der Grafik. Der dramatische Rückgang der indigenen Populationen Amerikas durch eingeschleppte Infektionskrankheiten, wie die durch das Variola-Virus verursachten Pocken, nach der „Wiederentdeckung" Amerikas durch Kolumbus im Jahr *1492* ist ebenfalls nicht an der hochaggregierten Grafik abzulesen. Das globale Bevölkerungswachstum verlangsamte sich lediglich. Lokal, in Regionen mit besonders hohen Opferzahlen gab es selbstverständlich Bevölkerungsrückgänge. Die

---

80 University of Utrecht (2025) https://www.uu.nl/en/organisation/about-us/facts-and-figures

81 Maddison, A. (2007). Contours of the World Economy, 1–2030 AD: Essays in Macro-Economic History. Oxford University Press.

82 University of Utrecht (2025) https://www.uu.nl/en/organisation/about-us/facts-and-figures

beiden in der grafischen Darstellung der globalen Bevölkerungsentwicklung sichtbaren, einzigen Ausnahmen sind:

1. ***Das 14. Jahrhundert***, mit der Ausbreitung des *Pesterregers* von Asien nach Europa und den folgenden großen Wellen der Pandemie in Europa. In Asien waren die Auswirkungen aufgrund bereits bestehender Immunität abgeschwächt.
2. ***Das 17. Jahrhundert***, in dem die bevölkerungsreichsten Regionen – China und Ostasien, Indien und Südasien sowie Europa – von *multiplen Gesellschaftskrisen betroffen* waren.

Diese *Gesellschaftskrisen* wurden mitverursacht durch Beeinträchtigungen der Landwirtschaft aufgrund eines natürlichen Klimaminimums, einer globalen Zwischen-Kaltzeit, und damit zusammenhängenden *Seuchen, Aufständen und kriegerischen Großkonflikten.* Dazu gehören nicht nur der verheerende *Dreißigjährige Krieg* in Europa, der beginnende *Verfall des Mogulreiches* auf dem indischen Subkontinent in der zweiten Hälfte des 17. Jahrhunderts. Hier verschärften sich die Gegensätze zwischen der hinduistischen Bevölkerungsmehrheit und den muslimischen Herrschern, was zu Aufständen und Kriegen mit Vasallen an der Peripherie des Mogulreiches führte. In *China* führte die Häufung von Missernten, Naturkatastrophen wie Überschwemmungen und Dürren sowie Erdbeben zu Hungersnöten, Aufständen und dem Zerfall der sozialen und staatlichen Ordnung. Dies mündete schließlich im Sturz der han-chinesischen *Ming-Dynastie.* Kriegsherren aus der Mandschurei nutzten die Schwäche der Ming-Dynastie. Sie setzten nach der Eroberung der Hauptstadt Peking den letzten Ming-Kaiser im Jahr *1644* ab. Es dauerte etwa 50 bis 60 Jahre, bis die mandschurischen *Qing-Kaiser* ihre Macht im Innern gegen Aufstände und Abspaltungsversuche konsolidieren konnten und auch angrenzende Territorien unterwarfen. Dies diente dazu, andauernden Frieden und eine stabile staatliche Ordnung gegen äußere und innere Feinde zu sichern. Sie folgten dabei der chinesischen Tradition und dem die politische Herrschaft und Kultur tragenden Narrativ, sich das *„Mandat des Himmels“* im Sinne eines unbestrittenen Herrschaftsanspruchs zu sichern.

2.14 Realgeschichtliche Grundlagen der Entwicklung der modernen Gegenwartsgesellschaft

Hier, sowie auch in den späteren Abschnitten, geht es jetzt lediglich darum darzustellen, *wie* die moderne Gegenwartsgesellschaft sich entwickelt hat und funktioniert. Besonders instruktiv fanden Studierende in Seminaren zu Grundlagen der modernen Philosophie die Fallstudie zur spanischen Eroberung Mittel-Amerikas 1518 bis 1520 im Anschluss an die Wiederentdeckung Amerikas durch **Christoph Kolumbus**. *Realgeschichte,* die zwar vor der Entwicklung der Philosophie der Aufklärung stattfand, aber grundlegend für die Bildung des *Mythos europäischer Vernunft* war.[83]

Die schnelle Eroberung großer Teile Mittel- und Südamerikas und der Zusammenbruch der Azteken- und Inka-Reiche innerhalb von nur wenigen Monaten ist unter anderem auf die starken Bevölkerungsverluste durch eingeschleppte Epidemien zurückzuführen. Wie alle historischen Ereignisse basiert sie auf einer Vielzahl von Zufällen, wie etwa der „Wiederentdeckung" Amerikas durch **Christoph Kolumbus**, der, finanziert durch die spanische Krone, eigentlich einen *Seeweg nach Indien* suchte. Trotzdem ist es naheliegend, dass mit den technischen Fortschritten in Seefahrt und Navigation die Entdeckung Amerikas mehr oder minder *zwangsläufig* wurde.

Hernán Cortés begann seine Expedition nach Mexiko vom bereits spanisch besetzten Kuba aus im Jahr 1519 mit etwa 600 Soldaten und Matrosen, darunter rund 15 Reiter, einige Geistliche und Geographen.[84] Mitgeführt wurden lediglich 13 Schusswaffen (Arkebusen), einige Armbrüste, 10 kleine

---

83 In unseren Seminaren zur Entwicklung der modernen Gesellschaft orientierten wir die Rekonstruktion der Realgeschichte für gewöhnlich an folgenden Quellen: Díaz del Castillo, B. (1632). Historia verdadera de la conquista de la Nueva España. (Neuauflage: Penguin Classics, 1963). Restall, M. (2003). Seven Myths of the Spanish Conquest. Oxford University Press. Berdan, F. F. (2014). Aztecs of Central Mexico: An Imperial Society. Routledge. Smith, M. E. (2012). The Aztecs. Wiley-Blackwell. Townsend, R. F. (2009). The Aztecs. Thames & Hudson. Thomas, H. (1995). Conquest: Montezuma, Cortés, and the Fall of Old Mexico. Simon & Schuster. Cortés, H. (1986). Letters from Mexico. Yale University Press. Hassig, R. (1988). Aztec Warfare: Imperial Expansion and Political Control. University of Oklahoma Press. Díaz del Castillo, B. (1632). Historia verdadera de la conquista de la Nueva España. Sahagún, B. de (1577). Historia general de las cosas de Nueva España (Florentiner Codex). Alvarado Tezozómoc, F. (1598). Crónica Mexicana. Las Casas, B. de (1552). Brevísima relación de la destrucción de las Indias. Townsend, C. (2006). Malintzin's Choices: An Indian Woman in the Conquest of Mexico. University of New Mexico Press.

84 Townsend, R. F. (2009). The Aztecs. Thames & Hudson. Thomas, H. (1995). Conquest: Montezuma, Cortés, and the Fall of Old Mexico.

Kanonen und nur begrenzte Munitionsvorräte.[85] Im Siedlungsgebiet der Azteken lebten mehr als 8 Millionen Menschen, darunter zahlreiche kampferprobte Krieger.[86]

Die *aztekische Kultur* ähnelte *trifunktionalen Gesellschaften*, die sich zu Beginn der Neolithischen Revolution mit Großsiedlungen um Kultstätten herausbildeten. Allerdings waren Tragtiere, das Rad und Wagen sowie die Verarbeitung von harten Metallen mit hohem Schmelzpunkt oder Bronzelegierungen unbekannt. Klingen für Schneidewerkzeuge und Waffen wurden aus dem vulkanischen, glasähnlichen Obsidian gefertigt.[87] Dennoch verfügten die Azteken über eine Bilderschrift, umfangreiche astronomische Kenntnisse, Kalender, fortgeschrittene Landwirtschaft, Steinhäuser, gepflasterte Straßen, Bäder und Infrastrukturen in ihren kulturellen Zentren, die denen der Hochkulturen in Europa, Asien und Afrika durchaus ebenbürtig waren.[88]

Die Landung von Cortés an einem Strand in der Nähe des heutigen Veracruz kam für den Priesterkönig **Motēcuhzōma Xōcoyōtzin** (kurz Moctezuma oder im Deutschen oft Montezuma) und den Adel der Azteken keineswegs überraschend. Gerüchte über die spanischen Eroberungen einiger karibischer Inseln in der Folge der Wiederentdeckung Amerikas im Jahr 1492 waren bekannt. Die Flotte der elf kleinen, aber hochseetüchtigen spanischen Schiffe wurde von Spähern der Azteken und ihrer Vasallen seit langem neugierig erwartet.[89] Auf die Landung auf dem Festland Mittelamerikas am 12. März 1519 folgte sogleich ein Angriff lokaler Vasallen der Azteken auf die spanischen Invasoren; vermutlich eine Art Test, ob man den Fremden kriegerisch oder freundlich begegnen sollte. Das Scharmützel am Strand endete mit einem Sieg der spanischen Soldaten.[90] Die Kaziken (Häuptlinge) der ansässigen Maya, die den Azteken tributpflichtig waren,

---

85 Ebenda

86 Ebenda

87 Ebenda

88 Ebenda

89 Berdan, F. F. (2014). Aztecs of Central Mexico: An Imperial Society. Routledge. Smith, M. E. (2012). The Aztecs. Wiley-Blackwell. Townsend, R. F. (2009). The Aztecs. Thames & Hudson. Thomas, H. (1995). Conquest: Montezuma, Cortés, and the Fall of Old Mexico. Simon & Schuster. Cortés, H. (1986). Letters from Mexico. Yale University Press. Hassig, R. (1988). Aztec Warfare: Imperial Expansion and Political Control. University of Oklahoma Press. Díaz del Castillo, B. (1632). Historia verdadera de la conquista de la Nueva España.

90 Siehe oben

reagierten auf die Niederlage mit Friedensgesten und Geschenken, darunter Gold und Silber sowie einigen Sklaven, die sie an den Ort der Landung führten und den Spaniern übergaben.[91] Berichte über die Landung und die Ereignisse danach erreichten erst mit einiger Verzögerung den Priesterkönig der Azteken und den Adel im kulturellen Zentrum und der Hauptstadt Tenochtitlán (das heutige Mexiko-Stadt).

Die Quellenlage zur spanischen Eroberung Mittelamerikas ist zwar nicht hervorragend, es existieren jedoch einige wichtige Augenzeugenberichte aus spanischer und indigener Sicht. Am bedeutendsten ist die Chronik eines Hauptmanns von Cortés, **Bernal Díaz del Castillo** – *Historia verdadera de la conquista de la Nueva España*, die eine detaillierte Darstellung der Eroberung aus der Perspektive eines direkten Teilnehmers bietet.[92] Aus indigener Sicht wurde unter der Anleitung des spanischen Franziskaners **Bernardino de Sahagún** von aztekischen Schreibern in Nahuatl, der Sprache der Azteken, die *Historia general de las cosas de Nueva España* verfasst.[93] Dieses Werk, auch bekannt als Florentiner Codex, soll die aztekische Sicht der Eroberung schildern. Dazu existiert auch eine Vielzahl von Quellen, die vom Hörensagen über Ereignisse und Personen berichten, wie beispielsweise die erst 1598 publizierte Crónica Mexicana von **Fernando Alvarado Tezozómoc**, einem mutmaßlichen Nachkommen von Moctezuma II., sowie einige andere Quellen, die sowohl indigene als auch spanische Sichtweisen aufgreifen.[94] Darunter befindet sich auch der Dominikaner **Fray Bartolomé de las Casas** mit seiner *Brevísima relación de la destrucción de las Indias* (1552), die Kritik an der Brutalität der Eroberer enthält.[95] Die moderne Forschung kann mögliche Verzerrungen (Bias) in den Berichten und Quellen kaum vollständig ausgleichen; es gibt keine objektive Geschichte.

Den bebilderten Codices der Azteken und den Chronisten unter den spanischen Eroberern zufolge entspann sich ein Katz-und-Maus-Spiel bzw. eine politische und militärstrategische Auseinandersetzung zwischen Spaniern und Azteken, die von den Chronisten – wie es heute noch üblich

---

91 Siehe oben

92 Díaz del Castillo, B. (1632). Historia verdadera de la conquista de la Nueva España. (Neuauflage: Penguin Classics, 1963).

93 Sahagún, B. de (1577). Historia general de las cosas de Nueva España (Florentiner Codex). Alvarado Tezozómoc, F. (1598). Crónica Mexicana. Las Casas, B. de (1552). Brevísima relación de la destrucción de las Indias

94 Las Casas, B. de (1552). Brevísima relación de la destrucción de las Indias

95 Siehe oben

ist – auf die jeweiligen Anführer **Hernán Cortés** und **Moctezuma II.**, den Priesterkönig in Tenochtitlán, zugespitzt wurde. Moctezuma wollte die Spanier um jeden Preis vom Zentrum des Aztekenreiches fernhalten.

Die größte Herausforderung für die soziale Elite der Azteken sollte dabei eine den Spaniern am Tag nach dem ersten Scharmützel übergebene junge Frau werden, die nach dem bald erfolgten Übertritt zum katholischen Glauben und dem schnellen Erlernen der spanischen Sprache zur Dolmetscherin, Beraterin und mutmaßlich auch Geliebten von Cortés wurde. Die in der Sprache der Azteken Malinali oder Malintzin genannte Frau, umgangssprachlich als **La Malinche** in die mexikanische Geschichte – und als wichtigste Person in dem Konflikt der Zivilisationen eingegangen. Sie war eine in Ungnade gefallene Adlige aus Tenochtitlán, die in die Sklaverei verkauft wurde. Malinche kannte die Kultur der Azteken, die Denkweise der Oberschicht und die Entscheidungsprozesse zumindest in groben Umrissen.[96] Von den Spaniern nach ihrem Taufnamen aufgrund ihres hohen sozialen Status Doña Marina genannt, war sie behilflich bei Verhandlungen mit lokalen Würdenträgern, sowie nach vielen weiteren Kämpfen und der Rekrutierung von Hilfstruppen auf dem Weg nach Tenochtitlán, schließlich auch bei den Verhandlungen mit **Moctezuma II.** Dieser bot den Spaniern, wohl um weitere Kämpfe zu vermeiden, Gastfreundschaft in der Hauptstadt an und wurde dabei – so berichten es die Chronisten – zu einer Art Geisel der Spanier in seinem Palast und schließlich ermordet.[97]

Es existieren widersprüchliche Berichte darüber, von wem **Moctezuma II.** ermordet wurde: von den Spaniern oder durch den aztekischen Adel, der im Anschluss an den Mord einen zunächst erfolgreichen Aufstand wagte und die Spanier vorübergehend aus Tenochtitlán vertrieb.[98] Der Priesterkönig wurde direkt nach einer öffentlichen *Konzessionsrede* ermordet. In dieser aufgezeichneten und überlieferten Rede anerkannte er den Herrschaftsanspruch der katholischen Majestät, des habsburgischen **Carlos I. von Spanien** (in Personalunion auch **Kaiser Karl V. des Heiligen Römischen Reiches Deutscher Nation**) über das Aztekenreich. Er versuchte darüber

96 Townsend, C. (2006). Malintzin's Choices: An Indian Woman in the Conquest of Mexico. University of New Mexico Press.

97 Thomas, H. (1995). Conquest: Montezuma, Cortés, and the Fall of Old Mexico. Simon & Schuster.

98 Ebenda

hinaus, eine Verbindung zwischen den Mythen und der Kultur der Azteken und der Ankunft der Spanier als zurückgekehrte Ahnen herzustellen.[99]

Von Seiten der spanischen Chronisten wurde der als *„La Noche Triste"* (Traurige Nacht) bezeichnete Aufstand mit der Verdammung der aztekischen Religion und Kultur verbunden, deren zentrales Ritual in den dem *Sonnen- und Kriegsgott* **Huitzilopochtli** – besonders in Krisenzeiten – dargebrachten *Menschenopfern* bestand.[100] Der Ritus sah die Opferung von Kriegsgefangenen oder auch von freiwilligen Mitgliedern der Oberschicht nach öffentlichen Prozessionen zu den eigens errichteten monumentalen Sakralbauten der Azteken vor, den Stufenpyramiden Tenochtitláns. Die Opfer wurden unter Drogen gesetzt, die Priestern öffneten mit geübter Hand, unterhalb des Rippenbogens den Brustkorb, um das noch schlagende Herz **Huitzilopochtli** zu präsentieren und damit die Lebenskraft der Menschen zu schenken.[101]

Was für die Spanier ein nahezu unfassbares, teuflisches Ritual war, war für die Azteken ein selbstverständlicher Gottesdienst zur *Bewältigung von Krisen.* Das zentrale Ritual der christlichen Kirche, die „Eucharistie" und Kommunion mit dem symbolischen Verzehr von Leib und Blut Christi und die Identität von Christus mit Gott und dem Heiligen Geist, die Trinität, wirkte dagegen auf die Azteken *zunächst* unverständlich. Es geht im Glauben um die „Transsubstantiation" also die tatsächliche Verwandlung von Hostie und Messwein in das Blut und den Leib Christi: „Das ist das Brot des Himmels, der Leib Jesu Christi" – „Amen". Das ist gewiss, das ist wahr, das gilt. So sieht es immer noch die verbindliche Auslegung des Theologen und **Papstes Benedikt XVI** in seiner Schrift *Sacramentum Caritatis: Über die Eucharistie – Quelle und Höhepunkt des kirchlichen Lebens.*[102]

Die Verdammung der Grausamkeit der Azteken erscheint angesichts des wenig zimperlichen Umgangs der Spanier mit ihren Feinden – einschließlich systematischer Folter von Individuen, die den christlichen Glauben anzweifelten und dies öffentlich äußerten – wenig plausibel. Aufgrund einer päpstlichen Verordnung (Bulle) wurde **Tomás de Torquemada** 1483 zum ersten *Großinquisitor* von Kastilien und Aragon durch **Ferdinand II.**

99 Ebenda

100 Townsend, R. F. (2009). The Aztecs. Thames & Hudson

101 Ebenda

102 Benedict XVI, Papst. (2007). Sacramentum Caritatis: Über die Eucharistie – Quelle und Höhepunkt des kirchlichen Lebens. Libreria Editrice Vaticana.

von Aragón und **Isabella I. von Kastilien** ernannt.[103] Die *Verfolgung Andersgläubiger*, nicht nur der *Mauren* und *sephardischen Juden* im Zuge der *Reconquista*, die nicht bereit waren, den katholischen Glauben anzunehmen – wobei man selbst den Konvertiten mit Misstrauen begegnete – , sondern auch von *Häretikern*, also Zweiflern, Kritikern und Abweichlern unter den Christen, war bereits vor der spanischen Eroberung Mittelamerikas eine Praxis zur Festigung der weltlichen Herrschaft und zur Schaffung einer *kollektiven Identität als Spanier und Katholiken.*[104]

Mit der Neuzeit vor etwas mehr als 500 Jahren – nach breitem Konsens von Historikern entsprechend auf das Ende des 15. Jahrhunderts datiert – begann nicht nur das Zeitalter der Entdeckungen und der Verstetigung wissenschaftlich-technischen Fortschritts, sondern auch die politische, wirtschaftliche und kulturelle *Hegemonie Westeuropas.* Bereits die päpstliche Bulle Romanus Pontifex vom 8. Januar 1455 preist die Verdienste **Heinrichs des Seefahrers**, des Bruders des portugiesischen Königs **Eduard I.**, um die Verbreitung des christlichen Glaubens durch die Veranlassung zahlreicher Entdeckungsfahrten entlang der westafrikanischen Küstenlinie.[105]

Die Vermittlung des Papstes zum Vertrag zwischen Portugal und Spanien über die Aufteilung aller noch neu zu entdeckenden Inseln und Länder im Westen auf der Grundlage der Bulle Inter caetera von **Papst Alexander VI.** im Jahr 1493, infolge der *Sensationsnachricht* über die Entdeckung der Karibischen Inseln durch Kolumbus, sollte die Aufteilung der noch unbekannten Neuen Welt zwischen Portugal und Spanien regeln. Dies entsprach auch den politischen, wirtschaftlichen und kulturellen Interessen der Beteiligten an der Eindämmung der Expansion des Islam. Insbesondere die Eroberung Konstantinopels durch das Osmanische Reich erschwerte und verteuerte den Handel mit Indien und China, den beiden anderen Großzivilisationen, beträchtlich. Als Folge des aufgrund der päpstlichen Vermittlung geschlossenen Vertrages von Tordesillas (1494) wurden Brasilien und die afrikanische Westküste südlich der Sahara als portugiesische

---

103 Thomas, H. (1995). Conquest: Montezuma, Cortés, and the Fall of Old Mexico. Simon & Schuster.

104 Kamen, H. (1997). The Spanish Inquisition: A Historical Revision. Yale University Press.

105 Pope Nicholas V. (1455). Romanus Pontifex. Retrieved from https://www.papalencyclicals.net/nichol05/romanus-pontifex.htm

Interessengebiete bestimmt; der Rest der noch im Detail zu entdeckenden Neuen Welt wurde Spanien zugedacht.[106]

Tatsächlich kam es anders: Die *Aufteilung Süd- und Mittelamerikas* hatte zwar Bestand, aber schon bald etablierten sich mit England (bzw. dem späteren Vereinigten Königreich und Britischen Empire), Frankreich und den Niederlanden vor allem *wirtschaftlich stärkere, rivalisierende Kolonialmächte.* Das *Britische Empire* stieg im Zuge der Industrialisierung zur weltweit führenden Kolonialmacht auf.

2.15 Die Große Transformation und die bisherige Dominanz der westlichen Gesellschaften in der modernen Geschichte der Globalisierung

Der Historiker **Ian Morris** konzentrierte seine bemerkenswerten Forschungsleistungen vor allem auf die Frage, warum der Westen es zumindest vorläufig geschafft hat, die beiden anderen Großzivilisationen – China und Indien – sowie das Osmanische Reich und die islamische Welt letztendlich in ihrer globalen Bedeutung zu *marginalisieren.* **Morris** baut dabei auf den Argumenten des Austro-Ungarischen Wirtschaftshistorikers **Karl Polanyi** auf, insbesondere dessen Analyse der Einbettung wirtschaftlicher Aktivitäten in soziale Strukturen.[107]

Morris und **Polanyi** zufolge ist die beste Erklärung für die Dominanz des Westens ein zufälliges Zusammenwirken von mindestens drei voneinander unabhängig entstandenen Faktoren, die die Geschichte regionaler Zivilisationen in eine globale Gesellschaft transformiert haben:

1. Die moderne ***kapitalistische Wirtschaft***, die sich durch die Finanzierung von kolonialen Eroberungen, Handel und Unternehmungen auf der Basis von Eigen- und Fremdkapital auszeichnete.

106 Pope Alexander VI. (1493). Inter caetera. Abgerufen von https://www.papalencyclicals.net/alex06/alex06inter.htm Treaty between Spain and Portugal concluded at Tordesillas; June 7, 1494. (n.d.). In The Avalon Project: Documents in Law, History and Diplomacy. Abgerufen von https://avalon.law.yale.edu/15th_century/mod001.asp

107 Morris, I. (2010). Why the West Rules – For Now: The Patterns of History, and What They Reveal About the Future. Farrar, Straus and Giroux. Polanyi, K. (1944). The Great Transformation: The Political and Economic Origins of Our Time. Farrar & Rinehart.

2. Die ***Institutionalisierung empirischer Wissenschaften***, insbesondere in England bzw. im Vereinigten Königreich, die eine Verstetigung von technischem Fortschritt ermöglichte.
3. Die ***politische Rivalität imperialistischer europäischer Mächte***, die zu einer beschleunigenden Dynamik gesellschaftlicher Veränderungen seit dem 15. Jahrhundert führte.

Das Zusammenwirken dieser Faktoren führte dazu, dass sich in Europa und später in der ehemaligen britischen Kolonie, den Vereinigten Staaten von Amerika, ein fester Glaube daran entwickelte, dass das Leben auch im Diesseits immer besser werden kann. Dieses Konzept einer sich permanent weiterentwickelnden Zivilisation ist historisch neu. Die moderne Wirtschaft und damit auch die moderne Gesellschaft fallen ohne stetige Expansion und Veränderung in Krisen. Eine reale Verzinsung von langfristigen Investitionen ist ohne anhaltendes exponentielles Wachstum nicht möglich, wie schon **Karl Polanyi** feststellte.[108]

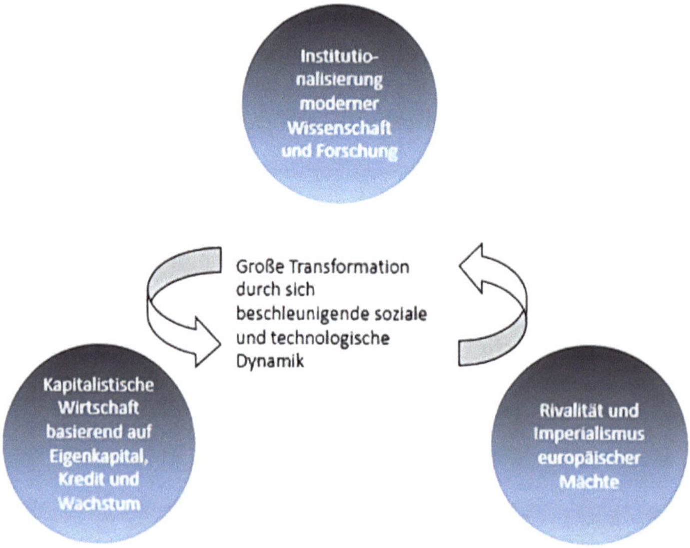

Abbildung 6: Treiber der großen Transformation seit dem 15. Jh.[109]

108 Polanyi, K. (1944). The Great Transformation: The Political and Economic Origins of Our Time. Farrar & Rinehart.
109 Vgl. Morris I. (2010) und Polanyi, K. (1944) oben.

Die Institutionalisierung der empirischen Wissenschaft in England – beispielsweise durch die Gründung der *Royal Society* im Jahr 1660 – schuf die Grundlage für kontinuierlichen technologischen Fortschritt. Zusammen mit neuen Finanzinstrumenten, wie Aktiengesellschaften und staatlich unterstützten Handelskompanien, ermöglichte dies die Finanzierung umfangreicher Unternehmungen und kolonialer Expansion.[110]

Historisch waren die großen Erzählungen, die Zivilisationen trugen – ob in Form von Religionen oder philosophischen Traditionen – auf einen vorgegebenen Maßstab angewiesen, sei es der Wille der Götter oder die Harmonie einer göttlichen Ordnung. Mit der *modernen Wirtschaft und Wissenschaft entstand jedoch eine dynamische Gesellschaft*, in der nichts so bleiben kann, wie es ist. *Wachstum und ständige Veränderung* wurden zu grundlegenden Bedingungen der globalen Wirtschaft und Gesellschaft.

2.16 Ökonomische Gesellschaftsmodelle

Ohne Zweifel basiert die Realgeschichte analog zur Evolution des Lebens auf *Zufällen im Verhältnis von Individuen und ihrer sozialen und natürlichen Umwelt.* Auch viele Historiker haben sich dieses Schema einer funktionalen Erklärung der großen Entwicklungslinien der Zivilisationsgeschichte angeeignet; darunter die bereits zitierten **Ian Morris**, **Yuval Noah Harari** oder **Karl Polanyi**. Die historische Betrachtung der Gesellschaftsentwicklung ist aber insbesondere bei den seit dem 19. Jahrhundert tonangebenden liberalen Ökonomen und Politikwissenschaftlern eher die Ausnahme. Deren Modelle stellten kalkulierte, *vernünftige Entscheidungen von Individuen* und die *Willensfreiheit* derselben in den Mittelpunkt ihrer Analysen. Einer der Gründe dafür war die Anlehnung an **Newtons** Mechanik als Vorbild, die dafür notwendigen, einfachen mathematischen Techniken beherrschten auch mittelmäßige Professoren, sie galten aber als augenscheinlicher Nachweis von „Wissenschaftlichkeit". Die Schreibtischgelehrten, die lediglich, was sie über Wirtschaft und Gesellschaft dachten, in triviale Mathematik kleideten, konnten sich so dem öffentlichen Meinungsstreit darüber, was z.B. in

---

110 Vgl. Morris, I. (2010). Why the West Rules – For Now: The Patterns of History, and What They Reveal About the Future. Farrar, Straus and Giroux. Harari, Y. N. (2014). Sapiens: A Brief History of Humankind. Harper.
Polanyi, K. (1944). The Great Transformation: The Political and Economic Origins of Our Time. Farrar & Rinehart.

der Wirtschaftspolitik die richtigen Maßnahmen wären, ein Stück weit entziehen.[111] Besagten die Formeln doch, durchaus ähnlich einem religiösen Ritual, dass es in der Wirtschaft und Gesellschaft gerecht zugehe, man müsse den Dingen einfach nur ihren Lauf lassen und jeder würde seinem Bemühen und seinen Fähigkeiten nach das bekommen, was er verdiente. Metaphysik und Ökonomie sind in diesem Punkt deutliche Äquivalente.[112]

Die bei weitem geläufigste Form ökonomischen Denkens ist die *Grenznutzenschule*, eine von vielen Lehrmeinungen in den Wirtschaftswissenschaften, die aber als der *liberale Mainstream* auch die zeitgenössischen Wirtschaftswissenschaften dominiert. Diese Denkschule ist zeitgleich in der zweiten Hälfte des 19. Jahrhunderts in Großbritannien sowie in Österreich und der Schweiz entstanden und entwickelte sich auch mit Verzögerung in den Vereinigten Staaten zum dominanten Paradigma ökonomischer Analyse.[113] Die Anwendung von – gemessen an dem Stand der zeitgenössischen Physik – eher einfachen mathematischen Methoden und Kalküle zur Modellierung und Vorhersage individuellen Entscheidungsverhaltens wurde erst durch diese *„marginalistische Revolution"* ermöglicht. Es wird jeweils kalkuliert, welchen zusätzlichen Nutzen (Grenznutzen) der Konsum oder die Investition einer zusätzlichen Einheit dem Verbraucher – als Nachfrager – oder dem Unternehmer – als Anbieter von Gütern und Leistungen – noch bringt.

Am prägnantesten zusammengefasst finden sich die begrifflichen Grundlagen der ökonomischen Analyse im Kontext des modernen liberalen Denkens bei **Francis Ysidro Edgeworth**:

> „The first principle of Economics is that every agent is only actuated by self-interest."[114]

111 Vgl. Mayntz, R. (2009). Sozialwissenschaftliches Erklären: Probleme der Theoriebildung und Methodologie. Campus Verlag

112 Vgl. Weber, M. (2001). The Protestant ethic and the spirit of capitalism (T. Parsons, Trans.). Routledge. (Original work published 1905); Witt, F.H. (1995). Theorietraditionen der betriebswirtschaftlichen Forschung, Gabler nbf Band 153

113 Hunt, E. K., & Lautzenheiser, M. (2011). History of Economic Thought: A Critical Perspective (3rd ed.). M.E. Sharpe.

114 Smith, A. (1759). The Theory of Moral Sentiments. London: A. Millar. https://oll.libertyfund.org/title/smith-the-theory-of-moral-sentiments. Smith, A. (1776). An Inquiry into the Nature and Causes of the Wealth of Nations. London: W. Strahan and T. Cadell. https://www.econlib.org/library/Smith/smWN.html

In seinem Essay über die Anwendung der Mathematik in den Moralwissenschaften beklagte er zwar noch eine „Verunreinigung" des prinzipiellen Egoismus durch eine Art von Sympathie der Menschen untereinander, hielt dies aber bei der Modellbildung für vernachlässigbar.

Die Wendung, die die ökonomische Analyse im ausgehenden 19. Jahrhundert im Britischen Empire und Habsburgischen Imperium nahm, mag ebenso verwundern wie die scharfe Abgrenzung zwischen Wirtschaft und Moral bei Edgeworth und seinen Kollegen. Hatte doch der „Gründervater" der modernen Wirtschaftswissenschaften, **Adam Smith**, schon mehr als ein Jahrhundert zuvor seiner 1776 erschienenen Abhandlung *„Der Wohlstand der Nationen"* als Moralphilosoph eine Abhandlung über die *moralischen Gefühle* der Menschen vorausgeschickt.[115] Für den später in dieser Eigenschaft fast vergessenen *Moralphilosophen* **Smith** bildeten die auf moralischen Gefühlen basierenden Prinzipien der Händler und Geschäftsleute in seiner Heimat, dem Schottland des ausgehenden 18. Jahrhunderts im Britischen Empire, die Grundlage einer sozialen Ordnung, in der sich die wohltuenden, wohlstandssteigernden Wirkungen der *Arbeitsteilung* und der *„unsichtbaren Hand"* des Marktes entfalten konnten und sollten.

Eine wundersame *List der Vernunft* schien zum Ausgleich der Interessen beizutragen: Das Brot vom Bäcker, das Fleisch vom Metzger oder jedwede Ware von Händlern verdanken die Bürger oder Professoren von Edinburgh, Oxford oder London nicht deren Entgegenkommen oder Sympathie, sondern ihrem kalten, vernünftigen, berechnenden *Egoismus.*[116] So schrieb es bereits **Adam Smith**, und zu Zeiten von **Francis Ysidro Edgeworth** gab es kaum noch einen Zweifel daran. Die Metapher der *unsichtbaren Hand* oder die bei Smith immer wiederkehrende Wendung, dass der Eigennutz von Händlern, Handwerkern und Gewerbetreibenden letztlich dem Gesamtwohl dient, ist Ausdruck der Sympathie für das Handel und Unternehmen betreibende Bürgertum und der Geringschätzung von Adel und Klerus, die in seinem Verständnis wenig zum Wohlstand einer Nation beitragen. Aber in der der modernen Gesellschaft vorausgehenden Feudalgesellschaft einen großen Teil davon – ungerechtfertigt – beanspruchten.

Edgeworth, F. Y. (1881). Mathematical Psychics: An Essay on the Application of Mathematics to the Moral Sciences. London: C. Kegan Paul. https://archive.org/details/mathematicalpsyc00edgeuoft

115 Siehe oben

116 Siehe oben

Indem der Moralphilosoph den besitzenden und erwerbstätigen Bürgern als eigentlich produktiver Klasse beispringt und es als natürlich, gottgewollt und gerecht darstellt, dass diese ihren eigenen materiellen Nutzen zum Maßstab ihres Handelns nehmen, hat er auch (deren) Partei ergriffen. Die Meinungen der liberalen Ökonomen bspw. zur Frage der *Sklaverei* im Britischen Empire fielen entsprechend aus. Diese forderten zwar die Abschaffung der Sklaverei, aber nur auf Basis einer *Entschädigung für die Eigentümer der Sklaven.*[117] So kam es dann auch im *„Slavery Abolition Act"* von 1833, für den die britische Regierung den Bedingungen des Gesetzes entsprechend *20 Millionen Pfund Sterling* aufbringen musste, um die Besitzer, Plantagen betreibende Personen und Unternehmen in den Kolonien, zu entschädigen.[118]

Die Sklaven waren nun *frei* und konnten ihren *„Präferenzen gemäß"* an Märkten teilnehmen, bspw. am *Arbeitsmarkt.* Das würde der Theorie entsprechend zu Effizienzsteigerungen führen und käme obendrein noch moralischen Gefühlen entgegen. Die Medien, d. h. die traditionell in der Londoner *Fleet Street* ansässige Presse, begleiteten die Diskussion um den *Slavery Abolition Act* dieser Linie entsprechend. Es ging zwar auch um moralische, aber mehr noch um ökonomische Fragen, wobei die oberste moralische Maxime der *Schutz des Eigentums* war.[119] Das ist hier zunächst noch nicht von Interesse, denn es geht um die Frage, *wie Märkte überhaupt funktionieren.* Ein „Wirken einer *unsichtbaren Hand* zum Wohle aller" konnte in der modernen Wissenschaft – also ein göttlicher Plan – selbst nicht als zufriedenstellende Antwort auf die Frage nach der *Markteffizienz* gelten.

Weithin akzeptiert wurde, und wird eigentlich bis heute, das Modell von **Léon Walras**, einem französischsprachigen Schweizer Ökonomen, der sich ebenfalls an der Anwendung mathematischer Kalküle zur Modellierung menschlichen Verhaltens orientierte und zusammen mit **William Stanley Jevons** in England und **Carl Menger** in Österreich den *Marginalismus,* also die Betrachtung des Grenznutzens einer zusätzlichen (Geld-)Einheit als Investition oder als Ausgabe im Konsum, zur bestimmenden Methode

117 Slavery Abolition Act 1833. (1833). In Wikipedia. Abgerufen am 24. Januar 2025, von https://de.wikipedia.org/wiki/Slavery_Abolition_Act_1833

118 Siehe oben
The Debate Over Abolition – The Slave Trade. (o. D.). In University of Miami Libraries. Abgerufen am 24. Januar 2025, von https://scholar.library.miami.edu/slaves/slave_trade/individual_essays/dan.html

119 Siehe oben

der ökonomischen Analyse machte. Die graphische Darstellung von Marktgleichgewichten und des Ausgleichs der Grenznutzen bei Investitions-, Produktions- und Konsumentscheidungen wurde drucktechnisch erstmals in den Lehrbüchern von **Alfred Marshall**, *„Principles of Economics"*, umgesetzt.[120] Die einfache und damit allgemein verständliche Darstellung mathematischer Kalküle trug zur Verdrängung historisch-vergleichender und sozialwissenschaftlich-interdisziplinärer Forschung bei. Die Ökonomie entwickelte sich zu einer Fachwissenschaft und trennte sich von ihren philosophischen und historischen Wurzeln.

Als Ergebnis des Streits um Methoden und inhaltliche Orientierungen formulierte **Max Weber**, ursprünglich Ökonom, seine Grundposition einer eigenen sozialwissenschaftlichen Methodik in seinem Hauptwerk *„Wirtschaft und Gesellschaft"*[121] als *„Verstehen"* oder Typisierung *sinnhaften sozialen Handelns* mit Bezug auf die Kategorien Zweck und Mittel. Weber wendete sich damit bewusst *gegen die Dominanz des marginalistischen Kalküls* zur Erfassung der Wirklichkeit. In der Folge entstanden von den Wirtschaftswissenschaften getrennte sozialwissenschaftliche Forschungsrichtungen und die *Soziologie* als eigenständige Wissenschaft.

Das führte unter anderem dazu, dass Begriffsbildungen in den Wirtschafts- und Sozialwissenschaften unterschiedlich ausgelegt und verstanden werden. Am besten lässt sich das unter der vereinfachten Annahme einer *„Zweigüterwelt"* ohne Geld und ohne Produktion bei individueller Handlungsfreiheit nachvollziehen. Das Resultat ist das Modell einer Handelsgesellschaft, in der jedes Individuum versucht seine Lage zu verbessern, indem es solange Güter und Leistungen mit anderen Individuen in freiwilliger Übereinkunft tauscht, bis eine Verbesserung nicht mehr möglich ist. Der Zustand, der sich dann

---

120 Walras, L. (1954). Elements of Pure Economics (W. Jaffé, Trans.). Allen & Unwin. (Original work published 1874); Jevons, W. S. (1871). The Theory of Political Economy. Macmillan.; Menger, C. (2007). Principles of Economics (J. Dingwall & B. F. Hoselitz, Trans.). Ludwig von Mises Institute. (Original work published 1871); Marshall, A. (1890). Principles of Economics. Macmillan. Zusammenfassend: Backhouse, R. E., & Medema, S. G. (2009). Defining Economics: The Long Road to Acceptance of the Robbins Definition. Economica, 76(Supplement 1), 805–820. https://doi.org/10.1111/j.1468-0335.2009.00789.x

121 Weber, M. (1978). Economy and Society: An Outline of Interpretive Sociology (G. Roth & C. Wittich, Eds. & Trans.). University of California Press. (Original work published 1922); Runciman, W. G. (1978). Weber's Methodology: The Unification of the Cultural and Social Sciences. British Journal of Sociology, 29(1), 1–20. https://doi.org/10.2307/589836; Swedberg, R. (1998). Max Weber and the Idea of Economic Sociology. Princeton University Press. Giddens, A. (1971). Capitalism and Modern Social Theory: An Analysis of the Writings of Marx, Durkheim, and Weber. Cambridge University Press.

einstellt, ist nach dem Ökonomen **Vilfredo Pareto** benannt, der 1893 an der Universität Lausanne die Nachfolge von **Léon Walras** übernahm und zunächst weiter an der Hypothese effizienter Märkte arbeitete.

Pareto wandte sich später, da er das dahinterstehende *„rein ökonomische" Modelldenken* als eher steril und in Bezug auf die gesellschaftlichen Verhältnisse zu Beginn des 20 Jh. geradezu als *grotesk unrealistisch* empfand, einer *soziologischen Analyse sozialer Ungleichheit* und der Bildung von *sozialen Eliten* zu. Im Gegensatz zur politischen Ökonomie und Sozialforschung marxistischer Prägung, sah Pareto hier nicht ausschließlich ökonomische Faktoren ausschlaggebend, der Einfluss eines Individuums auf das Verhalten von anderen Individuen hing weder allein von Einkommen und Vermögen ab, sondern es war durchaus möglich Einfluss über *Eloquenz oder Attraktivität* auszuüben; Pareto nannte *Politiker oder Gelehrte, Sportler oder Kurtisanen* als Beispiele. Dass sich die Menschen physisch, moralisch und intellektuell unterscheiden, gibt ihnen unterschiedliche Möglichkeiten, das Verhalten anderer zu Beeinflussen. Pareto wird des Öfteren als dem *italienischen Faschismus* zugeneigt angesehen. Dies hängt mit einer Würdigung Paretos durch den italienischen Ökonomen und überzeugten Faschisten **Luigi Amoroso** im *Giornale degli economisti* zusammen, der Pareto als Faschisten bezeichnete. Tatsächlich bezog sich **Benito Mussolini** in seinen programmatischen Reden auf **Pareto**, da dieser die Grundlagen der Macht und die Notwendigkeit der Bildung von Eliten realistisch gesehen hätte.[122] Diese Interpretation oder *Aneignung ist umstritten*, die Unterscheidung Paretos zwischen Residuen, nicht weiter erklärbaren Motivationen des Menschen und den *scheinlogischen Erklärungen individuellen Handelns,* fand in den Wirtschaftswissenschaften im Gegensatz zum Modell der zum Pareto bzw. Wohlfahrtsoptimum tendierenden, auf größtmöglicher individueller Handlungsfreiheit beruhenden liberalen Gesellschaft, kaum Beachtung.

Abbildung 7 zeigt dieses „rein ökonomische und auf vernünftigen Wahlhandlungen" beruhenden Gesellschaftsmodell in der Form einer einfachen Grafik. Dem *„Mainstream der Wirtschaftswissenschaften"* liegt der Gedanke der Optimierung der Situation jedes Individuums durch freiwilligen Tausch

---

122 Pareto, V. (1971). Manual of Political Economy (A. S. Schwier & A. N. Page, Trans.). Macmillan. (Original work published 1906); Pareto, V. (1935). The Mind and Society: A Treatise on General Sociology. Harcourt, Brace and Company. Cirillo, R. (1982). The Economics of Vilfredo Pareto. Routledge. Femia, J. V. (2006). Pareto and Political Theory. The American Political Science Review, 100(1), 1–13. https://doi.org/10.2307/27644501 ; De Felice, R. (1974). Interpretations of Fascism. Harvard University Press.

von Gütern und Leistungen in einem liberalen Gesellschaftsmodell zugrunde. Das sieht aber nur so lange besser aus als die vorhergehende ökonomische Leittheorie des Merkantilismus, solange man nicht die *Verteilungsfrage* stellt:

Im *Merkantilismus* gingen Überschüsse in die Haushalte der Fürsten, zumindest theoretisch. Wohin gehen sie *Liberalismus*? Richtig: an die *Kapitalmärkte*, genauer an die *Vermögenden, Besitzer von Kapital*, die nun wie die Fürsten leben konnten. In Bezug auf Kapital besteht zwar nicht eine ganz so strikte Erbfolge, wie in Bezug auf Adelstitel, aber es bestehen Ähnlichkeiten. Es wird über Generationen mehr vererbt, als erarbeitet.[123] Kapital-Erträge und Erbschaften, werden ganz im Gegensatz zur Arbeit, kaum besteuert und beschleunigen das Wachstum großer Vermögen so, wie das aufgrund von durchschnittlichen Stundenlöhnen nicht möglich ist.

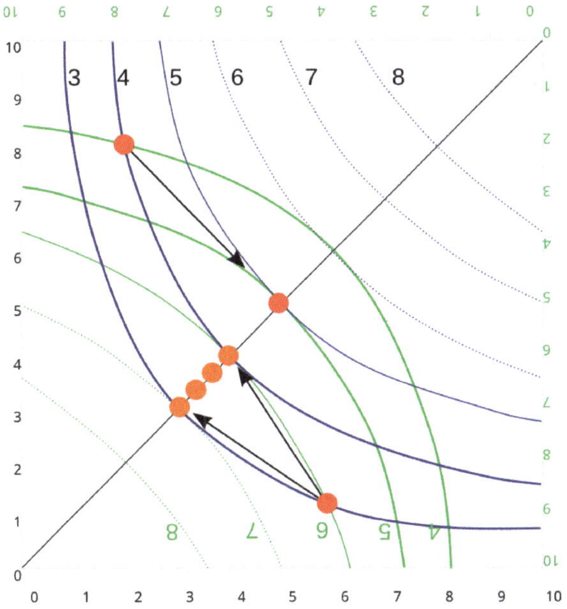

Abbildung 7: Optimierung der Situation jedes Individuums durch freiwilligen Tausch von Gütern und Leistungen (Edgeworth-Box) im liberalen Gesellschaftsmodell[124]

123 Piketty, T. (2014). Capital in the Twenty-First Century (A. Goldhammer, Trans.). Harvard University Press

124 Quelle: Wikimedia Commons, Pareto / Edgeworth-Box + contract path by Berklas GNU -license (gemeinfrei)

Die roten Punkte markieren jeweils *Tauschgleichgewichte*, das heißt erreichte Optima, die sich nicht weiter verbessern lassen bzw. bisher außer Reichweite liegende Optima, die durch Verzicht und Kompensation *in Verhandlungen als Pareto Optimum* erreicht werden könnten.

Das Konsum-Budget lässt sich in Bezug auf Konsumentscheidungen zunächst einmal durch die beiden Extrempunkte auf den konvexen Linien, die die gegebene den Individuen selbst bekannten Präferenzen (Bedürfnisse) der Individuen definieren:

- Das Budget wird also direkt in Gütermengen ausgedrückt;
- Geld wird allgemein als neutral und bloßes Tausch- und Wertaufbewahrungsmittel verstanden.
- Analoge Überlegungen können in Bezug auf das Investitions-Budget, also Investitionsentscheidungen und Grenzproduktivitäten von Produktionsfaktoren in Wirtschaft und Gesellschaft angewandt werden.
- Zentrale Voraussetzung für rationales, den Gesamtnutzen maximierendes Entscheidungsverhalten ist die *Konvexität der Grenznutzen im Konsum oder Grenzproduktivitätsfunktionen.* Bei der Beschäftigung von Produktionsfaktoren: Land, Arbeit, Kapital.
- Konvexität bedeutet in diesem Kontext: Der Nutzen einer weiteren Einheit eines Gutes ist geringer als der der vorausgehenden Einheit (*Gesetz des abnehmenden Grenznutzens*). Damit sind die Extrempunkte quasi ausgeschlossen und festgelegt, dass es nur eine nutzenoptimale Güter- oder Faktorkombination gibt, nämlich die, an der die Budgetlinie die konvexe Nutzenfunktion schneidet. Das kann nahe der Mitte der Budgetlinie sein, muss aber nicht. Abhängig von den subjektiven Präferenzen eines Konsumenten oder einer Konsumentin kann eine Kombination von drei Paar Schuhen mit einer Handtasche oder einem Gürtel optimal sein.
- Produktionsfunktionen scheinen im Vergleich objektivierbarer; die *Modellierung technischer Verfahren* erlaubt dann eine objektive Bestimmung der optimalen Konfiguration der technischen Prozesse im Sinne eines *Input-Output-Modells.*

Die *Kapitalmärkte* sind das Produkt einer jahrhundertelangen Entwicklung, ausgehend von den ersten Finanzmärkten zur Finanzierung von Im- und Exportgeschäften im *Zeitalter der Entdeckungen* und des beginnenden Kolonialismus im 15. Jahrhundert. Die Ausgabe von Anteilscheinen an der *Britischen Ostindien-Kompanie* (British East India Company, London, 1600) und der *Niederländischen Ostindien-Kompanie* (Vereenigde Oostindische Compagnie, Amsterdam, 1602) führte zur Institutionalisierung regelmäßiger und dauerhafter Wertpapierauktionen in *London* und *Amsterdam*. Die Gründung anderer Finanzmärkte, bspw. der *New York Stock Exchange* 1792 und der zeitgenössischen Börsenplätze und Handelssysteme erfolgten sukzessive.[125]

Angesichts der *Krisen und Risiken* der globalen Gegenwartsgesellschaft werden *marktliberale Positionen* zunehmend angezweifelt. **Quinn Slobodian**[126] und die meisten anderen statistisch und an historischen Fakten orientierten Analysten der historischen, wirtschaftlichen und politischen Entwicklung wie **Thomas Piketty**[127] oder **Gabriel Zucman**[128] u. a. sehen die wirtschaftliche Entwicklung nach Ende des Zweiten Weltkriegs 1945 bis in die Mitte der 1980er Jahre hinein politisch durch *regulierende und moderierende Wirtschaftspolitik* geprägt. Kurz: Die vier auf das Ende des Zweiten Weltkriegs folgenden Jahrzehnte waren durch drei wesentliche Faktoren geprägt:

1. Durch die *Systemkonkurrenz* der ideologisch antagonistischen politischen Blöcke sozialistischer und westlicher, demokratisch-marktwirtschaftlicher Staaten.
2. Durch die innerhalb der demokratisch-marktwirtschaftlichen Staaten umstrittenen wirtschaftspolitischen Theorien von **John Maynard Keynes** und Anhängern einer *staatlichen, regulierenden Wirtschafts- und Wohlfahrtspolitik* (zunächst favorisiert)
3. Durch Liberalisierung, Privatisierung und Deregulierung als neue Hauptrichtung gesellschaftlicher Reformen seit den 1980er Jahren.

Faktisch ein später Triumph von **Friedrich August von Hayek** bzw. der marktliberalen Wirtschafts- und Gesellschaftsordnung, dessen Theorie

---

125 Neal, L. (1990). The Rise of Financial Capitalism: International Capital Markets in the Age of Reason. Cambridge University Press.; Petram, L. O. (2014). The World's First Stock Exchange: How the Amsterdam Market for Dutch East India Company Shares Became a Modern Securities Market. Columbia University Press.; Ferguson, N. (2008). The Ascent of Money: A Financial History of the World. Penguin Books.

126 Slobodian, Q. (2018). Globalists: The End of Empire and the Birth of Neoliberalism. Harvard University Press.

127 Piketty, T. (2014). Capital in the Twenty-First Century (A. Goldhammer, Trans.). Harvard University Press.

128 Zucman, G. (2015). The Hidden Wealth of Nations: The Scourge of Tax Havens. University of Chicago Press.

sich historisch bedingt, durch den Zusammenbruch des sozialistischen Staatenblocks als *entfesselter Kapitalismus* ohne glaubwürdige Alternative durchsetzen konnte. Die Staaten und internationale Organisationen sollten lediglich der Schutz des Eigentums und der Verteidigung gegen Feinde der Gesellschaft dienen und der Ermöglichung von Freihandel als Kernaufgaben verpflichtet sein (bis dahin die Minderheitenposition).[129]

Keynes betrachtete Menschen keineswegs als stets rational, ausschließlich im eigenen Interesse handelnde Individuen, sondern sah Wirtschaft und Gesellschaft von *gruppenpsychologischen Mechanismen* und *kollektiven Erwartungen* geprägt.[130] Er und **Joseph Alois Schumpeter**, der den wohl bis dato wichtigsten ökonomischen Beitrag zur Theorie von *Innovation* und wirtschaftlicher sowie gesellschaftlicher Entwicklung geleistet hat, stimmten darin überein, dass sie die große *Weltwirtschaftskrise* der 1930er Jahre als *„Ansteckung des Gemüts“* und als *kollektive Depression* betrachteten und dementsprechend analysierten.[131] Zu beachten ist aber, dass sich ansonsten Keynes und Schumpeters Ansichten zu Wirtschaft und Gesellschaften stark voneinander unterschieden. Mehr dazu und zu deren Prognosen über die *Zukunft des Kapitalismus* im 21. Jh. in Kapitel 5.

In den Börsenturbulenzen Ende der 1920er Jahre verloren aufgrund einer *Spekulationskrise* bei Aktien und Anleihen nicht nur wohlhabende Privatanleger, sondern auch Banken mussten ihren Bankrott erklären. Dies hatte unmittelbar Auswirkungen auf Unternehmen und den Großteil der Bevölkerung, die kaum selbst an den Kapitalmärkten spekulieren konnten, aber durch den Rückgang von Beschäftigungsmöglichkeiten in ihrer Existenz betroffen waren. Als Reaktion minimierten alle Akteure in der Wirtschaft ihre Ausgaben und sparten, wo sie nur konnten. Auch die Staatshaushalte wurden einer strikten *Austeritätspolitik* unterworfen, was die Krise weiter verschärfte und verlängerte. Die Preise fielen (*Deflation*, der Geldwert stieg dadurch stetig), und selbst Personen und Investoren, die Geld hatten,

129 Monbiot, G., & Hutchison, P. (2024). Invisible Doctrine: The Secret History of Neoliberalism. Crown. Vgl. auch Keynes, J. M. (1936). The General Theory of Employment, Interest and Money. Macmillan. Hayek, F. A. (1944). The Road to Serfdom. University of Chicago Press. Vgl.

130 Schumpeter, J. A. (1942). Capitalism, Socialism, and Democracy. Harper & Brothers.

131 Ebenda und Fußnote 108

warteten weiter mit Ausgaben, weil sie in der Zukunft mit noch niedrigeren Preisen rechnen konnten.[132]

Bereits in seinem 1931 erschienenen *„Essays in Persuasion"* warnte **Keynes** vor der Gefahr eines erneuten Weltkrieges infolge der anhaltenden Wirtschaftskrise und des wachsenden Ressentiments in Deutschland und Österreich in Bezug auf die untergegangenen Imperien. Damit zusammen hing eine irrationale, übersteigert nationalistische Politik und die Suche nach Sündenböcken für die sich verschlechternde soziale Lage.[133] Im Gegensatz zu den klassischen und liberalen Ökonomen hielten **Keynes** und **Schumpeter** den Kapitalismus bzw. die Kombination aus Marktwirtschaft und Demokratie grundsätzlich anfällig für *Spekulationskrisen, die nichts anderes als Glaubenskrisen sind.* Übergroßer Optimismus und Risikobereitschaft entstanden in langen Phasen wirtschaftlichen Wachstums und das umgekehrte Phänomen kollektiven übergroßen Pessimismus in Krisenzeiten. Beides führte zu krisenverschärfender politischer Radikalisierung und Instabilität.[134]

Der Ausweg, den **Keynes** auf empirischer Basis skizzierte, war eine *aktive (steuernde) staatliche Wirtschaftspolitik*, die antizyklisch, in Boomphasen dämpfend und in Krisenphasen durch Erweiterung der Staatsausgaben und Sozialprogramme belebend wirken sollte.[135] Da der 32. US-Präsident **Franklin Delano Roosevelt**, ein Anhänger der durch den Ausbruch des Zweiten Weltkriegs eindrucksvoll bestätigten Analyse und Ideen von Keynes war, hatte dessen Theorie unmittelbaren Einfluss auf die politische Führung der USA. **Keynes** wurde mit seiner Analyse zu Krisenursachen und seinen Vorschlägen zur Krisenbekämpfung zum einflussreichsten Berater der US-Politik während der *„Großen Depression"* und für die Nachkriegswirtschaftspolitik des westlichen Staatenblocks.[136]

132 Minsky, H. P. (2008). Stabilizing an Unstable Economy. McGraw-Hill. Akerlof, G. A., & Shiller, R. J. (2009). Animal Spirits: How Human Psychology Drives the Economy, and Why It Matters for Global Capitalism. Princeton University Press.

133 Keynes, J. M. (1931). Essays in Persuasion. Macmillan.

134 Ebenda

135 Helleiner, E. (2014). Forgotten Foundations of Bretton Woods: International Development and the Making of the Postwar Order. Cornell University Press. Steil, B. (2013). The Battle of Bretton Woods: John Maynard Keynes, Harry Dexter White, and the Making of a New World Order. Princeton University Press.

136 Siehe oben und Schlesinger, A. M. (1957). The Age of Roosevelt: The Coming of the New Deal. Houghton Mifflin.

Dazu gehört das noch unter Roosevelt auf der *Konferenz von Bretton Woods* geschaffene System fester Wechselkurse zwischen 44 Staaten bzw. Währungen sowie die Schaffung internationaler Institutionen wie der *Weltbank* und des *Internationalen Währungsfonds.*[137] Die wirtschaftspolitischen Grundsätze sollten auf nationaler und internationaler Ebene die Krisenanfälligkeit der Weltwirtschaft sowie eine ruinöse Konkurrenz der Staaten durch einseitige Zölle und handels- und wirtschaftspolitische Maßnahmen verhindern.

Aus heutiger Sicht mag verwundern, dass zu Hochzeiten des *Kalten Krieges* zwischen den von der Sowjetunion und den USA geführten Machtblöcken in den USA für heutige Verhältnisse unerhört hohe *Erbschafts-, Vermögens- und Einkommensteuersätze* bestanden. Diese erreichten für Privatpersonen Mitte der 1950er Jahre unter dem republikanischen Nachfolger der demokratischen Kriegspräsidenten Roosevelt und **Harry S. Truman**, in der Regierungszeit des Republikaners **Dwight D. Eisenhower** (1953–1961), bei sehr hohen Einkommen Grenzsteuersätze von 90 % und mehr.[138]

Selbst in den *USA* waren in der Zeit unmittelbar vor, während und nach dem Zweiten Weltkrieg und während des zweiten Weltkriegs massive staatliche Eingriffe in die Wirtschaft nicht nur populär, sondern mit einer *außerordentlichen Steigerung der Produktivität, des Wirtschaftswachstums und des Tempos des wissenschaftlich technischen Fortschritts* verbunden. Insbesondere Rüstungsprogramme und die Entwicklung militärisch nutzbarer Technologien, bis hin zu der nur innerhalb von zwei Jahren realisierten Entwicklung von Nuklearwaffen, spielten gerade in Bezug auf die Weiterentwicklung von Informations- und Kommunikationstechnologien eine erhebliche Rolle.

Zeitraum	**Einkommenssteuer (Spitze)**	**Erbschaftsteuer (Spitze)**	**Durchschnittliches Wirtschaftswachstum (BIP, pro Jahr)**
Vor 1913	Keine permanente Einkommenssteuer	Keine bundesweite Erbschaftsteuer	-
1913–1920	1 % bis 7%	1 % bis 10%	3.2%

137 Krugman, P. (2009). The Conscience of a Liberal. W.W. Norton & Company.

138 Siehe Abbildung 9

1920–1929	Bis zu 25%	10 % bis 20%	4.2%
1930–1940	Bis zu 79%	Bis zu 77%	-1.1%
1940–1960	Bis zu 94%	Bis zu 77%	4.4%
1960–1980	91%	Bis zu 70%	3.8%
1980–1990	Bis zu 50%	Bis zu 55%	3.2%
1990–2000	31 % bis 39.6%	55%	3.6%
2000–2010	35%	Bis zu 50%	1.9%
2010–2020	Bis zu 39.6%	40%	2.3%
2020–heute	37%	40%	1.8%

Tabelle 3: Spitzensteuersätze und Wirtschaftswachstum in den USA im 20 Jh.[139]

Die intellektuellen Gegenspieler von Keynes, die *neo-liberalen Ökonomen* wie **Friedrich August von Hayek** und seine späteren Anhänger wie der einflussreiche Ökonom **Milton Friedman**, sahen in hohen Steuern eine gefährliche Konvergenz mit der sozialistischen Politik der Beschränkung individueller Freiheit – nicht nur durch Unterjochung durch einen staatlich-bürokratischen Apparat, sondern letztlich auch die Entwicklung hin zu einem System, das nicht funktionieren konnte, da der Staat bei weitem nicht so effizient Ressourcen kombinieren kann wie Unternehmen und Kapitalmärkte.[140]

139 Zusammenstellung nach Slemrod, J., & Bakija, J. (2008). Taxing ourselves: A citizen's guide to the debate about taxes (4th ed.). Cambridge, MA: MIT Press. und Federal inco me tax rates and brackets | Internal Revenue Service

140 Hayek, F. A. (1945). The Use of Knowledge in Society. The American Economic Review, 35(4), 519–530. https://www.jstor.org/stable/1809376 Friedman, M. (1962). Capitalism and Freedom. University of Chicago Press.

Bereits 1945 wollte **Hayek** in einem kleinen Aufsatz bzw. Manifest über den *Gebrauch von Wissen in der Gesellschaft* („The Use of Knowledge in Society") in London Geschichte machen, indem er die Hypothese effizienter Märkte informationstheoretisch zu untermauern versuchte.[141] Demnach besäßen nur Individuen weitgehenden Zugang zu jenen für optimale Allokation von Ressourcen notwendigen Informationen – nämlich zu Wissen über ihre Präferenzen und Wünsche sowie über ihre Bewertung und Einschätzung von alternativen Handlungsweisen. Deshalb sei eine vernünftige ökonomische Ordnung nur unter den Bedingungen weitestgehender Entscheidungsfreiheit von Unternehmern und Konsumenten, von Anbietern und Nachfragern aller möglichen Leistungen und Güter möglich:

> „The economic problem of society is [...] a problem of the utilization of knowledge which is not given to anyone in its totality."[142]

Hayek nimmt in diesem Artikel an, dass insbesondere die Akteure an den Finanz- und Kapitalmärkten innerhalb von *15 Minuten* in der Lage sind, jede Information in Bezug auf ihre ökonomische Bedeutung zu bewerten. Deshalb kann, ausgehend von der Koordination und Gewichtung der verschiedenen Einschätzungen im freien Handel, eine optimale Steuerung der gesamten Wirtschaft erfolgen. In einem System von Wettbewerbsmärkten bilden sich *Preise* so, dass die zur bestmöglichen Steuerung wirtschaftlicher Aktivitäten notwendigen Informationen allen zur Verfügung stehen. Die *Politik besitzt keinen vergleichbar effizienten Steuerungsmechanismus,* und daher sind politische Eingriffe prinzipiell von Übel; eine staatlich gelenkte Wirtschaft ist zu *Ineffizienz* verdammt. Der politische Erfolg für **Hayek** und dem von ihm geförderten *philosophischen Propagandisten des Liberalismus,* **Karl Raimund Popper**, blieb aber zunächst aus. Entscheidungen in Bezug auf die gesamte westliche Staatengemeinschaft wurden im an **Keynes** orientierten *Washington* und bei den internationalen Institutionen gemacht, die auf die Initiativen von Keynes und der Regierung Roosevelts hin geschaffen wurden.[143]

141 Hayek, F. A. (1945). The Use of Knowledge in Society. The American Economic Review, 35(4), 519–530.

142 Ebenda

143 Hayek, F. A. (1978). Competition as a Discovery Procedure. New Studies in Philosophy, Politics, Economics and the History of Ideas. University of Chicago Press. Popper, K. R. (1945). The Open Society and Its Enemies. Routledge.

> Eine Anekdote, die **Hayek** auch noch in hohem Alter gern in seinen Vorlesungen erzählte, illustriert dieses Allgemein*gut*, das freie Märkte darstellen sollen: Demnach soll der Generalsekretär der Kommunistischen Partei der Sozialistischen Sowjetrepubliken, **Nikita Chruschtschow**, auf einem seiner Staatsbesuche im Vereinigten Königreich nach einer Stadtrundfahrt den damaligen Premierminister **Harold Macmillan** gefragt haben, woher die Verwaltung in London wisse, wie viel Brot produziert werden müsse und wie viele Bäckereien benötigt würden; er sehe – anders als in Moskau – keine Schlangen geduldig Wartender vor Läden in London.[144] Die (Hayeks) Antwort ist natürlich ganz einfach: durch die segensreiche Wirkung des freien Marktes. Der Preismechanismus sorgt dafür, dass mehr gebacken wird, wenn die Preise steigen, und weniger gebacken wird, wenn die Preise sinken. Staatlich administrierte Preise, wie in dem sozialistischen Planungssystem der Sowjetunion, aggregierten dagegen nicht die wirklichen Präferenzen und Ansichten der Leute im Hinblick auf die Wirtschaft und welche Güter sie benötigten, sondern spiegelten *nur die Meinung* von einigen wenigen ***Funktionären*** darüber wider, was das Beste für alle wäre.

Tatsächlich hatte **Hayek** da nicht Unrecht; der real existierende Sozialismus ist letztlich an *Informationsproblemen* gescheitert, die durch die politischen und wirtschaftlichen Institutionen im Westen und von direkter politischer Einflussnahme *freier* Medien offenbar besser gelöst werden konnten. Daraus lässt sich aber nicht der Schluss ziehen, dass auch die Annahmen von **Keynes** über *Marktversagen* und notwendige Korrekturen und Reglementierungen durch politische Eingriffe in den Markt widerlegt waren bzw. dass diese schädlich waren.

Ihre volle Wirkung sollten **Hayeks** Bemühungen, den Keynesianismus in der intellektuellen Auseinandersetzung zu diskreditieren, aber erst mit dem Ende der Systemkonkurrenz und den damit demonstrierten Unzulänglichkeiten der geplanten Zentralverwaltungswirtschaft mit dem absehbaren Zusammenbruch der Sowjetunion und des Blocks sozialistischer Staaten

---

144 Die Anekdote über Chruschtschow und die Funktionsweise des Preismechanismus wird oft und in vielen Variationen zitiert, um die Unterschiede zwischen Marktwirtschaft und Planwirtschaft in der VWL zu illustrieren.
Vgl. O'Neill, J. (1998). The Market: Ethics, Knowledge, and Politics. Routledge. Ebenstein, A. O. (2001). Hayek's Journey: The Mind of Friedrich Hayek. Palgrave Macmillan.

in den 1980er Jahren entfalten. Die koordinierte politische Steuerung der Wirtschaft in der westlichen Staatengemeinschaft nach den Prinzipien von Keynes fand durch eine beschleunigte *Globalisierung* und *Liberalisierung der Kapitalmärkte* ihr Ende. In der Zeit nach dem Zusammenbruch des Blocks sozialistischer Staaten konnten die Nachfolger Hayeks die Adaption von dessen Ideen durch **Margaret Thatcher** und **Ronald Reagan** – beide Anhänger von Hayek und Popper – als Sieg und Beweis für die Überlegenheit auf individueller Freiheit und dezentraler Koordination durch effiziente Märkte beruhender Entscheidungen interpretieren.[145]

Nicht der Staat und seine Experten, sondern der Bürger weiß es am besten. **Hayek** war mit diesem Credo noch im hohen Alter gefragter Berater der Regierungen der Premierministerin **Margaret Thatcher** im Vereinigten Königreich und des US-Präsidenten **Ronald Reagan**. *Deregulierung, Privatisierung* und *Liberalisierung der Wirtschaft*, Aufrüstung und Vorantreiben der Systemkonkurrenz mit der Sowjetunion und ihren Satellitenstaaten sowie *Steuersenkungen* für Unternehmen und vermögende Eigentümer, die Bekämpfung des Sozialismus und ein – mit Ausnahme steigender Ausgaben für Verteidigung und Sicherheit – schrumpfender Staatseinfluss wurden mit dem Zusammenbruch der Sowjetunion und des Blocks sozialistischer Staaten zu ikonischen Leitsätzen *„neoliberaler" Wirtschafts- und Gesellschaftspolitik.*[146] Den im Britischen Empire des 19. Jahrhunderts wurzelnden liberalen Ideen marktradikaler Ökonomen ist der Begriff „Gesellschaft" an sich und auch die Idee, dass es einen Zusammenhang von Wirtschaft und Gesellschaft gibt, der sich nicht auf Basis der Nutzenmaximierung durch Individuen erklären lässt, suspekt.[147] **Margaret Thatcher**, britische Premierministerin, 1979-1990, eine ausgewiesene Anhängerin der Ideen und ökonomischen

---

145 Nove, A. (1991). The Economics of Feasible Socialism Revisited. HarperCollins. Kornai, J. (1992). The Socialist System: The Political Economy of Communism. Princeton University Press. Thatcher, M. (1993). The Downing Street Years. HarperCollins. Reagan, R. (1990). An American Life. Simon & Schuster. Gamble, A. (1988). The Free Economy and the Strong State: The Politics of Thatcherism. Macmillan.

146 Stiglitz, J. E. (2002). Globalization and Its Discontents. W.W. Norton & Company. Frieden, J. A. (2006). Global Capitalism: Its Fall and Rise in the Twentieth Century. W.W. Norton & Company.

147 Thatcher, Margaret, (1987). In einem Interview mit „Women"s Own" 1987 zitiert nach: https://www.theguardian.com/politics/2013/apr/08/margaret-thatcher-quotes: „They are casting their problems at society. And, you know, there's no such thing as society. There are individual men and women and there are families. And no government can do anything except through people, and people must look after themselves first. It is our duty to look after ourselves and then, also, to look after our neighbours."

Konzepte von **Friedrich August von Hayek**, hat als britische Premierministerin rundheraus bestritten, dass so etwas wie Gesellschaft und soziale Systeme wirklich existieren. Sie sah darin vielmehr einen ideologischen Kampfbegriff sozialistisch gesinnter, an Umverteilung der von den Märkten gerecht honorierten Leistungseinkommen interessierter, linker Politiker und Funktionäre.[148]

2.17 Zur realistischen Analyse der Wirtschaftspraxis

Wir müssen in diesem Buch auf eine *allgemeine Kritik des ökonomischen Denkens* verzichten, es ist bereits mit den kurzen Ausführungen oben deutlich geworden, wie *naiv* die Ergebnisse der soziokulturellen Evolution in den Wirtschaftswissenschaften interpretiert werden. Der bei weitem größte Teil von Informationen dient der Beeinflussung von Verhalten von Individuen oder auch der Unterhaltung und Zerstreuung; aber es geht i. d. R. *nicht* darum eine gegebene Wirklichkeit, Sachverhalte und Beziehungen zwischen diesen zu beschreiben. Es handelt sich oft um Weltanschauliches, Propaganda, Werbung und Lügen, die aber durchaus wirkmächtig sind, wie Philosophie und Religion. Nicht alle Narrative basieren auf Erlebnissen von Individuen und Kommunikation darüber, sondern sie beziehen sich auf politische und wirtschaftliche Interessen. Es handelt sich um Versuche, das Verhalten von anderen zu beeinflussen. Das ist an den Finanzmärkten nicht wesentlich anders als in anderen sozialen Kontexten. Natürlich sind nicht alle Wirtschaftswissenschaftler so fixiert auf die Hypothese effizienter Märkte und allein auf die Legitimation ihrer Modelle bedacht, es gibt im *Ausnahmefall* auch realistische Analysen, ohne zwangsläufig effiziente Märkte und ohne unbeschränkt, auf der Grundlage gegebener Präferenzen, Bedürfnissen oder Interessen rational handelnde Individuen als Annahmen, die kontrafaktisch vorausgesetzt werden.

148 Siehe oben

2.18 Korrekturen der ökonomischen Gesellschaftsmodelle durch empirische Forschung

Die empirisch orientierte, verhaltenswissenschaftliche Management- und Marktforschung stützt sich seit langem auf *wirklichkeitsnähere*, jedem der in Organisationen arbeitet und gestaltend auf Märkten agiert, plausible Annahmen. Bereits zur Mitte des 20. Jahrhunderts hat **Herbert A. Simon**,[149] ebenso wie **Daniel Kahnemann**[150] – trotz der späteren Auszeichnung mit dem Alfred Nobel Gedächtnispreis für Wirtschaftswissenschaften als verhaltenswissenschaftlich orientierter Psychologe und Computerwissenschaftler eher ein Außenseiter – dafür plädiert, die ökonomische Analyse an die damals schon schnell voranschreitenden Erkenntnisse zu den psychologischen und neurobiologischen Grundlagen menschlichen Verhaltens anschlussfähig zu machen.

- Jedem Praktiker, der im Kontext von Unternehmen, Bürokratien und Märkten arbeitet, dürfte Simons Konzept der *„Bounded Rationality"*, also *beschränkter Rationalität* in Kombination mit *„Opportunism"*, im Sinne der der Neigung, wenn es nützlich erscheint, Informationen abzuwandeln, zu unterdrücken oder anders darzustellen – schlicht: zu lügen – unmittelbar einleuchten.
- Hinzu kommt: Die *Verarbeitungskapazität für Informationen* ist beschränkt und, was die Konzentrationsfähigkeit, Zeit und Energie von menschlichen Individuen anbelangt, schnell erschöpft. Kein Wunder, dass wir dem Irrglauben verfallen, dass die Informationen, die wir kennen, wertvoller zur Lösung eines Problems sind als die, die wir nicht kennen. (Availability Bias)
- Durch den *„Verfügbarkeits-Bias"* und dem damit zusammenhängende *„Priming"* und *„Framing"*, man neigt dazu, Aussagen und Beschreibun-

---

149 Simon, H. A. (1947), Administrative Behavior. A Study of Decision-making Processes in Administrative Organizations, 4. Aufl. (1997). New York: Free Press, Simon, H. A. (1957). Models of Man: Social and Rational – Mathematical Essays on Rational Human Behavior in a Social Setting. Wiley. Simon, H. A. (1979). Rational Decision Making in Business Organizations. The American Economic Review, 69(4), 493–513. https://www.jstor.org/stable/1808698

150 Kahneman, D. (2011). Thinking, Fast and Slow. Farrar, Straus and Giroux. Kahneman, D., & Tversky, A. (1979). Prospect Theory: An Analysis of Decision under Risk. Econometrica, 47(2), 263–291. https://doi.org/10.2307/1914185

> gen, die man in verschiedenen Kontexten und oft gehört hat, gleich ob in Bezug auf Nahrungsergänzungsmittel oder politische Slogans, für zutreffend zu halten. Die ständige Wiederholung einer Botschaft erhöht ihre Glaubwürdigkeit, in Ritualen längst vergangener Zeit, genauso wie in der kommerziellen oder politischen Kommunikation der Gegenwart.

Availability Bias (Verfügbarkeit), Priming und Framing sind nur drei von Hunderten bekannten und oft systematisch durch *Werbung, Marketing und PR* als *funktionsorientierte Kommunikation herbeigeführte Verzerrungen* im Zusammenhang von Wahrnehmung und individuellen Entscheidungsverhalten.[151]

Wir sind *soziale Wesen*, und der (soziale) Kontext (und nicht das individuelle Kalkül) dominiert unsere Entscheidungen. Wenn Entscheidungen vorhergesagt (a) und reguliert (b) werden können, indem das Situationsdesign (c) angepasst wird, woher stammt dann wirklich die Wahl? Wer ist verantwortlich?

Die theoretischen Grundlagen eines Systems, das auf der Annahme rationaler Akteure beruht, basieren auf den normativen Maßstäben der bürgerlichen Gesellschaft des 18. und 19. Jahrhunderts und der aus dem *eigenen Erleben* abgeleiteten *Pseudopsychologie von Gelehrten* und ihren *zeitbedingten Vorurteilen* über die menschliche Natur.

Ein gutes Beispiel für diese Einsicht ist **Ernst Fehr**, ein österreichisch-schweizerischer Wirtschaftswissenschaftler, der unter den deutschsprachigen Ökonomen gegenwärtig in den prestigeträchtigsten Forschungsjournalen stets unter den meistzitierten Autoren rangiert,[152] trotzdem haben Forscher wie Fehr wenig Einfluss auf das Weltbild ihrer Kollegen und der meisten Menschen. Allenfalls der Nachwuchs, der in einer Richtungsänderung der Forschung mehr Chancen als Risiken sieht, kann sich ebenso begeistern wie Forscher, die direkt in den Forschungseinrichtungen der Digital- und Technologiekonzerne arbeiten. Mit dem von Fehr und den mit

---

151 Tversky, A., & Kahneman, D. (1973). Availability: A Heuristic for Judging Frequency and Probability. Cognitive Psychology, 5(2), 207–232. https://doi.org/10.1016/0010-0285(73)90033-9 Kahneman, D., & Tversky, A. (1984). Choices, Values, and Frames. American Psychologist, 39(4), 341–350. https://doi.org/10.1037/0003-066X.39.4.341; Cialdini, R. B. (2001). Influence: The Psychology of Persuasion (Revised ed.). Harper Business.; Ariely, D. (2008). Predictably Irrational: The Hidden Forces That Shape Our Decisions. HarperCollins.

152 Bspw.Ernst Fehr https://www.faz.net/aktuell/wirtschaft/f-a-z-oekonomenranking-2019-ernst-fehr-vor-clemens-fuest-16395138.html

ihm zusammenarbeitenden Forschern entwickelten Konzept der *„Neuroökonomie"* wird menschliches Verhalten als eine Funktion von bioelektrisch und biochemisch definierten Prozessen des zentralen Nervensystems interpretiert. Personen, ihr bewusstes Handeln oder deren Vorstellungen davon sind demnach identisch mit diesen Prozessen und entsprechenden funktionale Leistungen eines Gehirns. Fehr und eigentlich jeder. der sich bemüht an den gegenwärtigen Stand der empirischen, auf kontrollierten Experimenten und systematischen Beobachtungen aufbauenden Wissenschaften anzuschließen, bleibt gegenwärtig noch weitgehend unbeachtet. Der systematische Grund dafür ist, dass wir dazu neigen unsere eigenen Vorstellungen für wahr zu halten und Experimente und Fakten, die dagegensprechen, nicht verstehen wollen oder können:

> „Most of us think we make choices individually because of our specific personality. We feel it is us when we make decisions. This seems sensible, but what „feels" right is not necessarily the truth. Studies based on neuroscience, cognitive and behavioral psychology getting more influential in economics and are to read as a fundamental criticism of the economic theory of rational individual behavior."[153]

Was sich so anfühlt – unsere *Gefühle* und *Intuitionen* – ist nicht unbedingt die „Wahrheit" im wissenschaftlichen, sozialen oder rechtlichen Sinn, wie sie bspw. mit Hilfe von Gutachtern in Gerichtsverfahren ermittelt werden soll. So wie wir uns die Welt vorstellen, kann sie *nicht funktionieren.* Im Fall von optischen Täuschungen sind wir eher bereit zu akzeptieren, dass die Wirklichkeit nicht so ist, wie wir sie sehen oder empfinden, als wenn es um uns selbst geht. Kein Wunder, wenn uns die Gegenwartsgesellschaft unverständlich erscheint. Wir können in Bezug auf wissenschaftlichen Fortschritt keine besseren Möglichkeiten für die Zukunft erkennen. Trotz oder gerade wegen eines bisher nie erreichten Niveaus an (allerdings wieder mehr ungleich verteiltem) Wohlstand: Schließlich geht es auch es auch um unser (schwindendes) Selbstbewusstsein als (rationale) Akteure.[154]

---

153 Glimcher, P.W./ Fehr, E. edit. (2014), Neuroeconomics, 2nd edit., Neuroeconomics, Decision Making and the Brain, Amsterdam e.a., p. 9

154 Die Entwicklung von künstlicher Intelligenz auf der Basis der Nachahmung von Funktionsprinzipien des menschlichen Gehirns die in Teilen die Leistungsfähigkeit von Menschen überschreitet wird oft als Kränkung oder sogar Bedrohung wahrgenommen; vgl. Bostrom, N. (2014), Superintelligence: Paths, Dangers, Strategies, Oxford University Press; Krauss, P. (2023) Künstliche Intelligenz und Hirnforschung Neuronale Netze, Deep Learning und die Zukunft der Kognition, Springer Berlin Heidelberg

Ein letztes in diesem Zusammenhang für die Wirtschaftswissenschaften aktuelles Beispiel für die *Rückkehr der Gesellschaft und ihrer Institutionen in die Ökonomie*[155] ist die Verleihung des Alfred-Nobel-Gedächtnispreis 2024 an **Daron Acemoglu**, **Simon Johnson** und **James A. Robinson**, die sich mit dem Einfluss von Institutionen und Gesellschaft auf die Wirtschaft beschäftigen. In ihrem Bestseller *„Warum Nationen scheitern: Die Ursprünge von Macht, Wohlstand und Armut"*[156] beschäftigen sich Acemoglu und Robinson mit der Frage, warum in vielen Ländern die große Mehrheit der Menschen nur eine geringe Chance auf auch nur bescheidenen Wohlstand hat, also von der Hand in den Mund leben muss. Wenig überraschend, sind die von vornherein bestehenden Ungleichheiten in Bezug auf die Organisationsweise der Gesellschaft zwischen verschiedenen Ländern dafür verantwortlich zu machen und *nicht* in erster Linie die unterschiedliche Befähigung von Individuen.

Für Ökonomen *überraschend* ist insbesondere, dass Acemoglu und Robinson bei ihrer Analyse der stark unterschiedlichen Entwicklung verschiedener Länder u. a. unterschiedliche *Muster der Kolonialisierung* für die unterschiedliche Entwicklung und Verteilung des Wohlstandes verantwortlich machen. Demnach ist mit wenigen Ausnahmen insbesondere der afrikanische Kontinent von Armut und Ungleichheit betroffen. Der Grund dafür ist, dass die Kolonialmächte in der Hauptsache „extraktive" also ausbeuterische Institutionen geschaffen haben, die nur wenig der Entwicklung von Wirtschaft und Gesellschaft dienlich waren und sind. Die Frage, warum sich das mit der Unabhängigkeit der meisten afrikanischen Länder nicht geändert hat, lässt sich damit beantworten, dass die lokalen sozialen Eliten von den Kolonialmächten *gelernt* haben und das für sie nützliche System ausbeuterischer Institutionen und sozialer Ungleichheit nach Möglichkeit fortsetzen. Diese sehr gut mit empirischer Forschung in Übereinstimmung zu bringende Argumentationslinie steht dem Mainstream der wirtschaftswissenschaftlichen Analyse der Entstehung von Gesellschaften und Institutionen geradezu diametral entgegen.

---

155 Witt, F. H. (2000). Organisation und Gesellschaft in der Theorie der Unternehmung. In G. Ortmann, J. Sydow, & K. Türk (Hrsg.), Theorien der Organisation: Die Rückkehr der Gesellschaft (S. 399–416). Westdeutscher Verlag.

156 Acemoglu, D., & Robinson, J. A. (2013). Warum Nationen scheitern: Die Ursprünge von Macht, Wohlstand und Armut (B. Rullkötter, Übers.). S. Fischer. (Originalarbeit veröffentlicht 2012)

Durch die abstrakte Vorordnung des Individuums gegenüber der Gesellschaft (als Ursache) stehen aus *empirischer Sicht* absurde Modelle. Beispielsweise Modelle, die Institutionen als Ergebnis eines Gesellschaftsvertrages oder an der Effizienz von Transaktionskosten und der Verteilung von Eigentumsrechten ausgerichteten Anpassung von institutionellen Arrangements in einem Verhandlungsprozess in den Vordergrund stellen. Tatsächlich aber stehen Machtfragen auch in der Wirtschaft im Vordergrund, Effizienz und Effektivität sind zweitrangig. Bei Unternehmensstrategien geht es um Marktbeeinflussung, Kontrolle und Beherrschung von Ressourcen und Wertschöpfungsketten, bei Karrieren in der Wirtschaft in erster Linie darum für sich und Verbündete Positionen mit Macht und Einfluss zu sichern. Vor allem technologische Neuerungen können hier zu Verschiebungen führen und werden von den jeweils dominanten Koalitionen von Akteuren argwöhnisch beäugt. Z. B. wurde die im 19. Jahrhundert von Wusung nach Shanghai durch britische Investoren gebaute Schmalspur-Eisenbahnstrecke[157] auf Geheiß der Regierung unter **Dowager Cixi, 慈禧太后**, die zeitweise als Regentin für die drei letzten minderjährigen Kaiser der Qing Dynastie fungierende, offizielle Konkubine des Kaisers **Xianfeng**, wieder abgebaut.[158] Die westlichen Technologien galten zeitweise als staatsgefährdend, weil die höchste Harmonie zwischen Herrschenden, dem Volk und dem Himmel störend. Ohne die Frage, *wem* es nützt oder schaden könnte, macht die Frage nach dem Nutzen von Technologie auch politisch keinen Sinn.

Nicht nur im Zusammenhang mit diesem Beispiel wird deutlich, dass in der realen Geschichte immer Einflussnahme und Macht eine Rolle spielen. Das Verhalten von Individuen lässt sich folglich nicht allein auf individuelles Kalkül zurückführen. Vielmehr sind es die institutionalisierten Bedingungen, unter denen gehandelt wird, die Handeln mehr oder weniger wahrscheinlich oder berechenbar machen – oder kurz: der soziale Kontext.

---

157 Crush, P. A. (1999). Woosung Road: The Story of China's First Railway. The Railway Tavern.

158 Vgl. Mühlhahn, K. (2019). Geschichte des modernen China: Von der Qing-Dynastie bis zur Gegenwart. C.H. Beck. Im Zuge der sognannten „Tongzhi" Restauration wurde die Eisenbahn etwas später wieder aufgebaut, es galt die Maxime „die chinesischen ethischen Prinzipien der menschlichen Beziehungen und der konfuzianischen Lehren als Grundlage (ti) zu nehmen und sie mit den Techniken (yong) des Reichtums und der Macht der verschiedenen fremden Nationen zu ergänzen" bzw. kurz und prägnant „Chinesisches Lernen als Substanz, westliches Lernen als Funktion." S. 179

2.19 Sozialwissenschaftliche Modelle der modernen Gegenwartsgesellschaft

Es dürfte Sie nicht überraschen, dass wir der wirtschaftswissenschaftlichen Analyse der modernen Gegenwartsgesellschaft nur wenig abgewinnen können, vor allem deshalb, weil sie in ihrer *orthodoxen* Form u.E. kaum anschlussfähig ist an den Stand anderer Wissenschaften. Das gilt natürlich nicht für die vielen Forscher, die innerhalb der Wirtschaftswissenschaften von den grundlegenden Annahmen des *marktradikalen Liberalismus* und *Neo-Liberalismus* abweichen, wir haben das ja bereits entsprechend gewürdigt. Ein kohärentes Bild der Gesellschaftsentwicklung, der Entstehung, Reproduktion und Veränderung von sozialer Ordnung ergibt sich über den gesamten Kontext der sozialwissenschaftlichen Forschung nicht. Weil eine ausführliche Diskussion den Rahmen dieses kleinen Buches sprengen würde, beschränken wir uns auf eine Typisierung der Merkmale von Gesellschaftsformen, die sich in vielerlei Variationen in Lehrbüchern zur *Soziologie* und *Kulturanthropologie* findet.[159]

In soziobiologischer Hinsicht knüpfen *sozialwissenschaftliche Gesellschaftsmodelle* an eine generelle Eigenschaft aller Säugetiere an, nämlich *Symbionten* zu sein, was mindestens immer für die Beziehung zwischen Müttern und ihren Nachkommen gilt. Beim Menschen ist die Symbiose besonders ausgeprägt, es gibt kein Tier, dass unfertiger und mit weniger Fähigkeiten und größerem Bedarf an Fürsorge und Unterstützung auf die Welt kommt als den Menschen. Bei keinem anderen Säugetier dauert die Zeit bis zum Erwachsenwerden, gemessen an der Epigenetik der Entwicklung des Gehirns und die damit verbundenen Fähigkeiten so lange. *Kein anders Lebewesen ist so stark abhängig von dem sozialen Kontext, in dem es aufwächst.*

Gesellschaftliche Entwicklung ist überhaupt nur vorstellbar als Formung der menschlichen Entwicklung durch Symbiose und *Kontrolle symbiotischer*

159 Hodgson, G. M. (2001). How Economics Forgot History: The Problem of Historical Specificity in Social Science. Routledge. Giddens, A., Duneier, M., Appelbaum, R. P., & Carr, D. (2021). Introduction to Sociology (10th ed.). W.W. Norton & Company. Kottak, C. P. (2017). Cultural Anthropology: Appreciating Cultural Diversity (17th ed.). McGraw-Hill Education. Meaney, M. J. (2010). Epigenetics and the Biological Definition of Gene × Environment Interactions. Child Development, 81(1), 41–79. https://doi.org/10.1111/j.1467-8624.2009.01381.x Kuzawa, C. W., & Bragg, J. M. (2012). Plasticity in Human Life History Strategy: Implications for Contemporary Human Variation and the Evolution of Genus Homo. Current Anthropology, 53(S6), S369–S382. https://doi.org/10.1086/667410

Mechanismen über Kommunikation, das jedenfalls ist die in den Sozialwissenschaften im 20. Jahrhundert vorherrschende Grundlage der Forschung. In Bezug auf empirische Beweise können wir auf Standardlehrbücher zur Kulturanthropologie verweisen. Hohe Plausibilität besitzen auch auf die Studien von Niklas Luhmann zum Zusammenhang von Gesellschaftsstruktur und Semantik.[160]

Typische Eigenschaften	**Segmentierte Gesellschaften**	**Traditionelle hierarchisch aufgebaute, trifunktionale Gesellschaften**	**Moderne, funktional differenzierte Gesellschaften**	**Globale Gesellschaft**
Dominante Produktionsweise	Jagen und Sammeln	Landwirtschaft, Handwerk	Industrielle Massenproduktion, Bürokratie	Globale Wertketten Märkte, Netzwerke und digitale Industrien
Komplexitätsniveau, Differenzierung und Strukturierung	Geschlechtsspezifisch, Familienverbände, Clans, ethnische Identität (Familie, Gruppe, Stamm)	Soziale Klassen, entsprechende Berufe, soziale Funktionen und religiöse, ethnische (Völker) und Klassenidentitäten	Sehr hohe Differenzierung in Bildungssysteme, unterschiedliche Organisationsformen; von politischen, rechtlichen, wirtschaftlichen und Bildungsinstitutionen nationale und individuelle Identität	Hyperkomplex, fluid, instabil, unterliegen permanentem Wandel zunehmende Identitäts- und Kulturkonflikte
Kommunikation	Nur mündliche Überlieferung, Ausdruck auch über Rituale und kulturelle Praxis	Mündliche und schriftliche Überlieferung, Ausdifferenzierung von Kunst	Massenkommunikations-medien	Digitalisierte und unbeschränkte Individual-/ Massenkommunikation
Wirtschaftliche Institutionen und dominante Organisationsformen	Keine, Austausch von Gütern aber auch Individuen mit anderen Gruppen überwiegend aus sozialen Motiven, keine Trennung zwischen sozialen und wirtschaftlichen Funktionen	Regionale Märkte, Metall- oder andere Währungen, Werkstätten, Sklaverei, Fernhandel für ein kleine Gruppe besonders begehrter und wichtiger Güter.	Große Unternehmen, bürokratische Organisation und Verwaltung, Massenmärkte, internationale Kapitalmärkte und Bankensystem, reger internationaler Handel	Multinationale und transnationale Organisationen und Netzwerke, Freihandelszonen, globalisierte Finanzmärkte.

Abbildung 8: Typisierung von Gesellschaftsformen in den Sozialwissenschaften[161]

Bereits **Talcott Parsons** sah in den biologischen *Bedürfnissen* und der *menschlichen Natur* die Grundlage der Bildung von sozialen Strukturen.[162] Das *„organische System“* ist die biologische Basis, auf der das soziale System aufbaut. Viele andere Soziologen sowie die gesamte Kulturanthropologie schließen bei der empirischen Forschung und Theoriebildung daran an. Die *Sozialisierung* ist der Prozess, durch den Individuen die Werte und Normen der Gesellschaft internalisieren. Dies ermöglicht eine Symbiose zwischen Individuum und Gesellschaft, in der biologische Bedürfnisse und soziale Erwartungen miteinander verbunden werden.

---

160 Kottak, C. P. (2017). Cultural Anthropology: Appreciating Cultural Diversity (17th ed.). McGraw-Hill Education.

161 In Anlehnung an: Giddens, A., & Sutton, P. W. (2021). Sociology (9th ed.). Polity Press

162 Parsons, T. (1951). The Social System. Free Press. Parsons, T. (1966). Societies: Evolutionary and Comparative Perspectives. Prentice Hall.

Die Erziehung von Kindern auf der Grundlage von Verwandtschaft und viel später die Ausdifferenzierung eines *Bildungssystems*, mit vorschulischer und Schulbildung, sowie weiterführenden Bildungseinrichtungen bis hin zu auf an der Veränderung von Wissen bzw. Forschung orientierten Universitäten sind Belege dafür. Was die Evolution von Gesellschaften anbelangt, ist die Ausdifferenzierung und die Verallgemeinerung des Zugangs zum Bildungssystem, meist sogar über eine Schulpflicht, eine ebenso wichtige Voraussetzung der modernen Gesellschaft wie eine auf der Institutionalisierung von Eigentum und Tausch sowie Geld, Eigenkapital und Kredit basierende moderne *kapitalistischen Wirtschaft*. Dazu gehören andere Merkmale, wie ein *demokratisches politisches System*, das auf einem Gewaltmonopol beruhend, die Ausübung von Macht reguliert. Aber damit liegt nicht einfach alle Macht bei der Politik. In Bezug auf ihre Legitimität, Rechtmäßigkeit oder Unrechtmäßigkeit wird Machtausübung in modernen Gesellschaften durch ein nach eigenen Grundsätzen operierendes *Rechtssystem* begrenzt.

Die *funktionale Differenzierung der Gegenwartsgesellschaft* wird aber häufig übersehen, weil häufig, wie bspw. im Marxismus oder Liberalismus vor allem wirtschaftliche oder andere Merkmale wie die Verschränkung von wirtschaftlichen und politischen Interessen vorrangig ins Auge gefasst werden. Die *Gewaltenteilung* als Element moderner Staatsverfassungen ist unterschiedlich ausgeprägt und *wird natürlich unterlaufen*, da Kommunikation und Handlung sowie mögliche Motivationen *gleichzeitig* an mehreren sozialen Systemen oder Kontexte anschließen. Das geschieht immer hochselektiv und oft kann man wissen, wer sich hat kaufen lassen oder welches Unternehmen politisch Einfluss zu nehmen versucht. Das *politische Konzept der Gewaltenteilung* ist verwirrend und empirisch vielgestaltig, formal besteht Gewaltenteilung auch in autoritären Systemen, die mit einer Verpflichtung auf eine politische Ideologie, ein Narrativ zur Gesellschaftsentwicklung im Hinblick auf eine bessere Zukunft verbunden sind. Trotz der Herrschaft einer Kaderpartei oder einer abgrenzbaren sozialen Elite bis hin zu einzelnen Familienclans wird auch in Systemen, die zumindest vordergründig auf der *Dominanz einer einzelnen Person beruhen*, die in *bizarren Führerkulten* glorifiziert wird, an einer formalen Rechtsordnung mit Gewaltenteilung und Parteitagen sowie Parlamenten mit begeistert klatschenden Mitgliedern festgehalten.

Staatspropaganda, Medien, Erziehung und Bildung reproduzieren in diesen Fällen soziale Ordnungen, die ihren abstrakten Prinzipien zu widersprechen scheinen. Aber *Logik, Wahrheit und Wirklichkeit* lassen sich eben nicht außerhalb der Gesellschaft, transzendental bestimmen. Das ist gegebenenfalls eine Machtfrage.

In *liberalen Demokratien* mit einem kapitalistischen Wirtschaftssystem und Verfassungen, die individuelle Freiheitsrechte gegenüber der Gesellschaft und dem politischen System betonen, ist die Konzentration von Macht in der Regel geringer. Aber dennoch weit entfernt von den Jakobinischen *Idealen von Freiheit, Gleichheit und Brüderlichkeit.* Bestenfalls besteht eine Gesellschaft moderater Ungleichheiten und prinzipieller Gleichheit bei Wahlen. Aber auch das ist nicht überall gleich, eine Stimme bei Wahlen hat z. B. in den USA für den Senat ein ungleich höheres Gewicht in Wyoming im Vergleich zu Kalifornien. Die Frage der Finanzierung von Wahlkämpfen, des Zugangs zu Medien, des Einflusses von Interessengruppen und Lobbyisten ist auch in allen anderen westlichen liberalen Demokratien überaus relevant. In Bezug auf die private Lebensgestaltung korreliert Freiheit darüber hinaus mit Vermögen und Kreditwürdigkeit.

Demokratie oder *Volksherrschaft* wird bis auf wenige Ausnahmen in denen es relevante und regelmäßige plebiszitäre Elemente, Volksabstimmungen auf lokaler, regionaler und gesamtstaatlicher Ebene gibt (wie etwa in der Schweiz), über ein *parlamentarisches System* realisiert, in dem gewählte Volksvertreter das Staatsvolk aller Wahlberechtigten repräsentieren. Das ist eine *indirekte Form der Demokratie* und sie steht mindestens im *Verdacht* ein (weniger sichtbares System) der *Elitenherrschaft* zu sein, dem zumeist aber *meliorative Effekte* in Bezug auf Stabilität, Lebensqualität und Wirtschaftswachstum zugeschrieben werden.[163] Die Plausibilität, der *Annahme einer besseren Zukunft* (für alle oder die meisten), ist damit eine Art *Existenzvoraussetzung.* In Wahlkämpfen versprechen Politiker und Parteien in der Regel genau das. Tatsächlich lässt sich aber kaum bestreiten, dass vor allem mit einer *Ungleichverteilung von Vermögen und Einkommen* der faktische Einfluss von Individuen und Gruppen auf politische Kommunikation und Prozesse *ebenfalls ungleich* verteilt ist.

Das gilt auf Gemeindeebene ebenso wie auf der Ebene gesamtstaatlicher und internationaler Politik. Ob die in wirtschaftlicher und sozialer Ungleichheit wurzelnde Privilegierung einzelner oder von Gruppen in der Demokratie durch Assoziation vieler in Interessengruppen, *Protestbewegungen und*

---

163 Dahl, R. A. (1998). On Democracy. Yale University Press. Lijphart, A. (2012). Patterns of Democracy: Government Forms and Performance in Thirty-Six Countries (2nd ed.). Yale University Press.

lokale und globale (Gegen-) Öffentlichkeiten auf allen Ebenen der globalen Gesellschaft ausgeglichen werden kann, ist mehr als fraglich.

Hoffnungen in Bezug auf die Demokratieentwicklung, die vor allem durch *global wirkende Kommunikationsmedien*, nach dem Radio, dem Satellitenfernsehen, der Telekommunikation und vor allem der Digitalisierung von Kommunikation, der Integration von Massen- und Individualkommunikation auf Basis des Internets beruhten, sind bisher enttäuscht worden. Die Ursprünglich von Medienwissenschaftlern wie **Marshall McLuhan** erdachte Möglichkeit einer informierten und mit in Bezug auf ihre Interessen rational handlungsfähigen Individuen durch eine Weltöffentlichkeit kontrollierte Weltgesellschaft sind längst ad absurdum geführt worden. Auf sozialen Medien und digitalen Plattformen dominieren KI-Anwendungen als Beeinflussungs- und Kontrolltechnologien mit der Möglichkeit Nutzerverhalten zu erfassen und vorherzusagen. Das gilt sowohl in Bezug auf wirtschaftlich als auch politisch relevante Funktionen der Meinungsbildung.[164]

Ein sich selbst regulierendes, an der Preisbildung auf Märkten orientiertes Wirtschaftssystem und ein auf freien Wahlen beruhendes parlamentarisches politisches System der repräsentativen Demokratie, ist eine typische Vorstellung, die jeder, der in einem der westlich-liberalen Industrieländer sozialisiert worden ist, kennt und für typisch halten könnte. Es handelt sich aber nur um eine besondere Prägung der globalen Gesellschaft in der Gegenwart. Nur in einigen Industrieländern des Westens ist sie prävalent. Mit dieser Einschränkung auf nur Teile der Weltgesellschaft wird deutlich, dass damit eine besondere Sozialisation von Individuen verbunden ist, die Demokratie und Wirtschaft, so wie wir sie kennen, ermöglicht. Der Großteil der Weltbevölkerung lebt in unvollkommenen Demokratien oder autoritären politischen Systemen. Es ist keineswegs ausgemacht, dass der in Studien belegbare Zusammenhang[165] zwischen Wirtschaftswachstum und liberaler

---

164 Fuchs, Ch. (2017), Social Media. A Critical Introduction. 2nd Edition 2017. Thousand Oaks, Cal. Kindle Pos. 704

165 Economist Intelligence Unit. (2023). Democracy Index 2023: Global Democracy in Retreat. Abgerufen von https://www.eiu.com Freedom House. (2023). Freedom in the World 2023: The Global Expansion of Authoritarian Rule. Abgerufen von https://freedomhouse.or g Przeworski, A., Alvarez, M. E., Cheibub, J. A., & Limongi, F. (2000). Democracy and Development: Political Institutions and Well-Being in the World, 1950–1990. Cambridge University Press. Wright, J. (2008). Do Authoritarian Institutions Constrain? How Legislatures Affect Economic Growth and Investment. American Journal of Political Science, 52(2), 322–343. https://doi.org/10.1111/j.1540-5907.2008.00315.x

repräsentativer Demokratie tatsächlich über lange Zeiträume ein stabiler Trend ist. Es lassen sich sowohl rückblickend als auch in der Gegenwart viele Beispiele finden, die anderes belegen. Autoritäre Regime haben und hatten auch in der Vergangenheit große Erfolge und liberale Demokratien sind bereits häufig zusammengebrochen oder erscheinen zumindest gefährdet.[166]

Das *Internet bzw. die Digitalisierung und Übermittlung von kodierten Informationen in Datenpaketen,* die auf verschiedenen Wegen zum Empfänger gelangen können und dort wieder zusammengesetzt werden, war eine Technologie, die anfänglich aus militärischen Gründen entwickelt wurde. Die Technologie sollte auch bei umfangreichen Zerstörungen des Telefonnetzes noch Kommunikation und Kommandostrukturen ermöglichen. Die *staatliche Kontrolle über Preise und eine Verpflichtung der Wirtschaftsunternehmen auf Produktionsziele* durch Behörden schadeten der Effizienz der US-Wirtschaft jedenfalls ebenso wenig, wie die nach dem 2.Weltkrieg noch weiter steigenden und bis zum Ende der 1950er Jahre bestehenden aus heutiger Sicht absurd hohen nominalen Einkommens- und Erbschaftsteuersätze von teilweise mehr als 90 %. Der Grund dafür ist, dass nominell hohe Steuersätze und staatliche Eingriffe in die Wirtschaft in der Realität nur zu wenig mehr sozialer und ökonomischer Gleichheit geführt haben. Tatsächlich konnten und können sich *vermögende Individuen und ihre Familien* den Steuerlasten durch Schlupflöcher und ihren Einfluss auf die diesbezügliche Gesetzgebung weitgehend entziehen bzw. ihre reale Besteuerung bis weit unter die durchschnittlichen Steuer und Abgabenlasten auf Arbeit drücken.[167]

- Kapitalerträge werden kaum effektiv besteuert,
- die Einrichtung von Stiftungen ist der Vermeidung von Erbschaftsteuern dienlich, vermeintlich wohltätige Stiftungen müssen nur einen geringen Teil 1hrer tatsächlichen Erträge für gemeinnützige Zwecke ausgeben;
- die aufwendige Private Lebensführung von Milliardären wird oft über Kredite bspw. für große Yachten finanziert, deren Zinsen sich wiederum die Steuerschuld mindern,
- ähnlich Konstrukte sind auch in Bezug auf das Immobilienvermögen üblich,

166 Mann, M. (2012). The Sources of Social Power: Volume 4, Globalizations, 1945–2011. Cambridge University Press.

167 Saez, E., & Zucman, G. (2019). The Triumph of Injustice: How the Rich Dodge Taxes and How to Make Them Pay. W.W. Norton & Company.

- nicht durch Marktransaktionen realisierte Vermögenszuwächse sind nicht als Einkommen zu versteuern.
- Deshalb zahlen US-Technologiekonzerne keine oder nur verhältnismäßig niedrige Dividenden, die Beleihung von Vermögenswerten kann ja steuergünstig den privaten Luxuskonsum tragen,
- Aktienoptionen sind die darüber hinaus hervorragend geeignet, um Steuern zu vermeiden.[168]

Für eine endgültige Abkehr von **Keynes** in den Wirtschafts- und Politikwissenschaften entscheidend waren die Wechsel eher staatsinterventionistisch am Ausbau des *Wohlfahrtstaates* orientierten Regierungen in den USA und in dem Vereinigten Königreich. Die Ablösung der Regierung von Präsident **Jimmy Carter** (Demokraten) durch den triumphalen Wahlsieg **Ronald Reagans** (Republikaner) im Jahr 1981 und bereits 1979 die Ablösung der Labour Regierung des britischen Premierministers **James Callaghan** durch **Margaret Thatcher** (Konservative).

Thatcher und **Reagan** sowie mit ihrem Erfolg auch verstärkt ihre Parteien waren stark vom *individualistischen und marktradikalen Gesellschafts- und Wirtschaftskonzept* von **Friedrich August von Hayek** und dessen Anhängern beeinflusst. Die Folgen waren verstärkte Rüstungsanstrengungen und ein Trend zum Rückzug des Staates aus Wirtschaft und Gesellschaft auf seine Kernfunktionen, Verteidigung, Sicherheit und Ordnung.

2.20 Das Ende der Geschichte? Der naive Glaube an die Alternativlosigkeit des liberalen Gesellschaftsmodells

Der sich zeitgleich ereignende *Niedergang des sozialistischen Staatenblocks*, durch eine im Rüstungswettlauf des kalten Krieges zunehmend überforderten Sowjetunion, sorgte darüber hinaus dafür, dass *wie bei einem einfachen*

---

168 Zucman, G. (2015). The Hidden Wealth of Nations: The Scourge of Tax Havens. University of Chicago Press. Saez, E., & Zucman, G. (2019). The Triumph of Injustice: How the Rich Dodge Taxes and How to Make Them Pay. W.W. Norton & Company. Drucker, J. (2021). How Billionaires Like Jeff Bezos, Elon Musk and Warren Buffett Pay Little in Income Tax. ProPublica. Abgerufen von https://www.propublica.org Piketty, T. (2014). Capital in the Twenty-First Century (A. Goldhammer, Trans.). Harvard University Press. Clausing, K. A. (2021). Open: The Progressive Case for Free Trade, Immigration, and Global Capital. Harvard University Press.

Abzählreim unter den drei großen, die Weltpolitik im 20. Jahrhundert *dominierenden Narrativen* nur das *liberale Narrativ* übrig blieb,[169] das darauf vertraut, dass Individuen sich rational Verhalten und am besten ihr Leben in wirtschaftlicher und politischer Hinsicht gestalten können. Das überstei-gert nationalistische Narrativ eines Kampfes der Völker und Nationen um Ressourcen, Lebensraum und Dominanz über andere Völker, war bereits durch die Niederlage der *faschistischen* Achsenmächte (Deutschland, Italien und Japan) im zweiten Weltkrieg für lange Zeit diskreditiert worden. Der (real existierende) Sozialismus als Kombination der Herrschaft von Kaderparteien und zentral geplanter Wirtschaftsentwicklung verabschiedete sich spätestens mit dem Zusammenbruch der Sowjetunion im Jahr 1989 als ernsthafter *systemischer Rivale* der liberalen westlichen Demokratien und Marktwirtschaften.

In *The End of History and the Last Man* argumentiert **Francis Fukuyama**, dass das Ende des Kalten Krieges und der *weltweite Triumph der liberalen Demokratie* das *„Ende der Geschichte"* markieren könnten, da sich die Menschheit auf ein gemeinsames politisches und wirtschaftliches System zubewege.[170] Er stellte die These auf, dass die liberal-demokratische Ordnung als finale Form menschlicher Regierungsführung verstanden werden kann. Er diskutierte aber auch, was oft in zeitgenössischen Diskussionen übersehen wird, die Herausforderungen und potenziellen Gefahren dieses Zustands oder, Trends der historischen Entwicklung, der keineswegs stabil sein muss. Der Mensch neige nämlich zur Unzufriedenheit; Fukuyama nennt das altgriechisch *Megalo-Thymie*, d. h. um zufrieden zu sein, bedarf es einer *stetigen, plausiblen Verbesserung der eigenen Situation.* Weitere „Dummheiten" oder eine *Selbstzerstörung der liberalen demokratischen Wirtschaft und Gesellschaft* sind von Fukuyama also nicht ausgeschlossen. Diese Referenz von Fukuyama zur Philosophie von Platon und Aristoteles mag in Bezug auf die globale Gegenwartsgesellschaft als prophetisch durchgehen; aber wir bezweifeln, dass die damit nur ungenau beschriebene Funktionsweise der individuellen Psyche der wirkliche (letzte) Grund für die Instabilität und Krisenerscheinung den der globalen Gegenwartsgesellschaft ist.

---

169 Fukuyama, F. (1992). The End of History and the Last Man. Free Press. Malia, M. (1994). The Soviet Tragedy: A History of Socialism in Russia, 1917–1991. Free Press.

170 Siehe oben

2.21 Multipolarität und Komplexität

Wir können uns trotz der offensichtlichen Neuauflage der nationalistischen und faschistischen Narrative im Rechtspopulismus oder in der neuen Systemrivalität zwischen dem „Westen" und China und „dem globalen Süden" hier nicht weiter mit *Realgeschichte* oder gar der *Komplexität Gegenwartsgesellschaft* selbst und einzelnen Erscheinungen beschäftigen: **Vladimir Putin**, **Donald Trump**, **Xi Jinping**, die Ampel – Koalition und **Olaf Scholz**, *Klimawandel und Katastrophen, Ukrainekrieg, die Europäische Union, Rechts- und/ oder Linkspopulismus.* Tatsächlich handelt es sich hier um eine Art Rauschen, *Irritationen*, die sich in der globalen Gesellschaft entwickeln, aber damit bisher *nicht grundsätzlich* ihre Funktionsweise verändern.

2.22 Voraussetzungen einer realistischen Analyse der globalen Gegenwartsgesellschaft

Ein geordnetes und in Bezug auf die Frage, was sich mit KI und durch KI an der globalen Gesellschaft und ihren Krisen ändern wird, aufklärendes Bild ergibt sich für uns allein durch die Bezugnahme auf relevante Theorien der *Selbstorganisation von Gesellschaft durch Kommunikation.* Die Tabelle unten fasst dazu die Theorien über die Funktionsweise der modernen Gesellschaft von drei der bedeutendsten Sozialwissenschaftler und Soziologen des 20. Jahrhunderts zusammen.

Den *realistischen* zeitgenössischen Theorien der Gesellschaft ist gemeinsam, dass sie im Gegensatz zum Liberalismus dem Individuum keine überragende Prominenz einräumen. In Bezug auf Gesellschaft also weder eine Übereinkunft, einen Konsens aller voraussetzen oder gar durch einzelne, demokratisch oder anders ausgewählte *Führerfigur* oder über den Kollektiven Willen von Bevölkerungen (rational) gesteuert, geplant oder gestaltet wird. Ob das mit KI anders werden könnte, ist noch zu diskutieren.

Dass wir ausgerechnet **Talcott Parsons**, **Niklas Luhmann** und **Anthony Giddens** ausgewählt haben, um ihnen vor Augen zu führen, dass das vorherrschende Narrativ, das seit der europäischen Aufklärung als Maßstab eine Prominenz des Individuums anlegt, eine Täuschung ist und kaum eine hinreichend präzise Beschreibung der wirklichen Gesellschaft hervorbringen kann, dient auch der Ausgewogenheit. Giddens ist Berater der Labour Party (real-)politisch eher sozialdemokratisch-linksliberal orientiert, Parsons und Luhmann galten eher als zentristisch oder konservativ.

	Talcott Parsons	Niklas Luhmann	Anthony Giddens
Grundideen	*Strukturfunktionalismus:* Gesellschaft als interdependentes Handlungssystem	*Systemtheorie:* Gesellschaft als sich selbst organisierendes und reproduzierendes Kommunikationssystem	*Strukturierungstheorie:* Dualität von Struktur und Handlung, individuelles Handeln setzt soziale Strukturen voraus und reproduziert
Symbiose zwischen Menschen	Sozialisierung verbindet biologische Bedürfnisse mit sozialen Erwartungen	Symbiotische Mechanismen werden durch Kommunikation reguliert	Interaktionen und gegenseitiges Verständnis als Basis sozialer Praktiken
Regulierung durch	Soziale Institutionen und gemeinsame Werte	Kommunikation als zentrales Medium der Sinnvermittlung und Koordination	Reflexives Handeln und Wiederholung sozialer Praktiken
Biologische Grundlagen	Anerkennung des organischen Systems als Basis des sozialen Systems	Strukturelle Kopplung zwischen biologischen (psychischen) und sozialen Systemen	Körperlichkeit als Träger von Handlungen, jedoch kein direkter Fokus auf biologische Mechanismen
Veränderung sozialer Ordnung	Durch evolutionäre Anpassungen und Veränderungen in den funktionalen Imperativen	Durch Veränderungen in Kommunikationsprozessen und neuen Sinnangeboten	Durch Reflexivität und bewusstes Handeln der Individuen
Soziale Ordnung	Aufrechterhaltung der Stabilität durch Erfüllung funktionaler Anforderungen	Selbstorganisation sozialer Systeme durch Kommunikation	Reproduktion und Transformation von Strukturen durch Handlungen
Relevanz der Soziobiologie	Direkt durch die Integration biologischer Bedürfnisse in das Verständnis sozialer Systeme	Indirekt durch die Betrachtung der biologischen Voraussetzungen von Kommunikation	Implizit durch Anerkennung der körperlichen Dimension menschlicher Interaktion

Tabelle 4: Selbstorganisation als Prinzip der Bildung und Veränderung sozialer Systeme

Für den Soziologen **Anthony Giddens** zusammen mit **Philip Sutton** Autor eines der populärsten und einflussreichsten Lehrbücher der Soziologie[171] bleibt neben funktionsorientierten sozialen Systemen der menschliche Körper von Individuen Träger von Handlungen und Interaktionen. *Menschen formen soziale Strukturen* und treiben die Evolution von Gesellschaften bzw. der globalen Gegenwartsgesellschaft voran. Dies geschieht aber *keineswegs* nur auf der Basis von individuellen Präferenzen und Absichten, sondern auf der Basis bereits existierender sozialer Strukturen. In der modernen Gesellschaft reflektieren Individuen ständig über ihr Handeln und die sozialen Strukturen. Diese *Reflexivität* ermöglicht Anpassungen und Veränderungen, im Extremfall sogar Revolutionen.

Eine ähnliche Position wird auch von *Neo-Marxisten* oder Vertretern der Kritischen Theorie[172] vertreten, der zufolge sich im historischen Prozess der Gesellschaftsentwicklung eine in der gemeinschaftlichen Praxis bzw. Interaktion von Individuen gründende Lebenswelt bildet, die im Widerspruch zu den eindimensionalen Funktionslogiken sozialer Systeme wie Wirtschaft, Politik, Recht und Wissenschaft steht. Der Grundgedanke dazu findet sich bereits in **G.W.F. Hegels** Phänomenologie des Geistes und im Gegenentwurf einer Politischen Ökonomie zur liberalen bürgerlichen Ökonomie durch **Karl Marx** und **Friedrich Engels**, die zumindest empirisch korrekt auf dem empirisch-soziobiologischen Status von menschlichen Individuen als Symbionten aufbaut. Das Lehrbuch der Soziologie von **Giddens** und **Sutton** ist jedem zu empfehlen, der die Komplexität der Gegenwartsgesellschaft und ihrer Krisenerscheinungen verstehen will.[173]

Darüber hinaus stellen in sozialwissenschaftlichen Theoriebildung und Forschung insbesondere **Parsons** und ihm folgend **Luhmann** *Anschlussfähigkeit an den Stand der Kulturanthropologie, Geschichtswissenschaft* und *naturwissenschaftliche Forschung* her. Grundlegend – für beide – ist die Annahme einer nur *losen Kopplung von individuellem Bewusstsein* (psychischen Systemen) *und sozialen Systemen.*

---

171 Giddens, A., & Sutton, P. W. (2021). Sociology (9th ed.). Polity Press.

172 Habermas, J. (1981). Theorie des kommunikativen Handelns (Bd. 1 & 2). Suhrkamp Marcuse, H. (1964). One-Dimensional Man: Studies in the Ideology of Advanced Industrial Society. Beacon Press. Adorno, T. W., & Horkheimer, M. (1944/2002). Dialectic of Enlightenment: Philosophical Fragments (E. Jephcott, Trans.). Stanford University Press. (Original work published 1944)

173 Giddens, A., & Sutton, P. W. (2021). Sociology (9th ed.). Polity Press.

Die *Entwicklung von Gesellschaft und sozialen Systemen aus biologischer Symbiose heraus* erfordert ein Mindestmaß der Kontrolle oder Anpassung von Wahrnehmung, Zuneigung, Sexualität, Gewalt und Konkurrenz in Bezug auf die Möglichkeit und Ressourcen Bedürfnisse zu befriedigen. Offensichtlich ist von gesellschaftlicher Entwicklung nur dann zu sprechen, wenn hier im Verhältnis zur Regulation durch Genetik und Epigenetik erhebliche Freiheitsgrade bestehen. Im Falle von *Homininen* geschieht das vermutlich schon sei hunderttausenden von Jahren durch Kultur auf der Basis von *Kommunikation.* Kommunikation ermöglicht es, symbiotische Mechanismen zu regulieren, indem sie *Sinn* vermittelt und Handlungen koordiniert bzw. erwartbar macht. Durch Kommunikation werden Erwartungen gebildet, soziale Normen etabliert und komplexe soziale Strukturen aufgebaut. **Parsons** *Theorie sozialer Handlungssysteme* und die daran anschließende *Systemtheorie* **Luhmanns** betrachtet die *Gesellschaft als ein System von Kommunikationen* (oder sinnhaft auf das Handeln anderer bezogener Handlungen) und nicht von Individuen. *Soziale Systeme entstehen durch Kommunikationsprozesse, die sich selbst reproduzieren, aneinander anschlussfähig sind und fortsetzen (Autopoiesis), stabilisieren können oder eben nicht.*

2.23 Wie funktioniert die moderne Gesellschaft wirklich? (Erklärende Fallstudie zur Differenz von individuellem, psychischen Erleben und sozialen Handeln)

Wir können die globale Gegenwartsgesellschaft und ihre Funktionsweise nicht einmal in groben Umrissen diskutieren. Die Realgeschichte würde dabei nahelegen, sich auf das *Vereinigte Königreich als dominierende Weltmacht* des 19. und die *USA als dominierende Weltmacht des 20 Jahrhunderts* zu konzentrieren, aber auch das können und wollen wir hier – mit Ausnahme der kursorischen Anmerkungen weiter oben – nicht leisten.

Stattdessen beschränken wir uns auf beispielhafte Erläuterungen, die ein Verständnis der grundlegenden Differenz von (psychischem) Erleben auf der einen und Handeln bzw. Kommunikation auf der anderen Seite ermöglichen sollen. Wir setzen also voraus, dass es einen psychologischen Wahrnehmungsaspekt gibt, der notwendig ist um Kommunikation zu ermöglichen und davon zu unterscheiden Aspekte eines systemischen sozialen Kontextes der unabhängig davon arbeitet, was ein einzelnes Individuum wahrnimmt, denkt, will, beabsichtigt oder plant. Wir werden später erläutern, dass KI genau aus diesem Grund zu einem sozialen Akteur werden kann und wahrscheinlich werden wird.

Wir illustrierten bereits weiter oben allein mit der Zufälligkeit *und* Zwangläufigkeit der spanischen Eroberung Mittelamerikas zu Beginn der Neuzeit den Beginn der modernen Gesellschaft, wie wir sie bisher kennen. Jetzt zeigen wir Ihnen die ungeheure Komplexität des Alltagslebens in der gegenwärtigen Wirklichkeit, so detailliert, dass Sie die Differenz zwischen individuellem Erleben und Sozialen Handeln in der Gegenwart verstehen können:

Ich kaufe am Morgen einige Weizenbrötchen in der Bäckerei gegenüber meiner Wohnung; das mag ein Routinevorgang sein, aber ich nehme den oder die exotisch aussehende(n) Bäckereifachverkäufer(in) als besonders attraktiv wahr, freue mich auf den freundlichen Gruß, das Lächeln und die Aufmerksamkeit. Unabhängig von meinen vielfältigen Wahrnehmungen wird hier durch konkludentes Handeln – Entgegennahme der Brötchen gegen Barzahlung – ein juristisch gültiger Kaufvertrag über 4 Semmeln abgeschlossen und abgewickelt. Das könnte später zum Thema für weitere Kommunikation vor Gericht werden, wenn mit den Brötchen was nicht in Ordnung war, ein kleiner Stein in der Backmischung, der zu einer Verletzung im Mundraum oder einer beschädigten Zahnkrone führt. Für diesen unwahrscheinlichen, aber möglichen Fall könnte sich später eine juristische Auseinandersetzung in Bezug auf Schadenersatz bzw. Produkthaftung entwickeln. Auch, wenn, wie wahrscheinlich, alles läuft wie gewohnt, hat das Handeln noch weitere Wirkungen an die die beiden Personen vermutlich nicht denken. Z. B. eine Mehrwertsteuerzahlung und „irgendwie" hat der regelmäßige Kauf von Weizenbrötchen auch Auswirkungen auf Lieferketten, die Nachfrage nach Weizen, die Rentabilität der lokalen Bäckerei und vieles mehr.

All das wird *im Wirtschaftssystem* als kodierte Information festgehalten und auf spezifische Weise, natürlich in aggregierter Form, beispielsweise in Form der Buchhaltung weiterkommuniziert, ganz *unabhängig von dem konkreten Erleben der Beteiligten*, das nicht aufgezeichnet und in Daten umgesetzt wird. Der oder die Verkäuferin / der Verkäufer mit exotischem Aussehen und mit dem vom Kunden vermuteten Migrationshintergrund wird vermutlich von dem durch Gefühle gefärbten Erleben des Kunden auch nie erfahren, obwohl es im Bemühen um Verkaufsförderung vielleicht *auch* nützlich wäre. Der Kontakt zwischen Kunden und Verkäufer wird also von verschiedenen psychischen und sozialen Systemen hoch selektiv und unterschiedlich wahrgenommen, bspw. im *Rechtssystem* als konkludentes Handeln mit der Folge eines *rechtmäßigen Eigentumsübergangs*, in der *Wirtschaft* als Teil der Markt-Nachfrage.

Damit verbundene *Folgen* wie Produkthaftung, Belegpflicht, Mehrwertsteuerpflicht werden *automatisch* vollzogen, ohne dass dies weitere Beachtung in der Wahrnehmung der Beteiligten findet. Die romantische Phantasie, die zwar für einen der Beteiligten erfreulich und motivierend ist, gerade in *diese* Bäckerei zu gehen, wird, da nicht kommuniziert, folgenlos bleiben. Könnte aber andernfalls auch als *zufälliger Anlass* zur Bildung eines neuen Systems führen, einer *Liebesbeziehung*. Daran anschließen könnten Formen der *Verrechtlichung*, wie Heirat oder Partnerschaft, die aber selbstverständlich auch ohne romantische Gefühle möglich sind. Das Standesamt kann und soll „Liebe auf den ersten Blick" ebenso wenig berücksichtigen wie andere *Gefühle*, es geht im Rechtsakt lediglich um Gesetze und konkludentes Handeln in der (bürgerlichen) Gesellschaft.

2.24 Die Differenz zwischen psychischem Erleben und sozialem Handeln als Voraussetzung von Systembildung

Das o. g. Beispiel muss als Illustration des in Bezug auf eine angemessene Analyse der Komplexität der globalen Gegenwartsgesellschaft genügen; konstitutiv für das Verständnis von Gesellschaft ist die *Differenz von individuellem Erleben und sozialem Handeln bzw. Kommunikation*. Gäbe es hier zwingend eine Synchronisation zwischen Gefühlen und Gedanken aller Beteiligten, wäre dies eine Regression zur Symbiose, also eher ein sozio-biologisches System, das nur vergleichsweise *begrenzte Komplexität* zulässt. Ein Individuum seine Intentionen oder Absichten oder ein bewusster Plan wären allen anderen transparent und damit auch mitgeteilt, was beabsichtigt ist. Gerade das ist weder notwendig, noch kann es geschehen. Handeln muss trotz *Latenz* und *unklarer Absichten* anschlussfähig sein, die Gründe dazu müssen nicht und dürfen manchmal sogar nicht transparent sein.

Talcott Parsons hat das bereits in seinen Studien von so unterschiedlichen Werken wie **Vilfredo Paretos** ökonomischen Analysen oder **Max Webers** Wirtschaft und Gesellschaft in dem 1937 publizierten Grundlagenwerk, „The Structure of Social Action" beschrieben.[174] Die einzige Abbildung in dem zusammen mit „Webers Wirtschaft und Gesellschaft" wohl bedeutendsten Beitrag zur sozialwissenschaftlichen Theoriebildung stellt Handlung schlicht als beobachtbares Ereignis in Zeit und Raum dar.

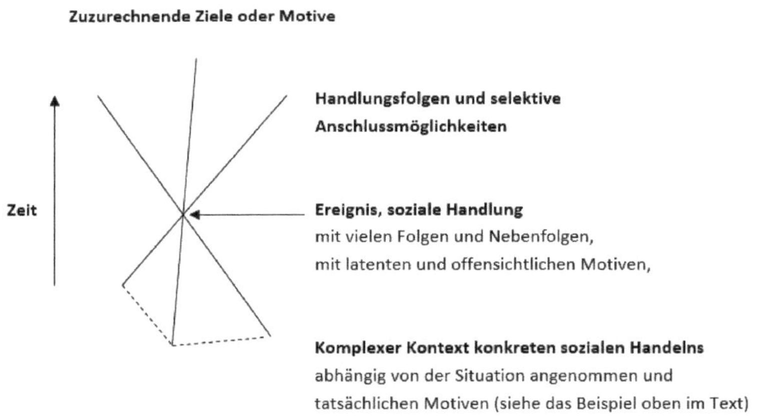

Abbildung 9: Handlung als „Unit Act" als Ereignis in Zeit und Raum mit verschiedenen Sinnhorizonten, Deutungsmöglichkeiten und Anschlussfähigkeiten in Bezug auf weiteres Handeln[175]

Gemeint sein könnte die Bezahlung der Brötchen wie im weiter oben in der kleinen Fallstudie zum modernen Alltag. Parsons hat versucht, die Grundlagen seiner Art und Weise der funktionalistischen Analyse sozialen Handelns mit der einfachen Strichzeichnung oben darzustellen. Indem er Handlung elementar als Ereignis beschreibt, kann jede Handlung gleichzeitig ein Beitrag zu mehreren sozialen Funktionssystemen sein und entsprechend in unterschiedlichen Systemlogiken weiterverarbeitet werden. Alles andere wäre unterkomplex und keine angemessene Beschreibung der Wirklichkeit.

Die beiden Beispiele (aus Alltagsleben und der soziologischen Analyse von Handlungssystemen) mögen genügen, die *„Differenz von Handeln und individuellem Erleben"* dem Sinn nach zu erfassen.[176] Es kann gar nicht

---

174 Parsons, T. (1937). The Structure of Social Action. McGraw-Hill.

175 Quelle: Parsons, T. (1937). The Structure of Social Action. McGraw-Hill, p. 741

176 Luhmann, N. (1981) Erleben und Handeln, in: Luhmann, N. Soziologische Aufklärung 3, Soziales System, Gesellschaft, Organisation, S. 67-80, Westdeutscher Verlag Opladen, DOI: 10.1007/978-3-663-01340-2_5

kommuniziert werden, was alles von Individuen *subjektiv* erlebt oder gar beabsichtigt worden sein mag. *Handlung* ist immer eine *sozial reduzierte Form von Kommunikation und Kommunikationsfolgen*, die an unterschiedliche soziale Systeme (z. B. Rechtssystem, Wirtschaftssystem) unterschiedliche und hochselektive Anschlusspunkte haben.

Das gilt auch für *psychische Systeme*. Denn wir leben psychisch in konstruierten *eigenen* Welten und gleichzeitig in einer davon *verschiedenen* sozialen Welt, eine Welt sozialer Systeme, für die Wahrnehmung und Verarbeitung von Kommunikation durch psychische Systeme *natürlich* ein Funktionserfordernis ist. Aber die Konstruktionsprinzipien unterscheiden sich, psychische Motivation sorgt nicht allein für Erfolg oder Anschlussfähigkeit sozialen Handelns und umgekehrt, es folgt ja nicht immer was beabsichtigt oder erwartet wurde.

Anthony Giddens interpretiert das als *Strukturation*, **Talcott Parsons** und deutlicher noch **Niklas Luhmann** notierten das als wechselseitige Durchdringung, „Interpenetration" sozialer und psychischer Systeme, aber selbstverständlich *nicht* als Identität derselben.[177]

Als körperliches, *physikalisches, biologisches und psychisches Individuum* ist man (anders als bei **Giddens**) streng genommen *nicht Teil der Gesellschaft*, einer *sozialen Organisation* oder einer *sozialen Interaktion* (beispielsweise einem Gespräch unter zufälligen Beobachtern eines Unfalls, mit wechselnden Teilnehmern), sondern lediglich eine *funktionale Voraussetzung*. Für uns ärgerlich ist aber, dass man ständig Handlungen zugerechnet bekommt, die man *so* gar nicht beabsichtigt hat. Zum Beispiel vor Gericht oder in Organisationen, vor allem dann, wenn Verantwortung zugerechnet wird.

Die *Differenz zwischen psychischem Erleben und sozialem Handeln* ist nicht auflösbar und gerade deshalb ständiges Thema von Kunst und Literatur und natürlich auch Attraktion in der Medienkommunikation bspw. auf TikTok, aber auch in Zeitschriften und im Fernsehen. Fiktion in der Form von Literatur und Schauspiel zu unserem ästhetischen Genuss und zu unserer Unterhaltung basiert genau darauf, dass mit der Differenz zwischen Absichten und Ergebnissen gespielt werden kann, tragisch-komisch oder als aufklärender Ratschlag und Erfolgsrezept. Neben all den nützlichen Nachrichten und Informationen, kann man in der Fiktion zeigen, wie Individuen sich gleichzeitig verstehen und nicht verstehen. Genau das wird für tragische oder komödiantische oder andere Formen dramatischer, unter-

177 Luhmann, N. (1984). Soziale Systeme: Grundriß einer allgemeinen Theorie. Suhrkamp.

haltender Darstellungen genutzt und macht sie für uns *attraktiv*. Die damit verbundene *Aufmerksamkeit* kann in verschiedenen Formen, bspw. für Text, Audio- oder Videokommunikation genutzt werden. Aufmerksamkeit lässt sich natürlich auch Bezug auf ökonomische oder politische Funktionen instrumentalisieren.

Als *Soziale Systeme* der modernen, globalisierten Gesellschaft, insbesondere *Wirtschaft, Politik, Recht und Wissenschaft* lassen sich leicht voneinander abgrenzen, genauer gesagt: Diese grenzen sich durch auf sich selbst bezogene Operationen selbst ab.

In der ***Wirtschaft*** sind es Zahlungen, die über die Institutionen der Wirtschaft und Finanz- sowie Kapitalmärkte ein geschlossenes System bilden, jede Zahlung ist mit einem negativen oder positiven Vorzeichen versehen und saldiert sich über die Zeit hinweg als Vermögen oder Schulden auf. Vermögen und Kreditwürdigkeit weisen auf die Möglichkeit weiterhin Zahlungen zu tätigen hin – oder eben nicht.

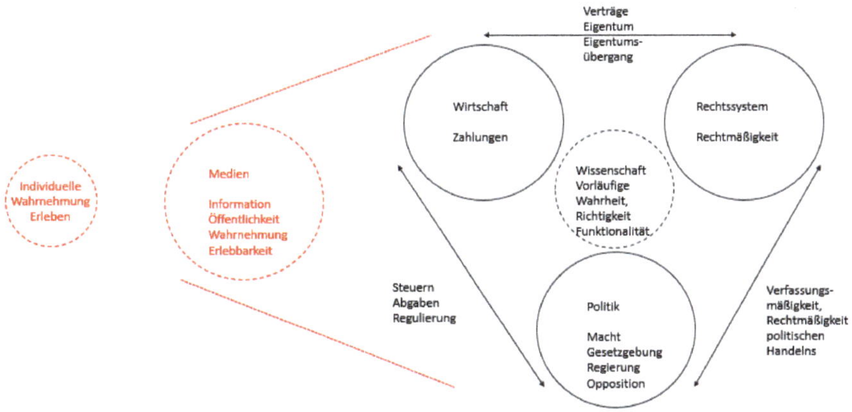

Abbildung 10: Funktionssysteme der Gesellschaft und Mediensystem als selektive Filter für individuelle Wahrnehmungen[178]

Wenn beliebige Ereignisse und menschliches Verhalten in Beziehung zu Zahlungen und Zahlungsfähigkeit gesehen werden, und nur dann, haben sie wirtschaftliche Folgen. Es geht im Feuilleton eben nicht nur um wirt-

178 In Anlehnung an: Luhmann, N. (1996). Die Realität der Massenmedien (2. Aufl.) Westdeutscher Verlag.

schaftliche Aspekte, sondern vor allem um Kultur und darauf zu beziehende Ereignisse und Entwicklungen. Es kommt natürlich auch vor, dass über wirtschaftliche und politische Angelegenheiten, die Kürzung von Ausgaben oder Subventionen für Theater oder das Engagement eines Großkonzerns oder eines reichen Mäzens in Bezug auf Museen oder neue Rekordpreise für die Bilder von Gerhard Richter auf einer Auktion, im Kulturteil berichtet wird. Dennoch dürfte es den meisten Lesern leicht fallen das Feuilleton oder den Kulturteil einer Zeitung auf einen Blick vom Wirtschaftsteil auch dann noch zu unterscheiden, wenn diese nicht ohnehin schon so übertitelt wären.

Es besteht ein enger Zusammenhang zwischen Gesellschaftsstruktur und Semantik in der öffentlichen Kommunikation. Wir werden später noch sehen, dass der Kontext gleichbedeutend mit dem Sinn von Kommunikation ist. Der eigentliche Grund, warum mittlerweile auch lernfähige, sozialisierte Maschinen kommunizieren können!

Rechtssystem, Politik und Wissenschaft oder andere *Soziale Systeme* haben ihre eigenen *Kommunikationsformen, Codes und Operationen.* Das Ausfertigen von Urteilen im Rechtssystem kann z. B. nicht marktförmig über Angebot und Nachfrage ermittelt werden, nicht nur das Rechtssystem, sondern auch die Wirtschaft würden sofort Schaden nehmen und am Ende zusammenbrechen, wenn man Recht einfach kaufen kann. Für Politik und Wissenschaft gilt ähnliches. Politik, Wissenschaft und Recht können das *Mediensystem* auch nicht einfach wie eine beliebige Wirtschaftsbranche behandeln, da Medien eine Oberfläche bilden, die soziales Handeln erlebbar macht und mit psychischen Motivationen verknüpft (zum Konsum von Waren und Dienstleistungen ebenso wie zu politischer Meinungsbildung oder Unterstützung bestimmter Anliegen).

In dem ersten Kapitel des Buches wurde ja bereits aus einem Interview mit **Geoffrey Hinton** mit einem Nachrichtenmagazin zitiert:

> „KI, die Bilder, Sprache und Text verstehen und generieren kann, wird alles verändern."[179]

Das liegt am Zusammenhang zwischen Gesellschaftsstruktur und Selbstbeschreibung der Gesellschaft. Kommunikation und mediatisierte Kommu-

179 Vgl. oben die Fußnote 5 unter Fußnoten Teil 1

nikation sind ursächlich für die Entstehung und Reproduktion sozialer Systeme. **Luhmann** zeigte genau daran den Zusammenhang von Gesellschaftsstruktur und Semantik.[180] Zunehmend *durch KI-Algorithmen gesteuerte Kommunikation* greift daher zwangsläufig und erheblich in die globale Gegenwartsgesellschaft ein.

Der KI-Forscher **Hinton** hat damit im Sinne empirisch valider Gesellschaftstheorien recht. Bereits jetzt haben digitale Plattformen, Messengersysteme und Social Media, deren Geschäftsmodelle auf der Anwendung von künstlicher Intelligenz beruhen, zu einem neuen Strukturwandel der Öffentlichkeit[181] geführt. Die ursprüngliche Idee von **Marshal McLuhan**,[182] dass globale Medien und die Möglichkeit der Interaktion auch eine globale Öffentlichkeit im Sinne eines „globalen Dorfes" ermöglichen würden, scheint durch die Funktionsweise der Steuerung der Medienkommunikation durch KI zurzeit eher ad absurdum geführt zu werden. Algorithmen filtern aus der unüberschaubaren Menge an kommunizierten Informationen diejenigen heraus, die an den ehesten Interessen und Neigungen von einzelnen Adressaten entsprechen könnten. Durch die Vielzahl der damit entstehenden Filterblasen wird ein gemeinsames Verständnis der globalen Gesellschaft nicht (mehr) unterstützt, sondern unterminiert. Wirklichkeit wird immer unterschiedlicher wahrnehmbar und relativ zu Interessen politischer und wirtschaftlicher Einflussnahme steuerbar.[183]

---

180 Luhmann, N. (1980). Gesellschaftsstruktur und Semantik: Studien zur Wissenssoziologie der modernen Gesellschaft (Bd. 1). Suhrkamp. Luhmann, N. (1981). Gesellschaftsstruktur und Semantik: Studien zur Wissenssoziologie der modernen Gesellschaft (Bd. 2). Suhrkamp. Luhmann, N. (1995). Gesellschaftsstruktur und Semantik: Studien zur Wissenssoziologie der modernen Gesellschaft (Bd. 3). Suhrkamp.

181 Hinton, G. (2018). Deep Learning – A Technological Revolution? Nature, 521(7553), 436–444. https://doi.org/10.1038/nature14539; Habermas, J. (1989). The Structural Transformation of the Public Sphere: An Inquiry into a Category of Bourgeois Society. MIT Press. (Original work published 1962); Habermas, J. (2022). Ein neuer Strukturwandel der Öffentlichkeit und die deliberative Politik. Suhrkamp. McLuhan, M. (1964). Understanding Media: The Extensions of Man. McGraw-Hill. Gillespie, T. (2018). Custodians of the Internet: Platforms, Content Moderation, and the Hidden Decisions That Shape Social Media. Yale University Press.

182 McLuhan, M. (1964). Understanding Media: The Extensions of Man. McGraw-Hill. McLuhan, M., & Fiore, Q. (1967). The Medium is the Massage: An Inventory of Effects. Penguin Books.

183 Castells, M. (2009). Communication Power. Oxford University Press. Gillespie, T. (2018). Custodians of the Internet: Platforms, Content Moderation, and the Hidden Decisions That Shape Social Media. Yale University Press.

3 Das Bewusstsein wird überschätzt – Wie funktioniert das Gehirn?

„Der Eindruck, ich selbst zu sein, entsteht durch eine Funktion des Gehirns, die den Zustand des eigenen Körpers und sich selbst (zu einem kleinen Teil) abbildet und kontrollierbar macht." *Anil Seth*[184]

„Warum ist diese Illusion so tief in uns verankert, dass wir sie kaum ändern können, und warum ist das Bewusstsein für die Funktion des Gehirns vorteilhaft, vielleicht sogar notwendig?" *Michael Graziano*[185]

3.1 Warum Sie Kapitel 3 lesen sollten

Wir gehen im Folgenden davon aus, dass Sie aufgrund der Lektüre der Kapitel 1 und 2 vieles schnell und leicht verstehen und wir uns deshalb kürzer fassen können. Zu verstehen, wieso die biologische Intelligenz von Menschen einerseits ein – oder besser: *das* – Vorbild für die Entwicklung der künstlichen Intelligenz ist und andererseits in der Form von GPTs (Generative Pre-Trained Transformer) bereits jetzt in vielerlei Hinsicht die Leistungsfähigkeit des menschlichen Gehirns quantitativ und qualitativ übertrifft, scheint paradox. Es fühlt sich auch wie die letzte denkbare Kränkung des Menschen als Geisteswesen an.

Nicht genug damit, dass die Erde nicht der Mittelpunkt des Universums ist, unter uns nicht die Hölle und über uns nicht die Götter oder zumindest eine sinnvolle und schöne kosmische Ordnung existiert – dann ist da auch noch diese etwas ehrenrührige Verwandtschaft mit anderen Menschenaffenarten im Kontext der Evolution, die uns und unsere Vorfahren im Prinzip zu einer Tierart unter vielen anderen macht. Hinzu kommt, dass wir es dem Zufall zu verdanken haben, dass die Menschheit noch nicht ausgestorben ist.[186] Trotzdem sieht die Philosophie der Aufklärung und der mit ihr verbundene europäische Humanismus im Menschen das Maß aller Dinge – das ist zumindest für einen einzelnen Menschen (gefühlt) richtig, und zwar

---

184 Seth, A. (2018). Being You: A New Science of Consciousness. Faber & Faber.
185 Graziano, M. S. A. (2013). Consciousness and the Social Brain. Oxford University Press.
186 Siehe oben Kapitel 2

insbesondere auch dann, wenn man nicht an eine unsterbliche Seele glaubt. Im Talmud, Traktat Sanhedrin 37a, heißt es diesbezüglich:

> „Wer eine einzige Seele zerstört, wird betrachtet, als hätte er die ganze Welt zerstört. Und wer eine einzige Seele rettet, wird betrachtet, als hätte er die ganze Welt gerettet."[187]

Diese Passage aus dem Babylonischen und Jerusalemer Talmud gehört zu einer Abhandlung über Zeugenaussagen in Gerichtsverfahren, fußt auf der zunächst nur mündlich überlieferten Tradition der jüdischen Gesetze (Halacha) und gibt dem einzelnen menschlichen Leben ein unermessliches Gewicht. Bei Entscheidungen über Leben und Tod betont die Aussage die immense Verantwortung, die Richter und Zeugen tragen, da das Schicksal eines Menschen nicht nur sein Leben betrifft, sondern symbolisch die gesamte Welt.

Die unsterbliche Seele war seit der Etablierung von auf Landwirtschaft und erblichem Eigentum beruhenden Kulturen allerdings nur den Menschen vorbehalten, während Tiere – anders als in den Kulten der Jäger und Sammler, ähnlich wie in der Regel die „Seelen" der Verstorbenen – nicht mehr als Geisteswesen (ausgenommen Heilige und absonderliche Wesen wie Engel) verehrt wurden. Es ist typisch für die sich nach der neolithischen Revolution herausbildenden Kulte mit Personengöttern, dass Tiere als Sachen angesehen werden.

Wenn wir die Funktionsweise des menschlichen Gehirns diskutieren und zu einem *realistischen* Ergebnis kommen wollen, müssen wir in Bezug auf den gewohnten Kommunikationskontext des Alltagslebens kontraintuitiv vorgehen. Die Kultur schmeichelt unserer Intuition. Wir sind geneigt, individuelles Bewusstsein maßlos zu überschätzen; dabei ist es nur eine von vielen unwahrscheinlichen Leistungen eines Gehirns.

Wir können im Folgenden die Funktionsweise des menschlichen Gehirns nur insoweit diskutieren, als sie für das Verständnis der Entwicklung künstlicher Intelligenz relevant ist. Im Zentrum unserer Überlegungen stehen daher weniger religiöse oder transzendentalphilosophische Fragen zum Bewusstsein von Menschen, Tieren und möglicherweise auch Maschinen, sondern der Unterschied zwischen Problemlösen auf der Basis von Symboltransformation, Logik, Mathematik und Programmiersprachen in

---

187 Babylonischer Talmud, Traktat Sanhedrin 37a Soncino Talmud. (1978). The Babylonian Talmud: Sanhedrin (Fol. 37a). New York, NY: Soncino Press.

klassischen Computerarchitekturen und durch KI als „Brain-Style Computing“.

Künstliche Intelligenz ist deshalb möglich, weil der menschliche „Geist“ nichts Übernatürliches ist. Bei KI imitiert Software einige wenige, aber zentrale Funktionen des menschlichen Gehirns. Das ist kompliziert genug. Gerade deshalb ist es notwendig, den Stand der neurologischen Forschung – also ein zunehmend realistisches Bild der Funktionsweise des Gehirns – (kurz) zu referieren.

3.2 Die Evolution des Gehirns und seine Erforschung

Laborversuche und Beobachtungsstudien zeigen, dass Oktopusse intelligent sind.[188] Sie scheinen als Individuen neugierig und lernfähig zu sein. Im Unterschied zu Säugetieren und Menschen pflegen sie aber kaum so etwas wie biologische Symbiose oder gar ein Sozialleben mit ihren Verwandten und Artgenossen. Selbst bei der Vermehrung gibt es keinen direkten Körperkontakt; die männlichen Exemplare bemühen sich lediglich, die abgelegten Eier so schnell wie möglich zu befruchten.

Die Homininen-Evolution scheint dagegen zu einem umgekehrten Ergebnis geführt zu haben. Wir sind – wie alle Säugetiere, aber als Menschen in einem besonders extremen Maße – *Symbionten.* Wir können nicht aufwachsen, ohne dass sich Verwandte oder eine andere Gruppe, die sich unseres Wohlbefindens annimmt, um uns kümmern. Unser Gehirn entwickelt seine Leistungsfähigkeit während nahezu 25 Jahren bis zur vollständigen Reifung.[189] Die Dichte der Verbindungen zwischen den Nervenzellen und ihre Zahl nimmt bis zum vierten Lebensjahr zu, und wir lernen selbständig, vor allem durch Imitation, aber auch gesteuert durch genetische Programme, so wundervolle Dinge wie Laufen, Sprechen, elementare Mathematik und Physik, das Erkennen von Gegenständen, Formen und Personen.

Sogar die Absichten fremder Personen können kleine Kinder bereits vor dem Erlernen der Sprache erkennen, und sie bemühen sich wie von selbst, ihnen dabei zu helfen – zum Beispiel eine Schublade für die Mutter, den Bruder, die Schwester oder den Vater oder gar für Fremde zu öffnen, wenn diese die Hände voll haben. Sie erkennen die Absicht und wollen helfen,

---

188 Graziano, M. S. A. (2019) Rethinking Consciousness – a Scientific Theory of Subjective Experience, Princeton NJ

189 Ebenda

kooperieren – und das vermutlich völlig uneigennützig, wenigstens nicht über den Spaß hinaus, den Kleinkinder damit haben.[190] Dass wir für unsere Hilfen außer mit Zuwendung auch materiell belohnt werden sollen oder wollen, lernen wir später.

Wir waren den gesicherten Erkenntnissen der modernen Evolutionsbiologie und Anthropologie auf der Grundlage von fossilen Überresten unserer Vorfahren, rückblickender molekular-genetischer Analysen sowie der vergleichenden Verhaltensforschung mit den genetisch nächsten Verwandten des Menschen gefolgt und angesichts vieler harter Fakten und systematisch vergleichender Beobachtungen zu dem Schluss gekommen, dass schon Frühmenschen vor Hundertausenden von Jahren bereits ein hohes Maß an Kulturfähigkeit entwickelt hatten. Das heißt, die Fähigkeit, Wissen über Gruppen miteinander eng verwandter oder regelmäßig miteinander interagierender Individuen hinaus zu verbreiten und zu teilen.[191] Daraus entwickelte sich über Kommunikation und Bildung dauerhafter Institutionen und deren Generalisierung über isoliert voneinander lebenden kleinen Populationen hinaus die moderne globale Gegenwartsgesellschaft.

Dem *Individuum* ist dabei durchgehend keine besondere Bedeutung zuzumessen; wir wissen nicht, wer die Nähnadel oder das Rad erfunden hat oder welche Gruppe des Homo Erectus lernte, das Feuer zu nutzen und zu kontrollieren. Das Gleiche gilt für die Landwirtschaft, das Eigentum, das Geld, politische Herrschaftssysteme und Religionen, die als die Institutionen die Entwicklung der Zivilisationen des Homo Sapiens als letzte überlebende Menschenart prägten. Die Ablösung von Ahnenkulten durch transzendente Personengottheiten oder universalen Geist, Abstraktion und die Entwicklung einer Welt in die Symbole und Fiktionen haben eine größere Bedeutung als das einzelne Leben. Schriftsprache und Heilige Schriften haben alles verändert; Namen und Zuordnungen von Errungenschaften wurden möglich, die Zivilisationsgeschichte wurde zu einer fiktionalen, *angedichteten* Personengeschichte, die ihren Höhepunkt in der Europäischen Philosophie der Aufklärung erreicht. Dem Individuum und seinem Vermögen der Vernunft wird mit der Vorstellung eines *transzendentalen Subjektes oder idealen Subjektes die gesamte Verantwortung übertragen. Grundlage* dieser – wie wir

---

190 Warneken, F., & Tomasello, M. (2006). Altruistic helping in human infants and young chimpanzees. Science, 311(5765), 1301–1303.

191 Tomasello, M. (1999). The Cultural Origins of Human Cognition. Harvard University Press. Sowie Kapitel 2 oben

später noch sehen werden – *Selbstüberforderung* des modernen Menschen ist ein letzter Rest von Geisterglauben, der mittelbar mit der Arbeitsweise unseres Gehirns zusammenhängt.

Immanuel Kant konnte nicht wissen, wie menschliches Bewusstsein funktioniert; folgt man **Ludwig Wittgenstein** bei seinen an der gesellschaftlichen Praxis orientierten Forschungen zu Bewusstsein, Sprache, Kommunikation und Gesellschaft, ergibt sich bereits zur Mitte des 20 Jahrhunderts ein anderes, *wirklich* aufgeklärtes Bild eines nur sehr beschränkt steuerungsfähigen Individuums. Durch KI wird das in der Gegenwart für jedermann *nachvollziehbar.* Damit verfügen wir auch über einen neuen *Zugang zu den wirklichen Ursachen der multiplen Krisen, der modernen, globalen Gegenwartsgesellschaft*, der später in letzten Teil dieses Textes zum Thema werden.

Michael Graziano, den wir schon weiter oben nicht nur im Zusammenhang mit Oktopussen, sondern auch mit dem sinnhaften erleben der Welt durch Menschen erwähnten – erklärt seinen Lesern durch das Beispiel einer Gruppe von Frühmenschen in der Savanne, die mit gemischten Gefühlen von Angst, Neugier und Gier nach Jagdbeute die Bewegung des hohen Grases wahrnehmen, dass Gefühle bestimmen, worüber sie nachdenken werden.[192] In einem an eine breite Öffentlichkeit gerichteten Aufsatz im Magazin The Atlantic unterscheidet er zwischen einer wissenschaftlich-empirischen Erklärung und eher spekulativen Annahmen über (menschliches) Bewusstsein:

> „Bewusstsein als eines der wichtigen biologischen Merkmale des Gehirns wird selten im Kontext der Evolution untersucht. Theorien von Bewusstsein kommen aus der Religion, aus der Philosophie, aus der Kognitionswissenschaft, aber kaum aus der Evolutionsbiologie. Vielleicht ist das der Grund, warum bisher so wenige Theorien darum bemüht sind, grundlegende Fragen zu beantworten wie: Was ist der adaptive Wert des Bewusstseins? Wann hat es sich entwickelt und welche Tiere haben es?“[193]

Graziano verdanken wir – neben **Karl Friston** und **Stanislas Dehaene** sowie den jeweils mit ihnen kooperierenden Forschungsgruppen – jene

192 Graziano, M. S. A. (2019) Rethinking Consciousness – a Scientific Theory of Subjective Experience, Princeton

193 Graziano, M. S. A. (2016, 6. Juni). A new theory explains how consciousness evolved. The Atlantic.

Einsichten zur Funktionsweise des menschlichen Gehirns, die im Folgenden etwas grob als *gegenwärtiger Stand der neurobiologischen Forschung* bezeichnet werden. Diese Forschungsrichtungen stimmen darin überein, das Gehirn und mit ihm auch das menschliche Bewusstsein als etwas Natürliches zu sehen, im Kontext der einheitlichen Grundlagentheorie der Lebenswissenschaften, der *Theorie der Evolution.*[194]

Darüber hatten wir bereits im Kontext der Hominինen-Evolution, soweit es uns angemessen erschien, berichtet. Sie kennen also bereits das grundlegende Muster der Hirnevolution und die wichtige *Verzweigung in der Homininen-Evolution* in Bezug auf die Entwicklung von weniger aggressivem und mehr kooperativem Verhalten sowie der Befähigung zu komplexer lautsprachlicher Kommunikation durch Weiterentwicklung der Funktionen der *Broca- und Wernicke-Areale* im Gehirn. Auch dass Gehirnfunktionen in Bezug auf Bewusstsein und Intelligenz lokalisiert werden können und dass diese in Verbindung mit der schichtweisen Evolution des Gehirns und aufgrund von systematischen Studien der Beeinträchtigung von Hirnfunktionen durch Verletzungen (Läsionen) und lokal begrenzte Beeinträchtigungen der Blut- und Sauerstoffversorgung durch Schlaganfälle in Umrissen verstanden werden können, ist leicht nachzuvollziehen.

Wir beschränken uns im Folgenden auf eine Erörterung eines Gesamtbildes der Leistungsfähigkeit des menschlichen Gehirns in Bezug auf wissenschaftlich abgesicherte Erkenntnisse, kombiniert mit einer gelegentlichen Diskussion von populären irrigen Auffassungen, insbesondere was das „Rätsel“ des Bewusstseins anbelangt.

3.3 Moderne neurobiologische Forschung versus traditionelle Annahmen

Der gegenwärtige Stand der empirischen neurobiologischen Forschung unterscheidet sich, aufgrund des sich seit dem exponentiell beschleunigenden

194 Friston, K. (2010) The free-energy principle: a unified brain theory? Nature Rev Neuroscience 11, 127–138 (2010). https://doi.org/10.1038/nrn2787. Graziano M.S.A., Arvid Guterstam, Branden J. Bio & Andrew I. Wilterson (2020) Toward a standard model of consciousness: Reconciling the attention schema, global workspace, higher-order thought, and illusionist theories, Cognitive Neuropsychology, 37:3-4, 155-172, https://doi.org/10.1080/02643294.2019.1670630. Dehaene, S. (2014) Consciousness and the Brain: Deciphering How the Brain Codes Our Thoughts. Viking. Graziano, M. S.A. (2019) Rethinking Consciousness – a Scientific Theory of Subjective Experience, Princeton NJ

wissenschaftlichen und technischen Fortschritts mittlerweile erheblich von dem durch das Menschenbild der großen Philosophen der Aufklärung transportierten Vorstellungen. Aber nicht nur der Dualismus von (menschlichem) Geist und Materie und mit ihm der Humanismus wird, was den Realismus seiner Annahmen anbelangt, in Frage gestellt. Auch die Arbeit von vielen Psychologen und Psychiatern, die unter dem Einfluss von Werken großer Denker wie **Sigmund Freud** oder **Michel Foucault** standen und stehen ist neu zu bewerten. Obwohl sicher bewundernswert und immer noch sehr inspirierend, liegen sie in ihren spekulativen Annahmen über die Natur und Funktionsweise des menschlichen Gehirns falsch – nicht so plump wie die Modelle der Ökonomen des 19. Jahrhunderts, aber doch auch immer noch grundlegend falsch.

Noch heute im Alltagsleben, in der Öffentlichkeit und bei vielen Fachleuten sowie in Bezug auf die Ausrichtung kommerzieller und politischer Marketingkommunikation beliebt ist die Annahme, dass in unserem Kopf bzw. unserem Gehirn ständig Konflikte toben. So jedenfalls das populäre Verständnis der Auffassung von Sigmund Freud, demnach unser Verhalten durch Konflikte zwischen Bewusstsein (ICH), Unterbewusstsein (ES) und gesellschaftlichen Erwartungen und Normen, einer Art Gewissen (ÜBER-ICH). Zutreffend ist das Gegenteil: Das Gehirn verbindet über einen speziellen Aufmerksamkeitsmechanismus, die Wahrnehmung der Gegenwart und Erinnerungen zu einer individuellen Identität. Es erschafft ein Bild von uns selbst, welches die Kontinuität unseres Erlebens und die Sinnhaftigkeit desselben absichert, dazu aber auch noch Erwartungen unserer sozialen Umwelt einbezieht. Das dient gerade dazu Konflikte zu vermeiden oder abzumoderieren, selbstverständlich gelingt das nicht vollkommen. Deshalb halten auch wir für plausibel, dass sich das alles durch aufklärende Therapien (Gesprächs- oder Verhaltenstherapien) verbessern lässt. Aber: Der unterstellte ständige Antagonismus zwischen Bewusstsein und Unterbewusstsein sowie Gesellschaft und die dauernden Kämpfe die zwischen diesen drei „Parteien", die in uns ausgetragen werden sollen, sind wenig plausibel und unvereinbar mit dem Prinzip der Homöostase, dass in Richtung Energieeffizienz arbeitet. Das verliert aber in Überflussgesellschaften an Bedeutung, wir können Überleben und uns auch fortpflanzen, auch wenn wir uns intensiv um Konflikte zwischen eigenem Erleben und der Wirklichkeit kümmern.

Wie in Kapitel 2 oben dargestellt, sind entsprechend dem gegenwärtigen interdisziplinären Stand der systematischen Forschung zur Homininenevolution und zur Entwicklung der modernen globalen Gesellschaft andere Schlussfolgerungen zu ziehen.

Biologische, biokulturelle und soziokulturelle Evolution können im Zusammenspiel von *Autokatalyse* und *Autopoiesis* des Lebens, unter den Bedingungen der *Homöstase*, der natürlichen Selektion bei Veränderung von Umweltbedingungen und in Bezug auf Fortpflanzungschancen realistischerweise kaum *dauerhaft dysfunktionale Strukturen* hervorgebracht haben. Aber mit Bezug auf die Krisen der globalen Gegenwartsgesellschaft ist anzumerken, dass auch hier, die Argumentation wenigstens zum Teil nicht irregeleitet ist. Wir bedürfen als Individuen alle mehr oder minder der Therapie, der Religion oder Institutionen, an die wir glauben und die uns Halt geben. Frei nach Blaise Pascal einem Mathematiker und Philosophen, den wir am Anfang von Kapitel 4 würdigen, gilt: Angesichts des Dramas der eigenen Existenz, ist der Mensch unsicher, irregeleitet und zum Tode verurteilt. Und angesichts dieses Schicksals oder Mysteriums sind Menschen irritiert und bereit nahezu alles zu glauben, was Sie retten, heilen oder aus Verzweiflung befreien könnte.

Robert Sapolsky hat rekonstruiert, dass der Einfluss, den **Sigmund Freud** auf die Psychiatrie hatte und hat, vor allem daher rührt, dass man Ende des 19. und Anfang des 20. Jahrhunderts kaum über andere Zugänge zur Funktionsweise des menschlichen Gehirns verfügte als explorative Gespräche über Empfindungen, Erinnerungen und Wahrnehmungen.[195] **Freud**, der nach eigenem Bekunden vorgezogen hätte, menschliches Empfinden und Denken mit naturwissenschaftlichen Methoden zu erforschen, entwickelte sein Modell der Psychoanalyse durch Gespräche und Analysen der Gespräche mit Patienten, weil es an anderen brauchbaren Zugängen zum offensichtlichen Leiden der Patienten – und zeitbedingt mehrheitlich Patientinnen (man hielt Hysterie für ein spezifisches Leiden der „im Allgemeinen“ weniger vernünftigen Frauen) – mangelte. Man sah aber auch die Ursache vieler psychischer Krankheiten in einer Überforderung des Individuums durch die Gesellschaft.[196]

Auch in der Soziologie sind diese Topoi präsent, etwa in **Émile Durkheims** Studie über die Gründe für den Selbstmord, die Suizid nicht nur als

195 Sapolsky, R. M. (2017). Behave: The Biology of Humans at Our Best and Worst. Penguin Press.

196 Freud, S. (1915). The Unconscious. In The Standard Edition of the Complete Psychological Works of Sigmund Freud (Vol. 14). Hogarth Press.

individuelle Entscheidung oder Krankheit deutet, sondern mehrheitlich durch sozialen Druck bewirkt sieht. Die Gesellschaft trete dem Individuum mit Gewalt oder Zwang gegenüber.[197] Das sind durchaus angemessene Deutungen, und tatsächlich zeigen Studien, dass auf Gesprächen zwischen Psychologen und Patienten beruhende Therapien Effekte haben, die jenseits der durch Gabe von Scheinmedikamenten (Placebo) erreichbaren Wirkungen liegen.[198] Man sollte also nicht bestreiten, dass Gesprächs- und andere Therapien, wie Verhaltenstherapien, positive Effekte haben können.

Die Effekte durch direkte Eingriffe in die Biochemie und die Bioelektrik des Gehirns sind aber in Bezug auf ihre möglichen Wirkungen weitaus größer, aber eben auch nicht frei von erheblichen Nebenwirkungen. Tatsächlich verbinden sich die gegensätzlich erscheinenden Ansätze konkret, zum Beispiel während Operationen am Gehirn, die – bis auf die Öffnung der Kopfhaut und des Schädels – ohne Anästhesie möglich sind, da das Gehirngewebe keine eigene Sensorik für Schmerzen hat.[199] Wie der Neurowissenschaftler **David Eagleman** in seinem Bestseller *„The Brain: The Story of You"* darstellt, ist es üblich, dass Neurochirurgen und Patienten während Operationen sprechen, um sicherzustellen, dass nur möglichst geringe, nicht erwünschte Veränderungen im Empfinden, der Persönlichkeit und natürlich in den Funktionen des Gehirns selbst – die möglicherweise dauerhaft werden könnten – während der Operation stattfinden und natürlich, dass erwünschte Effekte realisiert werden.[200] Das Einsetzen eines sogenannten Hirnschrittmachers zur tiefen Stimulation des dopaminergen Systems durch eine dauerhaft eingesetzte Sonde, ist beispielsweise eine bei der Behandlung der Parkinson Erkrankung häufig durchgeführte neurochirurgische Routine.[201] Für Eagleman und vermutlich für jeden seiner Leser faszinierend ist, dass man dabei die Aktivierung einzelner Neuronen belauschen kann:

> „Die Elektroden bieten eine besondere Möglichkeit, die Aktivität einzelner Neuronen zu belauschen. Neuronen kommunizieren miteinander über elektrische

197 Durkheim, É. (1897). Le Suicide: Étude de sociologie. Félix Alcan.
198 Wampold, B. E. (2007). Psychotherapy: The humanistic (and effective) treatment. American Psychologist, 62(8), 857–873.
199 Bear, M. F., Connors, B. W., & Paradiso, M. A. (2016). Neuroscience: Exploring the Brain (4th ed.). Wolters Kluwer
200 Eagleman, D. (2015). The Brain: The Story of You. Canongate Books.
201 Ebenda

Entladungen (Spikes), sogenannte Aktionspotenziale. Diese Signale sind jedoch unsichtbar klein, sodass Chirurgen und Forscher die winzigen elektrischen Signale häufig über einen Lautsprecher weiterleiten. Auf diese Weise wird eine winzige Spannungsänderung (ein Zehntel Volt, die eine Tausendstelsekunde dauert) in ein hörbares Geräusch umgewandelt! Während die Elektrode durch verschiedene Regionen des Gehirns geführt wird, können die Aktivitätsmuster der Neuronen vom geschulten Ohr erkannt werden. Einige Stellen sind durch popp! popp! popp! gekennzeichnet, während andere ganz anders klingen: op op! … op op! … op op! Es ist, als würde man plötzlich in das Gespräch einiger Leute irgendwo auf der Welt hineinplatzen: Da die Leute, auf die man stößt, bestimmte Jobs in unterschiedlichen Kulturen haben, führen sie alle sehr unterschiedliche Gespräche."[202]

Ebenfalls möglich ist es inzwischen mit verschiedenen Verfahren, etwa über Interfaces in Form winziger Elektroden, zielgenau in das menschliche Gehirn einzugreifen und dadurch, in bisher nur experimentellen Behandlungen, Blinde sehend zu machen oder Gelähmte zu zielgerichteten Bewegungen zu befähigen.[203]

Trotzdem sind wir weit, noch sehr weit, davon entfernt, was **Ray Kurzweil** als *„Reengineering of the Human Brain"* bezeichnet.[204] Der wesentliche Unterschied liegt im langsamen, nahezu unmöglich skalierbaren, analogen „Computing" des Gehirns. Im Vergleich zu den digitalen Schaltungen als Grundlage der KI. Im menschlichen Gehirn spielt offensichtlich eine große Vielzahl von Mechanismen, die wir noch nicht verstehen, eine Rolle.

3.4 Komplexität als Grundlage von Strukturen und Funktionen des Gehirns

Das menschliche Gehirn enthält schätzungsweise *100 Billionen Synapsen* (10^{14}). Synapsen sind die Kontaktstellen, an denen Nervenzellen (Neuronen) Informationen austauschen.

Zur Veranschaulichung:

---

202 Ebenda

203 Ebenda

204 Kurzweil, R. (2012). How to Create a Mind: The Secret of Human Thought Revealed. Viking.

- Ein einzelnes Neuron besitzt typischerweise etwa *1.000 bis 10.000 Synapsen*, abhängig von seinem Typ und seiner Funktion.
- Es gibt ungefähr *86 Milliarden Neuronen* im Gehirn, wobei die genaue Anzahl je nach Individuum variiert.[205]

Diese enorme Anzahl an Synapsen ermöglicht die beeindruckende „Rechenleistung", Lernfähigkeit und Plastizität des Gehirns, da jede Synapse chemische und elektrische Signale übertragen kann, die Grundlage für Gedächtnis, Lernen und Wahrnehmung sind. Das menschliche Gehirn besteht aus etwa *86 Milliarden Neuronen*, die die grundlegenden Verarbeitungseinheiten sind, die für den Empfang, die Verarbeitung und die Weiterleitung von Informationen im gesamten Körper verantwortlich sind. Die Neuronen sind über *Synapsen* miteinander verbunden und bilden ein *neuronales Netzwerk* mit einer enormen, kaum vorstellbaren Vielfalt von Aktivierungsmustern. Im Durchschnitt erhält jedes Neuron Eingaben von 1.000 bis 10.000 und mehr anderen Neuronen und sendet seine Ausgabeimpulse ebenfalls an rund 10.000 nachfolgende Neuronen.[206]

Die tatsächliche Anzahl der Verbindungen pro Neuron kann jedoch über mehre Zehnerpotenzen hinweg variieren und die Verbindungen sind auch nicht so dicht (*dense*) wie möglich, so dass die Zahl der realisierten im Vergleich zu den möglichen Verbindungen eher klein oder spärlich (*sparse*) ist. Im Verlauf der Hirnreifung wird die Zahl der Verbindungen, die sich bis zum 4. Lebensjahr entwickelt haben, stark ausgedünnt, in der Pubertät werden nochmal viele Verbindungen ausgedünnt oder verstärkt. Es gibt über das gesamte Leben bis zum Hirntod eine breite Verteilung der durchschnittlichen Zahl der aktiven Verbindungen pro Neuron. Einige Neuronen, wie die im Rückenmark, sind nur mit einem einzigen weiteren Neuron verbunden, während andere, wie die im Kleinhirn, mit bis zu einer Million anderer Neuronen verbunden sein können.[207]

Basierend auf der Gesamtzahl der Neuronen und der durchschnittlichen Anzahl von Verbindungen pro Neuron kann die Gesamtzahl der synapti-

205 Krauss, P. (2023) Künstliche Intelligenz und Hirnforschung Neuronale Netze, Deep Learning und die Zukunft der Kognition, Springer Berlin Heidelberg, Kapitel 2 „Das komplexeste System im Universum"

206 Ebenda

207 Ebenda

schen Verbindungen im Gehirn auf etwa *eine Billiarde* (10^{15}) eine Zahl mit 15 Nullen geschätzt werden.[208]

Das klingt zunächst nach sehr viel, aber betrachten wir, wie viele Synapsen theoretisch im Gehirn möglich wären. Prinzipiell könnte jedes der rund 86 Milliarden Neuronen mit jeder anderen verbunden sein, und Informationen könnten grundsätzlich in zwei Richtungen den Neuronen fließen: von Neuron A zu Neuron B oder umgekehrt. Außerdem kann jedes Neuron mit sich selbst verbunden sein. Diese spezielle Art der Verbindung nennt man *Autapsen.* Rein kombinatorisch ergibt sich daraus $((86 \times 10^9 \times 86 \times 10^9 - 1)) / 2 = 3{,}7 \times 10^{21}$ als mögliche Anzahl von Verbindungen zwischen Neuronen, nicht berücksichtigt sind dabei ebenfalls existierende Einweg- und Mehrweg-Verbindungen. Ein Vergleich mit der tatsächlich existierenden Anzahl an Synapsen zeigt, dass nur etwa eine von zehn Millionen bis hin zu einer von einer Million theoretisch möglichen Verbindungen tatsächlich realisiert sind. Das Netzwerk der Neuronen im Gehirn ist daher – wie bereits hervorgehoben – alles andere als dicht (*dense*); im Gegenteil, es ist äußerst spärlich (*sparse*) besetzt. In den digitalen reinelektrischen Modellen der Hirnaktivität sind dagegen alle (durch Software simulierten) Neuronen einer vorausgehenden Schicht mit allen Neuronen einer nachfolgenden Schicht verbunden (komplexer: in der Form von mathematischen Modellen auch noch in mehr als drei Dimensionen).

3.5 Kreativität und Energieeffizienz beim Menschen und bei KI

Wenn sie zu den Nutzern von ChatGPT, Gemini oder anderen großen Sprachmodellen und Bild oder Videogeneratoren wie Stable Diffusion gehören, wissen sie, dass sich der Output großer Sprachmodelle nicht durch einfache Wiederholung replizieren lässt. Das ist eine unmittelbare Folge davon, das KI in einigen Hinsichten die Funktionsweise des menschlichen Gehirns imitiert. Auch wir reagieren nicht immer genau gleich, sondern variieren bspw. im Verständnis von Anforderungen, vergessen oder missverstehen oder halluzinieren gar.

208 Ebenda

Beispielsweise im Fall von ***Déjà-vu***[209] (französisch „schon gesehen“) Erlebnissen: Eine bestimmte Region unseres Gehirns, der Hippocampus, die Gefühle mit Wahrnehmungen verbindet, signalisiert Vertrautheit, obwohl wir selbst bspw. das Stadtpanorama von Toronto selbst noch nie gesehen haben.

Der Grund dafür ist nicht Seelenwanderung, also ein Ort, den wir in einem anderen Leben schon gesehen haben, sondern der zufällige Ausfall von Verbindungen (Synapsen) zwischen Nervenzellen (Neuronen) im Hippocampus. Im menschlichen Gehirn fallen ständig ca. 90 % der Synapsen aus. Nicht nur, aber auch, weil das Energie spart. Das Gefühl, dass Denken anstrengend ist, täuscht nicht. Der häufige *Synapsenausfall* führt keineswegs dazu, dass unser Gehirn nicht funktioniert, wie etwa ein Fußballspiel, bei dem nur jeder zehnte Pass ankommt, denn Neuronen haben ja Hunderte, wenn nicht Tausende von Synapsen und in ihrer aufsummierten Aktivität spielt der Ausfall von 90 % eine geringere Rolle als Sie denken mögen.[210]

Trotzdem ist ein Déjà-vu-Erlebnis eine seltene Fehlwahrnehmung. Möglicherweise erinnert der Fernsehturm in Toronto an den aus dem Berliner Stadtpanorama bekannten Fernsehturm auf dem Alexanderplatz. Dass der Eindruck falsch ist, könnten Sie wissen, aber wie oft sehen Sie eine Person und können sich nicht direkt an den richtigen Namen erinnern?

Fehler passieren in komplexen Systemen. Dass beim Training der „neuralen Netzwerke“, Neuronen sowie Synapsen imitierender Software, die künstlicher Intelligenz zugrunde liegt, (im Vergleich: *nur*) jeweils 50 % der imitierten Neuronen und Synapsen deaktiviert werden, sorgt mit dafür, dass KI kreativ sein kann; also auf eine Eingabe hin nicht immer dasselbe „denkt“ (denken kann) und daher nicht immer zu den gleichen Ergebnissen kommen kann. Es handelt sich bei den bereits jetzt existierenden lernenden Maschinen um ein funktionales Äquivalent für menschliche Kreativität.

Dennoch bestehen erhebliche Differenzen zwischen den Architekturen von Gehirnen und KI in der Form von GPTs. Die Gründe dafür sind:

---

209 Britt, Robert Roy. (2006). „Patients Suffer Déjà Vu…Over and Over.“ LiveScience, January 30, 2006. http://www.livescience.com/humanbiology/060130_deja_vu.html

210 Vgl. Sejnowski, Terrence, J. (2018). The Deep Learning Revolution. MIT Press, Cambridge, MA.

1. Gehirn muss ***energieeffizient*** arbeiten, daher ist eine vollständige Vernetzung nicht praktikabel.
2. Funktionale und anatomische ***Spezialisierung*** der Neuronen, nicht jedes Neuron muss oder darf mit jedem anderen in einer nächsten Schicht von Neuronen oder gar im ganzen Nervensystem verbunden sein.
3. Größere ***Plastizität*** – Das Gehirn verändert seine Synapsen dynamisch durch Lernen und Erfahrung, was die Effizienz und mit Anpassungsfähigkeit erhöht.

Bei der Entwicklung von KI wird dagegen wird beim Training und in der späteren Anwendung ein höheres Maß an Verlässlichkeit präferiert. KI soll nicht so fantasievoll und erfindungsreich sein, wie ein Kind.[211]

3.6 Wie viele verschiedene Gehirne (Connectome) kann es geben?

Ähnlich wie das *Genom,* das die Gesamtheit aller Gene eines Organismus beschreibt, bezeichnet das *Connectom* die Gesamtheit aller Verbindungen im Nervensystem eines Lebewesens.[212] Um die Frage zu beantworten, wie viele verschiedene Gehirne es geben kann, muss man schätzen, wie viele verschiedene *Connectome* rein kombinatorisch möglich sind. Es ist wichtig anzumerken, dass nicht jedes theoretisch mögliche *Connectom* zu einem funktionierenden und lebensfähigen Nervensystem führt. Daher ist es ziemlich kompliziert, die exakte Zahl zu berechnen. Daher begnügen wir uns mit einer Abschätzung der unteren Grenze der tatsächlichen Zahl auf Basis einiger Vereinfachungen.

Der Neurologe **Patrick Krauss** vom Universitätsklinikum Erlangen kommt auf eine absurd große, aber uns letztlich plausible Zahl mit einer Sextillion (10^{36}) Nullen. Das ist viele Zehnerpotenzen größer als Schätzungen zur Zahl der Atome im Universum. Hinzu kommt, dass sich die Verbindungen zwischen Neuronen Abschwächen oder Verstärken. Diese *Synapsengewichte* sind keine binären Zahlen (0 oder 1 bei digitaler Informationsverarbeitung),

---

211 Vgl. Sejnoswki, Terrence, J. (2024). ChatGPT and the Future of AI: The deep Language Revolution, Cambridge Mass. MIT Press

212 Krauss, P. (2023) Künstliche Intelligenz und Hirnforschung Neuronale Netze, Deep Learning und die Zukunft der Kognition, Springer Berlin Heidelberg, Kapitel 2 „Das komplexeste System im Universum“

sondern können jeden kontinuierlichen Wert annehmen, was die Anzahl der Möglichkeiten wiederum erheblich erhöht.[213] Daher ist die *Zahl der möglichen mentalen Zustände* über alle Vorstellungskraft hinaus groß, doch das ist, wie wir später sehen werden bei komplexen KI-Architekturen wie den Generative Pre-Trained Transformern mittlerweile ähnlich. Forderungen nach Transparenz in Bezug auf KI zeigen nur eines, den mangelnden Realismus der Diskussion darüber.

Alles, was wir denken, fühlen und erleben können, hat ein spezifisches neuronales Korrelat, also eine Aktivierung oder eine zeitliche Abfolge von Aktivierungen von Neuronen in unserem Gehirn.[214] In diesem Zusammenhang spricht man auch von *räumlich-zeitlichen Aktivierungsmustern* als neuronales Korrelat unseres Bewusstseins, unserer Aktivität und unseres Erlebens.[215]

3.7 Gehirn und Körper

Viele Wissenschaftler, die dem von **Alan Turing** skizzierten Wissenschaftsprogramm folgend daran beteiligt sind, KI analog (ähnlich in einigen Prinzipien, aber selbstverständlich nicht vollumfänglich gleich) zum menschlichen Gehirn in seiner Ontogenese zu entwickeln, sind in Bezug auf die Fähigkeiten der gegenwärtig am weitesten entwickelten, auf der sogenannten Transformer-Architektur beruhenden Form von KI – den großen Sprachmodellen (LLMs) wie ChatGPT – skeptisch. Der Grund dafür ist, dass diese nur über Kommunikation, Sprache und Bilddaten vortrainiert werden und damit quasi körperlos agieren.[216] Daher müssen LLMs auch auf Selbstverständlichkeiten wie die Omnipräsenz der Schwerkraft auf der Erde hintrainiert werden, sonst wüssten sie nicht, dass Dinge für gewöhnlich nach unten in Richtung Erdmittelpunkt fallen.

Yann LeCun, Direktor der KI-Forschung des Meta-Konzerns, zu dem Facebook gehört, glaubt aus diesen und anderen Gründen zum Beispiel

---

213 Siehe oben

214 Seth, A. (2018). Being You: A New Science of Consciousness. Faber & Faber. Graziano, M. S. A. (2013). Consciousness and the Social Brain. Oxford University Press.

215 Krauss, P. (2023) Künstliche Intelligenz und Hirnforschung Neuronale Netze, Deep Learning und die Zukunft der Kognition, Springer Berlin Heidelberg, Kapitel 2 „Das komplexeste System im Universum“

216 Bspw.: LeCun, Y. (2022). A Path Towards Autonomous Machine Intelligence. arXiv preprint arXiv:2205.07696.

nicht, dass LLMs auf so gut wie jedem Gebiet die Intelligenz – das heißt die Fähigkeit von Menschen, Probleme zu erkennen und bestmöglich zu lösen – übertreffen oder bald übertreffen werden.[217]

Wir werden später sehen, dass es auch Fälle gibt, in denen die Körperlichkeit bzw. das Faktum, dass sich die Homininen-Evolution unter bestimmten biophysikalischen Bedingungen vollzogen hat, auch ein Nachteil ist, wenn es darum geht, Daten zu interpretieren oder die Welt zu sehen, wie sie wirklich ist. Die Zahl der Menschen, die Quantenmechanik oder anderen realistische Theorien der modernen Physik verstehen, dürfte nahe bei 0 und weit entfernt von den über 8 Milliarden Individuen sein, die gegenwärtig leben. Das ist nicht nur ein Problem des Zugangs zu qualitativ hochwertiger Bildung. Die Normalverteilung intellektueller Fähigkeiten über die gesamte Bevölkerung hinweg sorgt dafür, dass Hochbegabung und Dummheit relativ selten sind, was aus naheliegenden Gründen nützlich für die Menschheit und die Gesellschaft ist.

Zweifellos richtig ist, dass die Evolution des menschlichen Gehirns nicht von der des menschlichen Körpers getrennt betrachtet werden kann. Die Beschränkung des Kopfumfangs von auf natürlichem Wege zur Welt kommenden Neugeborenen machte es zum Beispiel notwendig, dass ein großer Teil des genetisch programmierten Schädel- und Hirnwachstums erst nach der Geburt einsetzt.[218] Ebenso evident ist aber, dass zunehmend intelligentes Verhalten, wie es sich im wissenschaftlichen und technischen Fortschritt manifestiert, vor allem auf der *biokulturellen und soziokulturellen Evolution* der Homininen beruht und nicht auf der seit Zehntausenden von Jahren im Wesentlichen unveränderten Biophysik, Biologie und Genetik von Individuen.[219]

Die Verbindung zwischen Gehirn und Körper besteht aus einem komplexen sensorischen System; in einem gewissen Sinn gehört das Gehirn selbst nicht zum Körper, es hat kein spezielles Sensorium für seinen eigenen Zustand. Oben wurde ja bereits geschildert, dass Hirnoperationen bis auf das Öffnen von Kopfhaut und Schädeldecke unter lokaler Anästhesie schmerzlos sind.[220] Kopfschmerzen, Migräne oder gar epileptische

217 Siehe oben

218 DeSilva, J. M., & Lesnik, J. J. (2008). Brain size at birth throughout human evolution: A new method for estimating neonatal brain size in hominins. Journal of Human Evolution, 55(6), 1064–1074.

219 Siehe Kapitel 2

220 Eagleman, D. (2015). The Brain: The Story of You. Canongate Books.

Anfälle sind Sonderfälle, in denen zum Teil unerträgliche Schmerzen, begleitet von Krampfanfällen, durch Fehlfunktionen im Gehirn selbst oder die Beeinflussung der Schmerzrezeptoren und des Schmerzempfindens im Gehirn, beispielsweise durch chemische Substanzen, hervorgerufen werden. Körpereigene Substanzen wie euphorisierende *Endorphine* oder zugeführte Anästhetika haben aber einen großen Einfluss auf die Wahrnehmung des Körpers durch das Gehirn und die Funktionen des Gehirns selbst. Sie können zu einem Verlust des Bewusstseins und der gesamten Sensorik und Wahrnehmung führen.[221] Standardmäßig wird das mit dem Gehirn verbundene Nervensystem so wie in der Abbildung unten gegliedert und dargestellt.

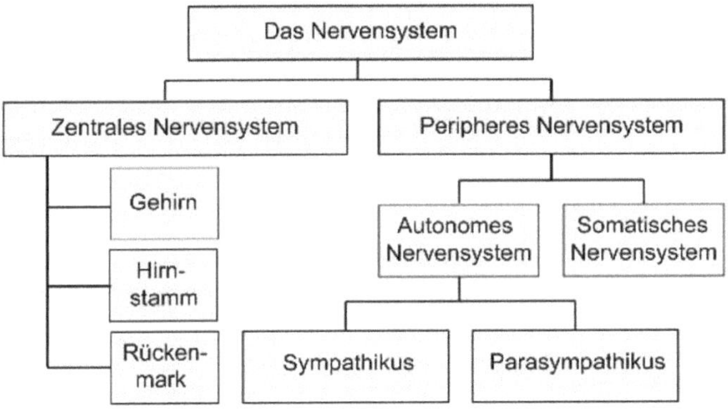

Abbildung 11: Organisation des Nervensystems (nach Hebb 1949; Krauss 2023)

Das zentrale Nervensystem (ZNS) steuert den Körper und besteht aus dem Gehirn, dem Hirnstamm und dem Rückenmark. Das periphere Nervensystem (PNS) umfasst das autonome und das somatische Nervensystem. Das autonome Nervensystem regelt unwillkürliche Körperprozesse und umfasst das sympathische und das parasympathische Nervensystem. Das somatische Nervensystem überträgt sensorische Informationen an das ZNS und leitet motorische Befehle vom ZNS an die Muskeln weiter. Das autonome Nervensystem lässt sich nicht direkt bewusst steuern; indirekt kann es aber beispielsweise durch meditative Entspannungstechniken beeinflusst werden. Sympathisches und parasympathisches System wirken dabei antagonistisch:

221 Purves, D., Augustine, G. J., Fitzpatrick, D. et al. (2018). Neuroscience (6th ed.). Sinauer Associates.

Das sympathische System ist mit erhöhter Bereitschaft und Stressgefühlen verbunden, das parasympathische System sorgt dagegen für Erholung und Entspannung.[222]

Wir können hier nicht weiter vertiefend auf die funktionelle Anatomie des gesamten Nervensystems eingehen; der Überblick in der Abbildung oben erscheint uns hinreichend. Auch die funktionelle Hirnanatomie, standardmäßig dargestellt in Form der durch **Korbinian Brodmann** bereits im Jahr 1909 veröffentlichten Kartierung der Großhirnrinde im Zusammenhang mit der Zuweisung von Funktionen der zunächst 52 unterschiedlichen Bereiche, ist so komplex, dass sie nicht nur Medizinstudenten erschreckt. Zumal durch spätere, weitere Unterscheidungen der Areale in a, b und manchmal c – da erst mit weiteren Studien an Hirnverletzungen Funktionen genauer bestimmt werden konnten – sich die Komplexität noch weiter erhöht hat.[223]

Wir können hier aber auf eine detaillierte Erörterung verzichten, da KI bislang jedenfalls keineswegs Strukturen und Funktionen des menschlichen Gehirns genau nachahmt, sondern sich lediglich auf die eingängige Beschreibung eines Prinzips der *synaptischen Plastizität* des Gehirns durch **Donald O. Hebb** bezieht, die lediglich auf die Ebene von Neuronen (Nervenzellen) und der Verbindungen zwischen ihnen abbildet.[224] Damit verbunden ist eine weitreichende wissenschaftstheoretische Hypothese, nämlich die der *funktionalen Äquivalenz* zwischen qualitativ verschiedenen Strukturen. Wie wir bereits dargestellt haben, führt Evolution im Bereich der Entwicklung von biologischer Intelligenz keineswegs zu effizienten Lösungen, sondern eben nur zu überlebens- und fortpflanzungsfähigen, aber nicht „absolut" bestmöglichen Lösungen. Die Möglichkeit zu Weiterentwicklungen ist, wie am Beispiel der Homininen-Evolution dargestellt, stets pfadabhängig.

Es ist in diesem Zusammenhang außerordentlich *wichtig*, zu verstehen, dass KI zentrale Funktionen des menschlichen Gehirns, insbesondere ein *assoziatives Gedächtnis tatsächlich* besitzt, also Gedächtnisinhalte oder technische Speicherinhalte zu verwenden und zu verändern in der Lage ist.

222 Hebb, D. O. (1949). The Organization of Behavior: A Neuropsychological Theory. Wiley. Krauss, P. (2023) Künstliche Intelligenz und Hirnforschung Neuronale Netze, Deep Learning und die Zukunft der Kognition, Springer Berlin Heidelberg, Kapitel 4 „Die Organisation des Nervensystems"

223 Ebenda Kapitel 5: „Die Organisation des Cortex"

224 Hebb, D. O. (1949). The Organization of Behavior: A Neuropsychological Theory. Wiley. K Krauss

Wahrnehmungen können verbunden bzw. assoziiert werden, und zwar ausschließlich auf der Basis eines Funktionalen Äquivalents für *synaptische Plastizität im Sinne von Hebb* und auf der Basis von Software. Die Implikationen dieses Sachverhaltes sind sehr weitreichend: In KI wird menschliches Bewusstsein funktionell bereits insoweit und insofern simuliert, insofern es auf synaptischer Plastizität beruht.

Was in der gegenwärtig dominanten Form von KI, den sogenannten Generative Pre-Trained Transformer *nicht* simuliert wird, ist die komplexe *elektrochemische analoge Art der Verarbeitung* von Informationen, durch unterschiedlich starke Aktivierung der Neuronen selbst, es geht im menschlichen Gehirn um Ladungs- und Spannungsdifferenzen von zehntel und hundertstel Volt, um die Übertragung von Ladungen durch Calcium-Ionen und die Modulation dieser Prozesse durch *Neurotransmitter.*

Wir müssen hier auf eine detaillierte Darstellung nach Stoffklassen und Wirkungsklassen verzichten, aber Ihre Stimmung und wie Sie sich fühlen hängt auf nachvollziehbare Weise mit chemischen Botenstoffen, die die Reizweiterleitung über Synapsen verstärken oder abschwächen zusammen.[225] Dazu gehören lösliche Gase, wie Stickstoffmonoxid, das als Lachgas bekannte Stickstoffdioxid (Vorsicht, Sie können nicht nur ihr Bewusstsein, sondern auch ihr Leben verlieren), Kohlenstoffmonoxid u. a. Zu den Neurotransmittern gehören ferner: Amine wie Dopamin, Adrenalin, Noradrenalin, Serotonin u. v. a.; Aminosäuren, wie γ-Aminobuttersäure auch bekannt als GABA oder KO-Tropfen und *inhibitorisch* (unterdrückend) wirkend, sie verlieren bei Überdosierung das Bewusstsein und sich selbst. *Exzitatorisch* (erregend) wirken Homocystein; Neuropeptide, etwa Endomorphine und Endocannaboide. Dazu gibt es keine Äquivalente in der KI. Es ist auch nicht absehbar, inwiefern das in Bezug auf eine Verbesserung der Leistungsfähigkeit von KI nützlich sein könnte.

Nahezu dasselbe gilt für die Gliazellen im menschlichen Hirn und ihre langsame, chemische operationsweise. Man nahm ihm 19 Jahrhundert an, dass Gliazellen, diese sind kleiner als Neuronen und konnten daher nicht gut untersucht und beobachtet werden, lediglich eine Art Leim oder Kleber sind, der das Gehirn zusammenhält – deshalb der aus dem Altgriechischen

225 Die Darstellung orientiert sich im Weiteren übergreifend an Purves, D., Augustine, G. J., Fitzpatrick, D. et al. (2018). Neuroscience (6th ed.). Sinauer Associates und Krauss, P. (2023) Künstliche Intelligenz und Hirnforschung Neuronale Netze, Deep Learning und die Zukunft der Kognition, Springer Berlin Heidelberg.

abgeleitete Name, Glia. Er stand für weißen Leim, im übertragenen Sinn die weiße Materie im Gehirn, die sich deutlich von den eher grauen Nervenzellen sowie den aus Cholesterin bestehenden Ummantelungen von Dendriten und Axonen des Connectoms unterscheiden lässt. Tatsächlich spielen die Glia-Zellen ebenfalls eine wichtige Rolle bei der Unterstützung und Modulierung der Gehirnaktivitäten, wir wissen bis jetzt aber nicht genau *wie*.

Der große *Vorteil von KI* liegt in der Möglichkeit ihre Funktion von *Funktionen von der Hardware zu trennen*. Die synaptische Plastizität wird allein durch Software simuliert, das *macht KI theoretisch unsterblich und unendlich skalierbar*, das menschliche Gehirn besitzt beide Eigenschaften nicht, ist in seiner Kapazität beschränkt, kann nicht skaliert werden und ist *instabil und sterblich*. Wir kommen später darauf zurück.

Schematisch können die Weiterleitung, Verstärkung oder Abschwächung der Aktivierung oder Unterdrückung von Neuronen und Verbindungen derselben über deren Synapsen wie unten abgebildet werden.

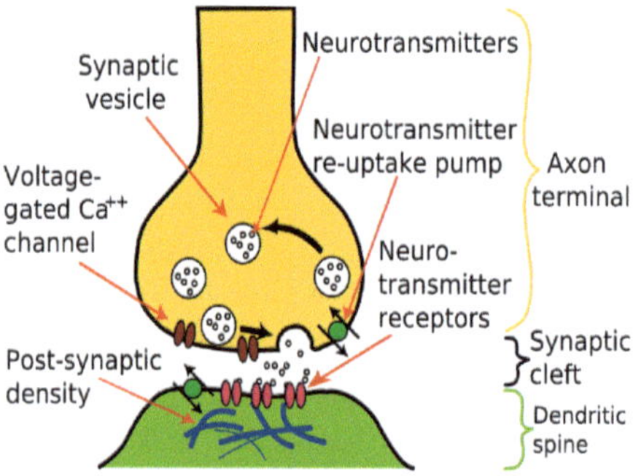

Abbildung 12: Synapsenfunktion, bereits beschrieben von Donald O Hebb, (1949); hier in der gemeinfreien Darstellung Wikimedia Commons by Nrets

Synapsen sind die Schnittstellen zwischen miteinander verbundenen Nervenzellen des Gehirns, die über Ausgangsleitungen (Axone) und Eingangsleitungen (Dendriten) in ihrer Funktion gehemmt oder verstärkt werden und im Zuge der Epigenetik der Hirnentwicklung zunächst ausgebaut, dann funktionell ausgedünnt werden und schließlich mit der Hirnalterung zunehmend auch dysfunktional ausfallen.

3.8 Bewusstsein wird überschätzt

Die offensichtlichste Überschätzung des Bewusstseins besteht in dem Glauben an Panpsychismus, der in voraufklärerische Weltvorstellungen gründet und immer wieder im öffentlichen Diskurs auftaucht – etwa in der Form von **Giuliani Tononis** „Integrated Information Theory" oder **Peter Wohllebens** Bestseller „Das geheime Leben der Bäume".[226] Die Annahme einer allgegenwärtigen spirituellen Bewusstheit in der Natur oder im Universum basiert entweder auf Unverständnis oder auf Wunschvorstellungen. Experimentell lässt sich davon nichts belegen. Das ist etwas grundlegend anderes als die Allgemeine Relativitätstheorie, für die es harte Belege gibt: Etwa für die vorhergesagte Relativität der Zeit.

> So kann man zum Beispiel eine präzise Atomuhr in einem Flugzeug gegen die Rotationsrichtung der Erde fliegen lassen und dann bei einer baugleichen Uhr am Erdboden eine signifikante Abweichung der vergangenen Zeit messen, genau wie es Einsteins Theorie vorhersagt. Auch die Ablenkung von Licht durch Gravitationskräfte ist messbar – etwa beim Transit des Planeten Merkur durch die Sichtlinie zwischen Erde und Sonne. Zeit und Lichtstrahlen „verbiegen" sich, Raum und Zeit bilden, anders als noch Isaac Newton annahm, kein unveränderliches Koordinatensystem, sondern hängen voneinander ab. Die Krümmung der Raumzeit ist zwar kaum vorstellbar, aber real.

Ähnliche Beweise und Plausibilisierungen lassen sich für ein Bewusstsein außerhalb von komplexen Nervensystemen nicht finden oder darstellen.

Ein hinreichend komplexes Nervensystem ist *gewiss* eine Voraussetzung für Bewusstsein. Es handelt sich um einen relativ langsamen, von sogenannten niederen Hirnfunktionen gespeisten Mechanismus zur vereinfachten Beobachtung der eigenen Aktivität des Gehirns, den wir Bewusstsein nennen.[227] Das Missverständnis, das dem Panpsychismus zugrunde liegt, ist eine Fehlinterpretation von Reiz und Reaktion in der Biologie sowie von Actio und Reactio in der Mechanik. Wenn ein Knochen wiederholt belastet

226 Tononi, G. (2008). Consciousness as integrated information: A provisional manifesto. Biological Bulletin, 215(3), 216–242. Wohlleben, P. (2015). Das geheime Leben der Bäume. Ludwig Verlag

227 Seth, A. (2018). Being You: A New Science of Consciousness. Faber & Faber. Graziano, M. S. A. (2013). Consciousness and the Social Brain. Oxford University Press.

wird, sorgen Osteozyten dafür, dass dieser – sofern der Stoffwechsel noch hinreichend aktiv ist – verstärkt wird. Das Phänomen hat mit Bewusstsein nichts zu tun, stellt aber ein Problem in Bezug auf degenerative Prozesse im Alter (Knochenschwund, Oberschenkelhalsbrüche) oder bei längeren Aufenthalten im Weltraum (keine Belastung durch Schwerkraft) dar. Kein bewusster Prozess weit und breit, das Gehirn ist noch nicht einmal involviert. Quallen reagieren ebenfalls in ähnlicher Weise auf Umweltreize, haben aber nur ein primitives Nervensystem, so dass zu vermuten ist, dass es sich bei ihren Eigenbewegungen ebenfalls nur um Reiz-Reaktionsmuster handelt.

Tatsächlich besteht unser Problem hier lediglich darin, dass Geisteswissenschaftler dazu neigen Bewusstsein anders zu definieren, als es ein Neurobiologe für gewöhnlich tut: Nämlich als *Funktion* eines Gehirns. Der **Philosoph David Chalmers** hat genau diese Sprachverwirrung zwischen Natur- und Geisteswissenschaften als das „harte Problem des Bewusstseins" bezeichnet.[228] Andere, wie die kanadische Philosophin **Patricia Smith Churchland**, halten das Ganze für ein Pseudoproblem und gehen davon aus, dass sich das Bewusstseinsrätsel in Luft auflöst, sobald wir die zugrunde liegenden Mechanismen erkannt haben.[229] Bewusstsein wäre dann genauso erklärbar wie der Blutdruck oder die Verdauung.

Klar ist: Ohne funktionierendes Gehirn gibt es kein Bewusstsein. Fast alle Gesellschaften haben daraus eine drastische Konsequenz gezogen. Das in den 1960er Jahren entwickelte Konzept des Hirntods basiert auf der Annahme, dass ein Mensch ohne Hirnfunktion keinerlei Bewusstsein seiner selbst oder seiner Umwelt hat. Er kann nichts erleben, spüren, denken oder wünschen, er leidet nicht und freut sich über nichts – selbst dann, wenn viele seiner Organe weiterarbeiten. Bei einem hirntoten Menschen dürfen daher (nach streng geregelter Diagnostik) alle lebenserhaltenden Maßnahmen beendet werden.[230]

---

228 Chalmers, D. J. (1996). The Conscious Mind: In Search of a Fundamental Theory. Oxford University Press

229 Churchland, P. S. (1986). Neurophilosophy: Toward a Unified Science of the Mind-Brain. MIT Press

230 Bernat, J. L. (2006). Chronic disorders of consciousness. The Lancet, 367(9517), 1181–1192.

3.9 Die evolutionäre Perspektive: Biologische Grundlagen von Kognition und Intelligenz

Es ist eine elementare Eigenschaft allen Lebens, sich zur Selbsterhaltung anzupassen. Manche Organismen nutzen dafür auch einen Aufmerksamkeitsmechanismus, den **Michael Graziano** als Bewusstsein identifiziert.[231] Aus evolutions- und neurobiologischer Perspektive ist die Hypothese eines universell zu Kognition und Intelligenz fähigen Lebens nicht nachvollziehbar. Nach heutigem Forschungsstand entstanden Nervenzellen erst vor etwa 600 Millionen Jahren in den ersten mehrzelligen beweglichen Tieren.[232] Sobald diese Organismen eine gewisse Größe erreichten, benötigten sie ein System, um die Zellen ihrer Bewegungs-, Nahrungsaufnahme- und Fortpflanzungsorgane zu koordinieren und Informationen schnell von spezialisierten Sinnesorganen zu ausführenden Strukturen zu übertragen.

Dieser Funktion der Koordination und Signalübermittlung macht spezielle Zellen notwendig, Neuronen, die sich in der Evolution möglicherweise mehrmals unabhängig voneinander entwickelt haben und ermöglicht es Organismen ihre Eigenbewegung (in begrenztem Umfang) zu steuern. Eine schnelle Reizleitung und Koordination sind besonders wichtig, wenn sich ein Organismus aktiv bewegt und sich rasch an veränderte Situationen anpassen muss. Daher finden wir Nervensysteme in allen Tierstämmen – mit Ausnahme der festsitzenden Schwämme sowie einiger Plattwürmer.[233] Dennoch ist es unwahrscheinlich, dass Quallen tatsächlich „denken“ können.

Um denken zu können, braucht es eine weitere Ebene von Nervenzellen, die nicht direkt mit Sensoren oder Effektoren verbunden sind, sondern ein eigenes *assoziatives Netzwerk* bilden. Einfache Nervennetze, wie jene von Quallen, ermöglichen die Koordination von Bewegungen und die Kontrolle von Reflexreaktionen auf äußere Reize. Doch auf *Vorhersage* beruhende Bewegung erfordert ein höheres Niveau: ein assoziatives neuronales Netzwerk, in dem die Neuronen miteinander verknüpft sind. Solche Netzwerke, losgelöst von unmittelbaren Reiz-Reaktions-Beziehungen, haben sich bei einigen Arten zu einem hochgradig vernetzten, zentralen Organ entwickelt: dem Gehirn. Dieses ist weiterhin mit den Sinnesorganen

---

231 Graziano, M. S. A. (2013). Consciousness and the Social Brain. Oxford University Press.

232 Graziano, M. S. A. (2021). Rethinking Consciousness, A Scientific Theory of Subjective Experience. Norton & Company

233 Ebenda

sowie den motorischen Bahnen zum Körper und zur Umwelt verbunden – bislang ein wichtiger Unterschied zu heutigen KI-Algorithmen. Darüber hinaus kann das Gehirn elektrochemische Aktivitätsmuster erzeugen, die relativ unabhängig von aktuellen sensorischen Eingaben oder motorischen Ausgaben bestehen. Diese komplexen Muster sind die neuronalen Korrelate mentaler Inhalte.[234]

Wenn wir einem bekannten Menschen begegnen, werden spezifische Neuronen der Sehrinde und in anderen Hirnregionen aktiv. Das daraus entstehende räumlichzeitliche Aktivitätsmuster entspricht der Wahrnehmung dieser Person. Wir können sogar bei geschlossenen Augen ein inneres Bild dieses Menschen bewahren und ihn mit einem Namen verbinden und identifizieren, bspw. Penelope Cruz oder Javier Bardem als bekannte Schauspieler, von denen wir wissen, dass sie auch privat ein Paar sind – also ein entsprechendes Aktivitätsmuster, das viele Assoziationen mit Spielfilmen oder Berichten in Medien und deren Inhalten aufrecht erhält – und uns ins Bewusstsein rufen. Wir können aber auch verwirrt sein und bspw. Fiktion und Wirklichkeit im Sinne von darstellerischen Leistungen in einem Film und die tatsächlich bestehenden Beziehungen zwischen Personen miteinander verwechseln. Diese Prozesse sind zwar mit den Reizen und Anforderungen der Außenwelt verknüpft, aber dennoch in gewissem Maße unabhängig von ihnen, wir denken uns ständig Dinge aus.

3.10 Voraussetzungen „bewussten" Denkens und von mehr oder minder freien Entscheidungen

Damit neuronale Repräsentationen mentaler Inhalte existieren können, muss die „Hardware" gewisse Bedingungen erfüllen, ähnlich wie Grafikchips parallele digitale Informationsverarbeitung auf verschiedenen Ebenen ermöglichen. Der kanadische Neuropsychologe **Donald O. Hebb** postulierte 1949 in seinem einflussreichen Buch *The Organization of Behavior – A Neuropsychological Theory*, dass sich bei assoziativem Lernen, also der dauerhaften Verknüpfung zweier Reize, die Kontakte zwischen Nervenzellen verstärken müssen (heute bekannt als synaptische Plastizität).[235] Er schlug

234 Ebenda

235 Wir orientieren uns im Weiteren Zusammenhang an der Darstellung von Hebb und von Krauss: Hebb, D. O. (1949). The Organization of Behavior: A Neuropsychological Theory. Wiley. Krauss, P. (2023) Künstliche Intelligenz und Hirnforschung Neuronale

zudem vor, dass mentale Prozesse wie Wahrnehmung, Denken, Planung oder Gedächtnis auf der koordinierten Aktivierung ganzer Neuronengruppen („Assemblies") beruhen. Einzelne Neuronen sind nur für Millisekunden aktiv. Um Aktivitätsmuster im Gehirn über längere Zeit aufrechtzuerhalten – etwa während eines Gedankens oder einer Handlung – werden Kreisläufe innerhalb neuronaler Netzwerke benötigt, in denen die Aktivität zirkulieren kann.

So können mentale Prozesse als weitgehend autonome, von äußeren Reizen unabhängige zentrale Prozesse fungieren: die Basis der Kognition. Ferner ist zu berücksichtigen, dass KI und Gehirn in unterschiedlichen Geschwindigkeiten und Dimensionen arbeiten. Für das menschliche Gehirn, abhängig von der *Stimmung und Neurotransmittern*, dauert die *„Gegenwart" etwa drei Sekunden. Das Zeitgefühl* kann sich aber *beschleunigen oder verlangsamen. Erinnerungen* werden entsprechend *mehrfach und unterschiedlich in Kurz- und Langzeitgedächtnissen* abgespeichert. Die kürzesten Momente, die wir (bewusst) erfassen können, liegen bei ungefähr 0,3 Sekunden.

Die Gegenwart des Bewusstseins dauert 3 Sekunden, ein Zustandswechsel 0,3 Sekunden

Die *Libet-Experimente*[236] haben gezeigt, dass es eine *zeitliche Verzögerung zwischen Wahrnehmungen und Handlungen* gibt und dass sich Aktivitätspotenziale von Gruppen von Nervenzellen, die mit dem Empfinden, etwas bewusst zu entscheiden, korrespondieren, erst mit einer gewissen Verzögerung aufbauen.[237] Das kann nicht so interpretiert werden, dass es keinen freien oder zufallsbasierten Willen gibt, aber es zeigt, dass das *Bewusstsein von niederen Hirnfunktionen und Neurotransmittern beeinflusst* wird, ohne dass wir (oder das Bewusstsein selbst) dies alles wirklich steuern können. Das heißt auch, dass wir nicht vollständig wissen und bewusst steuern kön-

---

Netze, Deep Learning und die Zukunft der Kognition, Springer Berlin Heidelberg. Graziano, M. S. A. (2021). Rethinking Consciousness, A Scientific Theory of Subjective Experience. Norton & Company

236 48 Libet, B. (2004). Haben wir einen freien Willen? In: Christian Geyer (Hrsg.): Hirnforschung und Willensfreiheit. Zur Deutung der neuesten Experimente. Suhrkamp, 2004, S. 268ff.Krauss, P. (2023) Künstliche Intelligenz und Hirnforschung Neuronale Netze, Deep Learning und die Zukunft der Kognition, Springer Berlin.

237 Siehe oben

nen, wie wir entscheiden. Zweifellos aber haben Individuen die Fähigkeit langfristige Pläne zu machen, diesen zu folgen und Handlungsalternativen gegeneinander abzuwägen.

Bewusstsein und andere Hirnfunktionen sind langsamer als KI, können Komplexität nur in einem geringen Umfang und sequentiell verarbeiten, sind aber viel energieeffizienter

Der große Vorteil des menschlichen Gehirns im Vergleich zu KI liegt im Energieverbrauch, der bei etwa 20 bis 30 Watt pro Stunde liegt. Das ist *sehr viel* im Vergleich zu anderen Organen des Körpers, die ständig in Betrieb sind – selbst die größten Muskeln eines Hochleistungssportlers schaffen es *zusammen* nur kurze Zeit auf Werte über 300 Watt. 30 Watt sind aber sehr wenig im Vergleich zu KI-Systemen, deren Energieverbrauch beim Training und im Betrieb (allerdings für Milliarden von Anfragen wöchentlich) mittlerweile schon den von ganzen Großstädten erreichen kann.[238] Große GPT-Modelle können mehrere tausend Anfragen gleichzeitig bearbeiten, darunter auch Videos und Telefongespräche und innerhalb von Minuten mehr „lernen" als Menschen in ihrem ganzen Leben.

Die Entwicklung eines Gehirns mit einem ständigen Energieverbrauch zwischen 20 Watt als Minimum und 50 Watt als Maximum – auch im Schlaf (das Gehirn schläft nicht, sondern räumt vermutlich Assoziationen auf und um; führt also „notwendige Instandhaltungsarbeiten durch") – war äußerst riskant. Das alle Wirbeltiere schlafen müssen, manchmal allerdings im kuriosen Alignement mit Umweltbedingungen, wie bei Albatrossen, bei denen während Langstrecken-Flügen nur eine Hälfte des Gehirns schlafen kann, während die andere fliegt und navigiert, ist seit langem bekannt. Die Funktionen und Strukturen des Schlafes, sind aber erst in jüngster Zeit genau erforscht worden, bis hin zu Experimenten an bei Hirnoperationen notwendigerweise entnommenen Nervenzellclustern. Klar ist bis jetzt, dass das Gehirn im Schlaf den Zusammenhang von Gefühlshaushalt und Gedächtnis organisiert, verstärkt oder abschwächt. Energieeffizienz in Bezug auf die Schonung des restlichen Körpers oder gar eine Art von Winterschlaf oder -Müdigkeit sind andere Aspekte. Die Gattung Homo hat

238 Ananthaswamy, A. (2023). In AI, is bigger always better? Nature 615, 202-205 (2023) doi: https://doi.org/10.1038/d41586-023-00641-w

den Klimawandel in Afrika und die letzte globale Eiszeit ja nur äußerst knapp überlebt (vgl. Kapitel 2).

Am Ende dieses Textteils wollen wir, wie versprochen, den gegenwärtigen Stand der neurobiologischen Forschung zur Funktionsweise des menschlichen Gehirns, naturwissenschaftlich – experimentell abgesichert, anhand der Begriffe „Computational Brain“ und „Predictive Brain“ sowie der hierfür maßgeblichen neurobiologischen Forschungsansätze von **Dehaene**, **Friston** und **Graziano** zusammenfassend darstellen.[239]

3.11 Computational and Predictive Brain - Lernen und Prognostizieren als Funktionen des menschlichen Gehirns

Wie im vorhergehenden Abschnitt dargestellt, arbeitet das menschliche Gehirn sowohl im Kontakt mit seiner Umwelt als auch mit sich selbst durch Komplexitätsreduktion und Selektivität. Nicht alles wird wahrgenommen und das meiste davon gelangt nicht ins Bewusstsein. Der aktuelle Forschungsstand zur grundlegenden Funktionsweise des Gehirns wird in der Tabelle unten dargestellt. Dabei ist es sinnvoll, spekulative und intuitive Modelle der Gehirntätigkeit, die nicht dem Stand der Forschung entsprechen, von vornherein auszuschließen. Das betrifft unter anderem sämtliche Annahmen über eine menschliche Seele, ein Leben nach dem Tod oder eine Art von Geist im biologischen „Automaten“ Mensch, ebenso wie die intuitiv-spekulativen Modelle der Psychoanalyse nach Freud, Jung und anderen, sowie zuletzt auch die Theorie des Bewusstseins als einem Arbeitsspeicher von Computern vergleichbares System oder auch Spekulationen über die Sinnhaftigkeit des Universums wie sie der Integrated Information Theory zu eigen sind. Aus experimentellen Befunden, wie etwa bei der transkraniellen Magnetstimulation (elektromagnetische Impulse durch die Schädeldecke), die nachweisen, dass sich Hirnaktivität im Tiefschlaf oder bei Komapatien-

239 Friston, K. (2010) The free-energy principle: a unified brain theory? Nature Rev Neuroscience 11, 127–138 (2010). https://doi.org/10.1038/nrn2787. Michael S. A. Graziano, Arvid Guterstam, Branden J. Bio & Andrew I. Wilterson (2020) Toward a standard model of consciousness: Reconciling the attention schema, global workspace, higher-order thought, and illusionist theories, Cognitive Neuropsychology, 37:3-4, 155-172, https://doi.org/10.1080/02643294.2019.1670630. Dehaene, S. (2014) Consciousness and the Brain: Deciphering How the Brain Codes Our Thoughts. Viking. Graziano, M. S.A. (2019) Rethinking Consciousness – a Scientific Theory of Subjective Experience, Princeton NJ

ten nicht oder nur teilweise auf alle Nervenzellcluster auswirkt, lässt sich nicht schließen, dass Bewusstsein nichts anderes als dieser Energiefluss ist.[240]

Im Gegenteil deutet sich an, dass – wie die Forschergruppen um **Stanislas Dehaene**, **Karl J. Friston** und **Michael Graziano** annehmen – das Freisetzen von Energie mit bewussten Funktionen des Gehirns verbunden ist und notwendigerweise einen Ausnahmefall darstellt.[241] Das Bild vom Menschen als vor allem rational und bewusst handelndem Individuum, wie es etwa die Wirtschaftstheorie zeichnet, ist genauso falsch wie das Bild von dunklen Seelenmächten, irrationalen Impulsen und uneingestandenen Sehnsüchten, die unser Handeln treiben. Letzteres ist ebenfalls Allgemeingut und wird in der Werbung gern bemüht, aber in uns tobt kein ständiger Kampf zwischen Bewusstsein und geheimen Wünschen des Unbewussten. Bewusste und unbewusste Hirnfunktionen können in der Regel gar nicht gegeneinander arbeiten. Sie stellen nicht einmal getrennte Sphären dar, wie es die populäre Einteilung vieler Hobbypsychologen in *„Ich", „Es" und „Über-Ich"* suggeriert. Freud selbst, sah darin nur eine Hilfe, bis die Forschung die Funktionsweise des Gehirns realistischer erklären kann.[242] Die Tabelle stellt unten den Stand der gegenwärtigen empirischen Forschung auf der Basis evidenter Befunde dar.[243]

Energieverschwendung durch ständig bewusst gesteuertes Verhalten hätten sich frühe Menschen als Jäger und Sammler ohne die Möglichkeit einfacher Nahrungsbeschaffung aus Überschüssen der Landwirtschaft und später Supermärkten und Kühlschränken niemals leisten können, und der evolutionäre Vorteil des steigenden Hirnvolumens und der Hirnleistungsfähigkeit wäre gemindert oder gar zunichtegemacht worden.

240 Siehe oben
241 Siehe oben Fußnote 3 S. 90
242 Sapolsky, R. M. (2017). Behave: The Biology of Humans at Our Best and Worst. Penguin Press.
243 Siehe Fußnote 3, S. 90

Hirnfunktionen	Phänomenbeschreibung	Dominante Funktionsprinzipien, die den evolutionären Vorteil absichern
Wahrnehmung	Operationen von durch spezielle „Algorithmen“ organisierten Nervenzell-Aktivität zur vorhersagenden Errechnung eines komplexen Models von Umwelt und der eigenen Wirkung einschließlich des Körpers und seiner Bewegungen. (Bewusste Wahrnehmung „Global Workspace Theory“, Forschergruppe um Stanislas Dehaene)	Das Reaffarenz-Prinzip führt zu einer integrierten Situationswahrnehmung des sich verhalten Organismus und der Umwelt. Das Gehirn berücksichtigt die Folgen seiner eigenen (Steuerungs-) Aktivität.
Lernen	Entwicklung und Veränderung von Aktivitätsschemata von Nervenzellen durch Wahrnehmungen und auch nur im Ausnahmefall „bewusst“. Z. B. wenn wir etwas nicht wissen oder können. „Minimize Free Energy“, (Forschergruppe um Karl Friston)	Erreichen von energieoptimaler Hirnaktivität in einer sich verändernden Welt, bizarrer, nicht konvexer Situationen.
Bewusstsein	Spezielles Aufmerksamkeitsschema, das aktiviert wird durch Versagen oder Widersprüche in andauernden, automatischen, impliziten Vorhersagen des Gehirns. („AST Attention Schema Theory“, Forschergruppe um Michael Graziano)	Predictive Mind, der beständige Abgleich zwischen wahrgenommen Situationen und ihrer Vorwegnahme durch implizite Vorhersagen erfolgt automatisch.

Tabelle 5: Gegenwärtiger Stand der neurobiologischen Forschung[244]

244 Mit Fokus auf die Funktionsweise von Wahrnehmung, Lernen und Bewusstsein; eigene Darstellung orientiert an Graziano, Friston und Dehaene. Vgl. Friston, K. (2010) The free-energy principle: a unified brain theory? Nature Rev Neuroscience 11, 127–138 (2010). https://doi.org/10.1038/nrn2787. Michael S. A. Graziano, Arvid Guterstam, Branden J. Bio & Andrew I. Wilterson (2020) Toward a standard model of consciousness: Reconciling the attention schema, global workspace, higher-order thought, and illusionist theories, Cognitive Neuropsychology, 37:3-4, 155-172, https://doi.org/10.1080/02643294.2019.1670630. Dehaene, S. (2014) Consciousness and the Brain: Deciphering

Die Idee von einem dunklen Unbewussten, das aufgeklärt werden müsste, ist ein Mythos der Populärkultur und hält einer kritischen Überprüfung nicht stand. Der Funktionszusammenhang zwischen Bewusstsein als einem skalierbaren Aufmerksamkeitsschema sowie eine Art Workspace mit der Möglichkeit ansonsten nicht mögliche Handlungspläne zu entwickeln ist dagegen ebenso plausibel wie die Annahme, dass unser Gehirn trotzdem fast alles erledigt, ohne dass es uns bewusst wird. Deshalb ist die Vorstellung der Aufklärung, dass bewusstes, analytisches Denken unser Handeln ständig leiten sollte oder könnte irregeleitet; das Gefühl, dass dies viel zu anstrengend wäre, täuscht nicht.

Die neurobiologische Forschung zeigt, dass vor allem automatische Reaktionsmuster, evolutionär entstandene „Algorithmen“, unser Denken und Verhalten regulieren. Das wir unser Bewusstsein ungern anstrengen (wollen?) wird z. B. bei Marketingkommunikation ausgenützt, und zwar mittlerweile vornehmlich auf digitalen Plattformen und gesteuert durch Algorithmen und Datenauswertungen auf der Basis von KI. Das geschieht in Echtzeit, ohne dass wir uns dessen ständig bewusst sein können aufgrund der Schnelligkeitsvorteile von KI.

Ein weiteres bei der Entwicklung von KI zu berücksichtigendes grundlegendes Arbeitsprinzip des Gehirns besteht (neben zeitweise bewusster Aufmerksamkeit) darin, auch die Wirkung seines eigenen Tuns *ständig* zu berücksichtigen – die sogenannte Reafferenz. Das *Computational Brain* rechnet beispielsweise Körperbewegungen aus den Seheindrücken heraus, weshalb wir beim Kopfschütteln oder Fahrradfahren nicht das Gefühl haben, die Welt wackle hin und her. Aus dem gleichen Grund können wir uns nicht selbst kitzeln: Die für das Tastempfinden zuständigen Hirnareale wissen bereits (*Predictive Brain*), dass die Eigenbewegung der Finger für den Sinnesreiz verantwortlich ist, der dann eben nicht mehr überrascht.[245]

Das *Reafferenz-Prinzip* stellt die Entwickler künstlicher Intelligenz bis heute vor große Herausforderungen. Eine Banane in einen Korb zu werfen, ist für Maschinen ein Riesenproblem und bedarf einer ungeheuren Menge sensorisch erfasster Trainingsdaten. Denn dafür müssen visuelle und motorische Informationen ständig miteinander abgeglichen und aktualisiert werden. Dieser hochkomplexe Vorgang läuft bei uns Menschen unbewusst ab. Wenn ein Wurf misslingt, können wir ihn nach einem einzigen Versuch

245 Siehe oben

oft schon deutlich verbessern und schließlich sicher in den Papierkorb treffen.

Dass *Lernen* weitgehend und in der Regel vollständig unbewusst abläuft, ist ebenso kontraintuitiv wie realistisch und notwendig. Ein neugeborenes Kind kann noch fast nichts und lernt im Laufe seiner Entwicklung selbstständig, auch ohne Hilfe von Pädagogen und unglaublich schnell. Soziale Institutionen wie Schulen und Universitäten können damit in keiner Weise mithalten, weil das frühkindliche Lernen nicht den Weg über das Bewusstsein nimmt, sondern dem *„self evolving unsupervised learning"* ähnelt, wie es die fortgeschrittenen Algorithmen der KI-Forschung umsetzen – etwa Alpha Zero, entwickelt von DeepMind oder wie Backpropagation Lernalgorithmen der Generative Pre-Trained Transformer, die mittlerweile multimodal sowohl Texte als auch passende Bilder und Videosequenzen generieren können.

Hinter der *„Attention Schema Theory of Consciousness"* von **Graziano** sowie den Konzepten des *„Predictive Mind"* und des *„Computational Brain"* stehen unter anderem unterschwellige Wahrnehmungen, automatisierte Bewegungen, spontane Assoziationen oder implizites Schlussfolgern. In Laborexperimenten lässt sich zeigen, dass Probanden, die einer Testaufgabe zugrunde liegende Regel bereits erkennen, bevor sie diese verbalisieren können, sich also ihres Wissens bewusst werden. Wie der Neurowissenschaftler **Nicolas Schuck** am Berliner Max-Planck-Institut für Bildungsforschung herausfand, kann man unbewusste Lösungsstrategien sogar an Aktivitätswechseln in bestimmten Teilen des Stirnhirns ablesen – das aber keineswegs der Sitz des Bewusstseins ist. Höhere kognitive Verarbeitungsstufen der Großhirnrinde kommen ohne Bewusstsein aus. Nicht der Kortex, sondern niedere, für Gefühle und Motive zuständige Regionen speisen die bewusste Aufmerksamkeit.[246]

Für die Verfechter der Idee eines unbegrenzt steuerungsfähigen und verantwortliche handelnden, vernünftigen Individuums kommt es sogar noch schlimmer. Déjà-vu Erlebnisse und andere Fehlwahrnehmungen sind zweifelsohne bewusste Erlebnisse, das Bewusstsein kann noch nicht mal sich selbst steuern oder korrigieren. Das Gegenteil ist der Fall, dass Bewusstsein

---

246 Schuck, N.W., Gaschler, R., Wenke, D., Heinzle, J., Haynes, J.-D. & Reverberi, C. (2015) Medial Prefrontal Cortex Predicts Internally Driven Strategy Shifts. Neuron. 86(1), 331-340; Schuck, N.W., Cai, M., Wilson, RC & Niv, Y. (2016) Human orbitofrontal cortex encodes a cognitive map of state space. Neuron. 91(1), 1402-1412.

ist ein Ausnahmemechanismus und kommt regelmäßig zu spät. Wie bereits erläutert ist unsere Wahrnehmung dem Bewusstsein ca. 0,3 Sekunden voraus, die unmittelbare Gegenwart, das Ultrakurzzeitgedächtnis, mit dem wir Wahrnehmungen und Gedanken quasi unverändert im Bewusstsein halten können, erstreckt sich etwa auch nur auf eine Zeitspanne von 3 Sekunden. Als Buchautor und Mensch haben wir ständig damit zu kämpfen, man verliebt sich augenblicklich oder gar nicht oder man kann aber strategisch und opportunistisch vorgehen, und sich aneinander gewöhnen. Anfängliche Verliebtheit hilft, ist aber nicht zwingend notwendig, es geht auch anders und es kann ja eigentlich auch dann noch jederzeit passieren.

Bewusstsein im Sinne von Fähigkeit zur Langzeitplanung ist auch nicht notwendig, um als Individuum zu leben. Robert Sapolsky hat nicht nur durch teilnehmende Beobachtung, sondern durch vergleichende wissenschaftliche Studien nachgewiesen, dass der Neocortex also der evolutionsgeschichtlich zuletzt entwickelte Teil des menschlichen Hirns, der oft „Wulst" genannte Teil des Vorderhirns, keineswegs dafür verantwortlich ist, dass wir Empfindungen und eine diesbezügliche Weltwahrnehmung haben. Tragischerweise ist Sapolskys jüngerer Bruder, wie es in seltenen Fällen auch bei anderen Kindern geschieht ohne Großhirnrinde – bzw. mit Defekten an Genen, die die Entwicklung des Großhirns bei Embryonen steuern – geboren. Er kann aber ein an Empfindungen reiches Leben führen. Menschen ohne den frontalen Neocortex, können Empfindungen haben und ausdrücken, sie haben zweifellos ein bewusstes Erleben, freuen sich, wenn sie einen Vergnügungspark besuchen oder wenn sie Aufmerksamkeit und Zuwendung erfahren und drücken das über Gestik und Mimik sowie auch unmissverständlich in Interaktionen aus.[247]

Anders gelagert sind Fälle bspw. von schwerer Epilepsie, bei denen sich die unkontrollierbare Aktivität auf nahezu eine der beiden Hälften des Großhirns erstreckt. Hier haben Ärzte Kleinkindern Operationen wagen müssen, die kein Jugendlicher oder Erwachsener überleben würde, weil die synaptische Plastizität des Gehirns bereits nach dem vierten Lebensjahr drastisch abnimmt. Eine Hemisphären-Ektomie, also die Entfernung einer Hälfte des gesamten Großhirns wäre nach diesem Alter nicht mehr zu überleben oder hätte zu schwere Schädigungen zur Folge. Die jüngeren Kinder dagegen überleben nicht nur einen derart drastischen Eingriff am

---

247 Sapolsky, R. M. (2017). Behave: The Biology of Humans at Our Best and Worst. Penguin Press

Gehirn, die verbliebene Hälfte des Großhirns schafft es sogar sich so umzuorganisieren, so dass in den meisten Fällen nur geringfüge dauerhafte Defizite, wie manchmal eine weniger gute Feinsteuerung der Motorik einer Körperhälfte bleiben.[248]

3.12 Zwei Experimente mit Ihrem Gehirn

Das individuelle Bewusstsein und vor allem die diesem nicht zugänglichen Funktionen des Gehirns ermöglichen trotzdem erstaunliches, nämlich das Funktionieren der globalen Gegenwartsgesellschaft und sozialer Systeme. Angefangen bei den Interaktionen des Alltagslebens bis hin zu komplexen Funktionssystemen wie Wirtschaft und Politik. Um das zu in der gebotenen Kürze und Einfachheit zu plausibilisieren, machen wir mit Ihnen jetzt gleich zwei Experimente zu den Theorien des Computational und Predictive Brains.

(1) Experiment zum Computational Brain

Sie wissen bereits, Ihre Augen sind nicht ihr Fenster zur Wirklichkeit, sondern Sensoren, die das einfallende Licht nach vordefinierten Schemata wahrnehmen. Der Funktionsweise der Sehzellen auf ihrer Netzhaut an der Augenrückseite, produzieren Informationen über Farben und Helligkeit, Linien von Formen und Schattenrisse. Je nach Lichteinfall über die Linse und das Auge werden Erregungszuständen einzelner, spezialisierter Nervenzellen als Informationen an die Sehnerven und das vielfach geschichtete Sehzentrum der im Hinterkopf gelegenen Okzipitallappen ihrer Großhirnrinde („Sehrinde“) weitergeleitet. Dort wird ein *Bild errechnet*, das in andere Hirnregionen weiterverarbeitet und automatisch bewertet wird, nur im Ausnahmefall ein Bild auch bewusst wahrgenommen.

Dass das nicht immer „richtig“ geschieht, ist verblüffend, lässt sich aber durch eine Vielzahl von *optischen Täuschungen* beweisen. Besonders beliebt sind Vexierbilder, die beispielsweise je nach Interpretation die Schattenumrisse zweier Köpfe oder zweier nebeneinanderstehender Pokale zeigen. Was sie nicht können, ist *bewusst* beides *gleichzeitig* zu sehen. Wir wissen ja bereits, dass ihr Bewusstsein ca. 0,3 Sekunden braucht, um umzuschalten,

248 Eagleman, D. (2015). The Brain: The Story of You. Canongate Books.

sie können sich also nie gleichzeitig und doppelt täuschen. Noch beindruckender als Tests mit Vexierbildern ist das *Adelson Paradox*, weil wir daraus etwas über uns als Menschen lernen können. Sie, Ihr Gehirn und ihr Ich-Bewusstsein sind ein Produkt der biologischen Evolution. Menschen sind Säugetiere, die vor allem tagsüber aktiv sind (was sich allerdings geändert hat, Vergnügungsviertel in Metropolen sind nachts fast taghell, dass allerdings erst seit einem kurzen Zeitraum in der Menschheitsgeschichte); in Cocktailbars ist das Licht dann wieder gedimmt.

Die biologischen, analogen Algorithmen, also die Rechenanweisungen, denen die *„Nervenzellen"* der Sehrinde folgen, haben sich über tausende von Generationen so entwickelt, das Schattenwürfe von Objekten in Bezug auf eine Lichtquelle automatisch und ohne Möglichkeit des Zutuns des Bewusstseins dazu dienen, Positionen von Objekten, Pflanzen, Tieren und anderen Menschen abzuschätzen. Statt als Cluster von aktivierten grauen Zellen in verschiedenen Hirnregionen können Sie sich Ihr Bewusstsein auch als ein dunkles Theater vorstellen, indem die Aktivitäten von automatisch ausgewählten Nervenzellclustern sichtbar werden. Hört sich verrückt an? Keineswegs! An der sogenannten Checker Shadow Illusion, von Edward H. Adelson 1995 publiziert und zur lizenzfreien Verbreitung in anderen Publikationen freigegeben, lässt sich zeigen, dass die Theorie des Computational Brains richtig ist.

Abbildung 13: Checker Shadow Illusion Edward Adelson 1995[249]

Das Bild zeigt ein Schachbrettmuster mit hellen und dunklen Feldern, das teilweise von einem anderen Objekt beschattet wird. Die optische

249 Perceptual Science Group (2024) @ MIT https://persci.mit.edu/gallery/checkershadow retrieved 19.12.2024 ©1995, Edward H. Adelson. These checkershadow images may be reproduced and distributed freely. https://creativecommons.org/licenses/by-sa/4.0/

Täuschung besteht darin, dass der Bereich mit der Bezeichnung A dunkler erscheint als der Bereich mit der Bezeichnung B. Tatsächlich haben sie jedoch innerhalb des zweidimensionalen Bildkontexts dieselbe Helligkeit, d. h., sie würden mit identischen Tintenmischungen gedruckt oder auf einem Bildschirm mit Pixeln gleicher Farbe dargestellt werden. Das können Sie mit einem technischen Gerät, an ihrem Buch oder einer Color Picker Software an ihrem Bildschirm testen. Nur *sehen* Sie das anders, der in die zweite Abbildung *rechts* eingefügte Balken, hilft Ihnen den Irrtum ihres Gehirns auch ohne Color Picker Software zu erkennen, die Felder A und B sind tatsächlich beide (gleich) grau und nicht, wie sie in der Abbildung *links* sehen, dunkelgrau und fast weiß. Ohne dass Sie das bewusst spüren, haben wir Ihnen die Tätigkeit des Gehirns *gezeigt.* Und auch, wenn Sie jetzt wissen, dass Sie sich irren, können Sie nichts anderes sehen oder das, was Sie falsch sehen, durch Bewusstsein korrigieren!

(2) Experiment zum Predictive Brain

Das zweite Experiment ist eine Art unmittelbarer Nachweis für die ständige Vorhersagetätigkeit Ihres Gehirns, die Sie auch nicht so einfach umgehen können. Das macht die Tätigkeit eines Lektors sehr anstrengend, er muss Fehler finden, die das Gehirn weitgehend automatisch korrigiert (um Bewusstsein zu sparen – Sie wissen schon Homoöstase, Energieeffizienz). Um das für Sie bewusst erlebbar zu machen haben wir im nächsten Satz viele Fehler eingebaut:

> „ieS önnken desei atzS nud desei Wtröer vtlolmotisaucah eitfnefrzn."

Um das dahinterstehende Rätsel aufzulösen, Sie lesen nahezu mühelos und richtig, ohne dass Sie, wie ein Geheimagent beim Dechiffrieren einer Botschaft, bewusst versuchen müssen, eine Tabelle zum Dekodieren der Botschaft zu erstellen. Das Gehirn macht ständig Vorhersagen darüber, was als Nächstes passiert, und nutzt dazu eine Rechenleistung, die um Zehnerpotenzen größer ist als die kümmerliche Leistungsfähigkeit, des schlecht beleuchteten, dunklen (Bewusstseins-)Theaters in Ihrem Kopf, mit dem Sie sich identisch fühlen. Das Gehirn ist dem Bewusstsein beim Lesen immer mindestens um einen Augenblick, 0,3 Sekunden und bei Langeweile bis zu 3 Sekunden voraus. Sie könnten nicht so schnell lesen, wie Sie es können, wenn dem nicht so wäre.[250]

Chinesen und Japaner, die keine Zeichenfolgen als Buchstaben eines Alphabets (mit nur einer kleinen Anzahl von Zeichen) entziffern müssen, sondern symbolhaft verdichtete Bildfolgen, können daher schneller lesen. Müssen aber, sowohl die Zeichen, ihre verschiedenen Bedeutungen als auch deren Aussprache zuvor auswendig lernen und trainieren. Im Chinesischen hängt die Bedeutung zudem von der Modulation der Stimmhöhe während des Sprechens ab. Im Japanischen, das generell viel leichter zu sprechen ist und bis auf die teilweise Verwendung von Schriftzeichen aus der Tang Dynastie kaum Ähnlichkeiten mit dem Chinesischen hat, hat die Stimmhöhe mit der gesprochen wird, die Funktion, den sozialen Status des Sprechers den Zuhörern anzuzeigen. Je tiefer und je leiser, umso bedeutender sind Sprecher und das gesagte. Kein Wunder, dass sie in Schnellrestaurants eher ein Mickey-Mouse artiger Singsang zu hören bekommen und ein Ojabun der Yakuza, Clan-Chef in der organisierten Kriminalität, wenigstens in Drama-Serien, stets mit tiefer und leiser Stimme spricht. Damit sollte klar sein, warum Sprache in beiden Ländern auch in der Gegenwart noch ein guter Indikator für das Bildungsniveau des Sprechers ist. Je früher sie mit dem Training anfangen, umso mehr Zeichen können sie lernen und danach quasi automatisch lesen. Bei mehr als 50.000 Zeichen müssen sie früh anfangen. Durchschnittlich gebildete Chinesen beherrschen circa 3.500 bis 4.000 Zeichen, Kultur- und Sprachwissenschaftler über 10.0000. Hochgebildete Japaner zwischen 5.000 und 8.000 der eigentlich chinesischen Kanji Zeichen und zwei weitere Zeichensysteme, alternative Silbenschriften, Hiragana und Katakana, die zum Schreiben der japanischen Sprache notwendig sind.[251] Das Erlernen beider Sprachen setzt ausreichende synaptische Plastizität voraus, wenn man erst im jungen Erwachsenenalter damit anfängt, wird es sehr schwer.

---

250 Pöppel, E. (2006). Der Rahmen: Ein Blick des Gehirns auf unser Ich. München: Carl Hanser Verlag.

251 State Language Commission of the People's Republic of China. (2013). Tongyong Guifan Hanzi Biao [List of generally used normative Chinese characters]. Ministry of Education of the People's Republic of China. Bunkachō. (2010). Jōyō Kanji Hyō [List of commonly used Chinese characters]. Ministry of Education, Culture, Sports, Science and Technology (MEXT). https://www.bunka.go.jp/seisaku/bunkashingikai/kokugo/hokoku/pdf/joyo_kanji_tosyo_20101130.pdf

4 Entkopplung von Intelligenz und menschlichem Bewusstsein: Wie funktionieren KI und Lernende Maschinen?

„Wie in allem, was wir tun, sind wir lediglich Kreaturen – fehlgeleitet, unglücklich, unaufrichtig und zum Tode verurteilt." *Blaise Pascal, 1670*[252]

„Solche analogen neuralen Netze sind, genau wie wir Menschen, nicht klonbar. Wenn Energie durch die künstlichen Neuronen fließt, treten unvermeidbare kleine Schwankungen auf. Am Ende kommt so auch bei zwei gleichen Operationen etwas leicht anderes heraus. Bei neuralen Netzen, die auf digitaler Hardware laufen, ist das Ergebnis immer dasselbe. Damit sind sie reproduzierbar – und mächtiger." *Geoffrey Hinton, 2024*[253]

4.1 Warum Sie Kapitel 4 lesen sollten

Wir gehen davon aus, dass Sie aufgrund der Lektüre der Kapitel 1 bis 3 den zum Verständnis des immer schwieriger werdenden Inhalts dieses kleinen Buches notwendigen *Kontext* bereits erfasst haben, also vergleichbar einem der Großen Sprachmodelle, LLMs wie Chat GPT vortrainiert (Pre-Trained) sind. Wir geben uns aber trotzdem Mühe, Sie nicht zu unter- oder überfordern! Auf jeden Fall werden wir Ihnen mathematische Formeln und deren Herleitung größtenteils ersparen, einfach weil der Anteil der Leser, welche davon profitieren könnten, zu gering ist. Vermutlich werden wir einiges dazu und zur laufenden Weiterentwicklung von KI im Zusammenhang mit Wirtschaft und Gesellschaft, im Verlaufe der Zeit nach Veröffentlichung dieses Buches, auf einer begleitenden Autorenwebsite posten.[254] Was wir aber im Folgenden hier tun werden, ist Ihnen zu erklären, was ein Algorithmus

---

252 Pascal, B. (2008). Pensées (R. Ariew, Trans.). Hackett Publishing. (Original work published 1670)

253 Book, S. (2024) Wir sollten sehr ängstlich sein. Interview mit Geoffrey Hinton. Ein SPIEGEL-Gespräch von Simon Book 14.09.2024, 12.48 Uhr • aus DER SPIEGEL 38/2024 https://www.spiegel.de/netzwelt/web/ki-erfinder-geoffrey-hinton-ultimativ-droht-die-ausloeschung-der-menschheit-a-b4eebf6a-d10c-4f7d-8994-c145dae6f9c7?sara_ref=re-xx-cp-sh

254 Sie können diese erreichen unter: Frank H. (Prof. Dr.) Witt | LinkedIn

ist und warum Intelligenz, die auf Rechenanweisungen (also Algorithmen) beruht, zwei entscheidende Vorteile hat.

1. KI ist, zumindest theoretisch, unendlich skalierbar, praktisch bestehen zurzeit noch Grenzen, die sich aber verschieben lassen werden. Dass die Trainingsdaten auszugehen drohen und dass deshalb GPTs mit steigender Modellgröße, also Zahl der simulierten Synapsen nicht zwangsläufig leistungsfähiger werden, ist kein valides Argument. Jedenfalls ist die Erwartung von „Peak Data", in Analogie zu Peak Oil der Tag an dem sich die Erdölfördermenge nicht mehr vergrößern lässt, weil die Lagerstätten notwendiger Weise, genau wie das Internet und alle gespeicherten Daten, endlich sind, eine schlechte Analogie. Das gilt auch für den Einwand, dass es sich bei der bisher an der weitesten entwickelten Form von KI, den GPTs bzw. LLMs nur um „stochastische Papageien" handele und dass eine substantielle Weiterentwicklung auch in qualitativer Hinsicht nicht zu erwarten ist.
2. KI ist biologischer Intelligenz als Funktion komplexer Nervensysteme auch in den nachrangigen Formen von in der Evolution erst spät entwickelten individuellen Bewusstseins und menschlichem Bewusstsein potenziell und in vielerlei Hinsicht jetzt schon überlegen, weil – siehe oben unter dem ersten Punkt – skalier- und klonbar bzw. 1 zu 1 reproduzierbar. KI ist „nur" Software bzw. Daten und Algorithmus und daher unsterblich, Hardware kann physikalisch altern, schadhaft und zerstört werden, aber Algorithmen und Daten können „weiterleben", wenn sie auf neue und funktionstüchtige Hardware überspielt werden. Danach sind sie exakt gleich oder das Original identisch mit jeder Kopie.

Ilya Sutskever, nach Bekunden von **Geoffrey Hinton** einer seiner begabtesten Studenten, Mitgründer und Aussteiger bei OpenAI sowie jetzt CEO des Start-Ups SSI (Safe Super-intelligence, Palo Alto, Tel Aviv) hat KI-Fachkonferenz NeurIPS 2024 vorausgesagt, dass ähnlich wie beim Erdöl der Peak auch bei den Möglichkeiten des Pre-Trainings von GPTs erreicht sein könnte. Aber wir fassen seinen Vortrag,[255] den wir online verfolgen konnten weiter zusammen: Das Internet ist nicht unendlich und die meisten Informationen, besonders die über KI sind Fiktion, Schwachsinn oder Opportunismus im Hinblick auf kommerzielle Interessen. Ist also zu erwarten,

255 Sutskever, I. (2024, December). Sequence to Sequence Learning with Neural Networks: What a Decade. Vortrag präsentiert auf der NeurIPS-Konferenz, Vancouver, Kanada.

dass sich KI, die sozialen Medien und die moderne Gegenwartsgesellschaft in eine verderbliche Abwärtsspirale begeben und (weiter?) degenerieren wird?

Weit gefehlt, auch **Sutskever** malt das „Ende der Welt der KI" nur an die Wand, um einen Ausweg anbieten zu können:

> „Die aktuellen Systeme sind nur in sehr geringem Maße ‚agentisch', aber das wird sich ändern."

Künftige KI-Agenten werden seiner Einschätzung nach tatsächlich eigenständig denken und schlussfolgern können, aber:

> „Je mehr ein System denkt, desto weniger vorhersagbar wird es."[256]

Sutskever bezieht sich bei seiner Warnung auf KI nach dem Muster von DeepMinds AlphaZero, die bspw. das Go Spiel, für das sich kaum Gewinnstrategien und Bibliotheken für Eröffnungen und Endspiele wie beim Schach formulieren lassen, selbst und ohne menschliche Kontrolle erlernen konnte. AlphaGo gewinnt immer, auch im Wettbewerb, bei der Vorhersage, wie Gene und räumliche Strukturen bei Proteinen zusammenhängen. Die beiden Haupteinwände gegen KI, die häufig vorgebracht werden:

1. KIs seien nur „stochastische Papageien" die selbst nichts wirklich wissen, sondern lediglich nachplappern und raten,
2. sowie der Einwand, dass KI nicht mehr viel besserwerden kann, weil die Trainingsdaten auszugehen drohen,

sind unzutreffend und zeugen von einem fundamentalen Missverständnis. In Kapitel 3 haben wir ihnen ja den Stand der empirischen Neurowissenschaften zur Funktionsweise des Gehirns gezeigt, was sich zeigte war, dass das Gehirn *auch* eine stochastische Maschine ist bzw. dass seine wesentlichen kognitiven Funktionen sich so beschreiben und erklären lassen. Wir, auch **Sutskever** und **Hinton**, **Le Cun** u. a. erwarten bald auch physische KI-Agenten in Kriegszonen oder auch in großen Metropolen zu sehen, die Absichten von Menschen erkennen und dabei helfen oder die Ausführung unterbinden könnten. Das KIs viel bessere Ärzte, Chirurgen und Sachbearbeiter sein könnten ist gut möglich. Aber das ist Thema von Kapitel 5.

Wenn intellektuelle Schlangenölverkäufer ihnen aber auch noch versprechen, Sie könnten (gegen Gebühr) auch unsterblich werden, indem sie Ihren

---

256 Siehe oben

gesamten Körper oder kostengünstiger nur ihren Kopf bei Temperaturen nahe dem absoluten 0-Punkt von minus 273 Grad Kelvin einfrieren lassen, ist das aber genauso wenig wahrscheinlich, wie dass Sie ihr Bewusstsein auf eine KI übertragen oder in eine Cloud hochladen können. Es wird aller Voraussicht nach niemals dasselbe sein, wie Sie *selbst*. Biologische Intelligenz ist untrennbar mit biologischer „Hardware" verbunden und prinzipiell sterblich. Das heißt aber nicht, dass die Medizin nicht mit Hilfe von KI eines Tages das Altern aufhalten kann, aber das wird Sie jedenfalls nicht in die Unendlichkeit führen.

Um Ihnen die zwei oben ausgeführten Thesen näher zu erläutern können, können wir Ihnen nicht die gesamte Geschichte der künstlichen Intelligenz, dazu noch in interessanter, unterhaltsamer Form aufschreiben. Wir müssen uns kurzfassen. In seinem Artikel *„A (very) brief history of artificial intelligence"*[257] führt **Bruce G. Buchanan** die Anfänge der künstlichen Intelligenz auf Philosophie, Fiktion und frühe Entdeckungen und Erfindungen aus dem Kontext der Computerwissenschaft, der Elektronik, der Ingenieurwissenschaften und vielerlei andere Gebiete der Forschung zurück. Seine Darstellung reicht dabei zurück bis in die griechische und jüdische Mythologie.

Die Phantasien zu künstlichen Wesen oder menschenähnlichen oder sogar dem Menschen überlegenen Maschinen reichen mindestens ebenso weit zurück, wie die Geschichte der Rechenhilfen und Rechenmaschinen etwa in der Form eines Abakus oder von auf Schnüren aufgereihten Kugeln. Bei Mensch-Maschinen geht es um Schöpfung, ob ein Demiurg oder ein Schöpfergott ein bewusstes Wesen erschafft oder Mary Shelleys Dr. Frankenstein ist im Grunde sehr ähnlich. Shelley beschreibt in ihrem Roman das von Dr. Frankenstein geschaffene Monster sehr menschlich und emotional. Es ist allerdings ungefähr 2,40 m groß. Daran können sie schon sehen, dass die Trainingsdaten für lernende Maschinen niemals ausgehen werden, auch Fiktionen enthalten Informationen, das gesamte Universum besteht quasi aus Daten, die fiktionalen Daten und Ideen gehören dazu.

Wir können und wollen da aber nicht mitwirken, uns geht es in diesem Band nur um die Praxis der globalen Gegenwartsgesellschaft und Hinweise

---

257 Empfehlenswert zum Erwerb von Grundlagen der Anwendung Künstlicher Intelligenz ist der frei zugängliche Online-Kurs der Europäischen Union https://www.elementsofai.com/ zur Verbesserung beruflicher Grundqualifikationen in diesem Bereich. Federführend die University of Helsinki, Finnland.

darauf, wie sie sich auf Sicht von 10 Jahren mit KI verändern *könnte oder sollte.* KI stellt in der Evolution und Geschichte der Menschheit eine *kumulative Innovation* dar und ist anlog zur Herausbildung intelligenter und kultur- und kommunikationsfähiger Homininen als eine Verzweigung, oder Bifurkation zu beschreiben. KI ist eine völlig andersartige „Technologie" als „Leben", deren Entwicklung durch Menschen nur möglich wurde, weil sich parallel eine radikal andersartige Philosophie und Beschreibung der Funktionsweise von Wirtschaft und Gesellschaft entwickelte.

4.2 KI als kumulative Innovation

Eine Aufgabe, die wir in den folgenden Abschnitten zuerst erledigen werden, ist kurz darzustellen welcher Umbruch in der Natur und Geisteswissenschaften im Übergang vom 19. Zum 20 Jahrhundert stattgefunden hat, *ohne* dass dies Eingang in das Allgemeinwissen gefunden hat. Die Principia Mathematica Naturalis von **Isaac Newton** wurden zum nur annäherungsweise geltenden Sonderfall innerhalb der modernen Physik, andere diese ersetzenden Theorien gehören nicht zum klassischen Bildungskanon. Der Philosoph **Ludwig Wittgenstein**, bis heute von der breiten Öffentlichkeit und vielen Fachkollegen ebenso unverstanden, wie die hochkomplexen Theorien der modernen Physik unterzog die *Vorstellungen über Bewusstsein, Sprache und Gesellschaft* aus dem 19 Jahrhundert, die bis heute als unmittelbar plausibel gelten, einer grundlegenden *Kritik.* Die Richtigkeit dieser Kritik lässt sich erst mit Anwendungen von KI in der Gegenwart zeigen.

Die *zweite* wichtige Aufgabe für uns ist verständlich zu machen, was ein *Algorithmus* ist, insbesondere der sogenannte Backpropagation Lernalgorithmus und seine Anwendung in Boltzmann-Maschinen. Eine Idee und eine technologische Umsetzung, die **Geoffrey Hinton** und **Terry Sejnowski** bereits 1983 erläutert bzw. angekündigt haben und in dem Band von Rumelhard, McClelland & the PDP Research Group 1986 besser erklärt haben. 1986 erfolgte auch der Durchbruch des Konzepts des „Deep Learning" über Software in der Form komplexe neurale Netzwerke durch- oder mit der aufsehenerregenden Veröffentlichung von **Rumelhard**, **Hinton** und **Williams** in der Zeitschrift *Nature.* Um die Originalliteratur[258] nachvollzie-

258 Hinton, G. E., & Sejnowski, T. J. (1983). Optimal perceptual inference. Proceedings of the IEEE Conference on Computer Vision and Pattern Recognition. Rumelhart, D. E., McClelland, J. L., & the PDP Research Group. (1986). Parallel distributed processing:

hen zu können, bräuchten sie ein exzellentes Wissen über den (damaligen und am besten auch) heutigen Stand der Neurobiologie, der Physik und Mathematik.

Wir sowie auch **Terry Sejnowski** mit seiner sehr empfehlenswerten Darstellung in „The Deep Learning Revolution" wollen es ihnen mit einer eher narrativen, mit ein paar einfachen Abbildungen versehenen, Darstellung leichter machen. Wir wollen auch nicht darauf verzichten, drittens, die *Grundlegende Idee zu KI* in der Form von GPTs, die von einigen wissenschaftlichen Mitarbeitern von Google / Alphabet 2017 als Open Access Literatur in dem Online Archiv arXiv veröffentlicht wurde darzustellen: „Attention is all you need. Advances in Neural Information Processing Systems."[259] Dazu werden uns der Hilfe der im Hinblick auf „Reasoning" (Vernunft und Erklärung) am weitesten entwickelten Version von ChatGPT bedienen. ChatGPTo3 ist bisher nur als Preview für ausgesuchte Forscher verfügbar. Wir bitten diese KI am Schluss von Kapitel 4 durch Bildung einfacher Analogien zu erklären, wie sie funktioniert.

Zunächst aber sind die ersten und wichtigsten Adressen, um ein hinreichendes Verständnis der Ähnlichkeit von KI und skalierbaren (nicht mehr biologisch limitierten) Gehirnen zu entwickeln, Personen, die mit den Schriften des wohl bedeutendsten Philosophen des 20 Jahrhunderts **Ludwig Wittgenstein** und des herausragenden Computer Wissenschaftlers **Alan Turing**, in Verbindung stehen. Beide kennen Sie schon aus dem vorhergehenden Teil dieses Textes. Wie **Terry Sejnowski** in dem Band *„The Deep Learning Revolution"* versuchen wir hier über *Personengeschichte*, also die Darstellung von Personen und der Beziehungen zwischen diesen, Wissen zu veranschaulichen und zu vermitteln. Klar sollte auch sein, dass der Beitrag, den **Sejnowski** zur Entwicklung von KI zusammen mit **Hinton** selbst geleistet hat, enorm ist. Wir sind hier lediglich Chronisten einer *kumulativen Innovation*. Unser Beitrag besteht mehr oder weniger *nur* darin, diese verständlich zu machen.

Explorations in the microstructure of cognition. Volume 1: Foundations. MIT Press. Rumelhart, D. E., Hinton, G. E., & Williams, R. J. (1986). Learning representations by back-propagating errors. Nature, 323(6088), 533–536. https://doi.org/10.1038/323533a0 Sejnowski, T. J. (2018). The deep learning revolution. MIT Press. Vaswani, A., Shazeer, N., Parmar, N., Uszkoreit, J., Jones, L., Gomez, A. N., Kaiser, Ł., & Polosukhin, I. (2017). Attention is all you need. Advances in Neural Information Processing Systems, 30. arXiv preprint arXiv:1706.03762. https://arxiv.org/abs/1706.03762

259 Siehe oben

4.3 Wittgenstein und Turing: KI ist dem Menschen ähnlicher als Computern

Alan Turing und **Ludwig Wittgenstein** lernten sich, wie bei **Ludwig Wittgenstein** üblich, durch eine intensive intellektuelle Auseinandersetzung erst *richtig* kennen. 1938 /39 besuchte **Turing** am Trinity College der University of Cambridge Vorlesungen und Seminare über die Grundlagen von Mathematik und Logik bei **Wittgenstein.**[260] Wir wissen das genau, weil darüber Mitschriften der Seminare vorliegen; **Turing** war nach offenem Streit in den Seminaren von den Thesen **Wittgensteins** offenbar so beeindruckt, dass er später 1948 und 1950 dessen Grundgedanken mit der Formulierung eines Forschungsprogramms zur Entwicklung künstlicher Intelligenz und damit einer neuen Art von Computer deren Vorbild biologische Intelligenz und damit *Autopoiese (selbst lernen)* eben nicht *Allopoiese (programmieren und speichern)* aufnahm und verbreitete. Dazu formulieren wir in Ergänzung zu den zwei Thesen oben, eine dritte These:

3. Intelligenz, so hatte **Turing Wittgenstein** *verstanden*, entsteht und verbessert sich durch Lernen von selbst und nicht dadurch, dass ein anderer sie erschafft, einem Lebewesen einen Geist einhaucht oder einen Computer mit einer Kette von Programmbefehlen entsprechend den Regeln formaler Logik programmiert. Letzteres führt zu nichts, was Intelligenz – als der Fähigkeit selbst Probleme zu erkennen und zu lösen – ähnelt. Computer in der von Turing und später von dem Mathematiker **John von Neumann** allgemeingültig beschrieben Architektur der Turing-Maschinen, sind zwar Universalmaschinen, sie können jede (mechanische) Maschine u. a. die Maschine die die Funksprüche des Kommandos der deutschen U-Bootflotte im zweiten Weltkrieg imitieren (wenn die Kapazität zu Berechnungen und der Speicher ausreichen), aber sie denken nicht und die können Sprache auch nicht besser verstehen als eine mechanische Schreibmaschine, die sie selbstverständlich, wie jeder Computer mit Tastatur, auch imitieren können.

260 Wittgenstein, L. (1976). Lectures on the Foundations of Mathematics: Cambridge, 1939 (C. Diamond, Ed.). Cornell University Press. Notizen von Wittgenstein, Turing und anderen zu den genannten Vorlesungen.

4.4 Algorithmen, wissenschaftlicher und technischer Fortschritt

Wenn wir im Folgenden den Namen berühmter Forscher und Entdecker Errungenschaften und Wirkungen zuordnen, dann ist das, im Vergleich zu den drei einfachen von **Isaac Newton** erkannten Naturgesetzen, die der Bewegung ausgedehnter (wie wir jetzt wissen, hinreichend ausgedehnter und massereicher Körper) im Universum zugrunde liegen, überaus trivial, weil fast alle das tun. Notwendigerweise fungieren Individuen und ihre Namen als Adressen in Kommunikationsprozessen. Gleich, ob in bestimmter Form oder in unbestimmter Form, unwahrscheinlich, dass ich oder wir („wir" im Sinne der weiteren nicht auf der Titelseite genannten Personen, ohne die dieser Text *so* nicht entstanden wäre) Sie kennen, auch wenn wir manchmal *so tun*, als ob.

Die Personenadresse **Isaac Newton** sticht aus dem Dunkel der Geschichte kumulativer Innovation der Menschheit heraus, weil zu seiner Zeit so gut wie niemand öffentlich behauptete, was er behauptete und die Richtigkeit dieser Behauptungen durch Berechnungen, mit denen die beobachtbaren Bewegungen von Körpern vorhergesagt werden konnten, *zeigen* konnte. Ausgenommen von der Allgemeingültigkeit von **Newtons** *Principia Mathematica Naturalis* sind, wie wir heute wissen, sehr große und sehr kleine Entitäten (wie Galaxien, Sternennebel, Schwarze Löcher) und das Universum insgesamt, sowie allerkleinste Partikel. Beispielsweise Lichtteilchen, Photonen, die paradoxerweise auch Wellen sind, sowie auch noch andere, sehr kleine subatomare Teilchen, Energie und Strahlung. Es ist wichtig, dazu für ein „richtiges Verständnis" des gesamten hier vorgelegten Textes, eine vierte These festzuhalten:

4. Die Principia *Mathematica Naturalis* beschreiben nur die beobachtbare Welt in einer sinnvollen, einfach zu verstehenden Form. Die Welt, Sachverhalte und Prozesse erscheinen dann *„konvex"* also mathematisch einfach zu beschreiben vorherzusagen und zu optimieren. Wirklichkeit in einem umfassenden Sinn dagegen ist anders als das Newtonsche Modell, nämlich *„bizarr"*, komplex und nicht einfach zu berechnen, nicht eindeutig bestimmbar und basiert auf Zufällen und Wahrscheinlichkeiten. Nichts, was wir wahrnehmen können, ist gegeben oder so, wie es uns erscheint.

Konvexität können Sie sich als Form einer Salatschüssel vorstellen, wenn sie eine Kugel hineingleiten lassen, wird diese Kugel eine Weile in der Schüssel hin und her pendeln und schließlich am Boden der Schüssel zur Ruhe kommen. Verantwortlich dafür sind die wirkende Schwerkraft, sowie Reibungskräfte zwischen Schüssel und Kugel, sowie der Luftwiderstand. Die Kugel kommt auf einem *niedrigeren Energieniveau* als zuvor zur Ruhe. Sie sollten sich schon jetzt merken, *der große Vorteil des Gehirns und künstlicher Intelligenz ist, dass sie auf der Grundlage von Naturgesetzten funktionieren*, nicht auf der Grundlage bewusst ausgedachter Programme. Das Prinzip, das wirkt, ist genau das gleiche wie bei der Kugel, eine Kostenfunktion, *Energie wird minimiert und dadurch wird ein neues Optimum erreicht.*

Zur Zeit **Newtons** schien es nur *zwei Ausnahmen* zu geben: *Menschen* und menschliche Seelen und *Tiere* oder auch „Beast Machines" also Gegenstände, die sich selbst bewegen können, um ihre Bedürfnisse zu befriedigen.

So jedenfalls sahen Wissenschaftler den Menschen, Tiere, sich selbst, die Gesellschaft und Beschreibungen derselben. Auch heute noch definiert das Bürgerliche Gesetzbuch jedes Tier, außer den Menschen als Sache, an der zum bspw. Eigentumsrechte erworben werden können. Bei Personen ist das (mittlerweile und meistens) anders geworden. Sklaverei ist illegal, abhängige Beschäftigung existiert nur noch in einem genau definierten Verhältnis und setzt (zumindest als Fiktion) freie, willentliche Entscheidungen voraus. Dennoch spricht man in der Praxis von Human Resources, die durch Management effizient einzusetzen sind. Damit hat sich an der mit abhängiger Arbeit verbundenen Mühsal, Plage und Demütigung des Individuums im Vergleich zur Sklaverei nicht so viel verändert, wie manche glauben mögen. Wir denken da nicht nur an migrantische Hausangestellte, deren Pässe von ihren Dienstherren einbehalten werden und diesen damit fast wehrlos ausgeliefert sind, sondern auch daran, dass Erwerbsarbeit und Berufskarrieren für viele (noch) der Ankerpunkt (Sinn) ihrer Lebensplanung sind.

In Bezug auf das *mechanische Weltbild* konsequent, begann eine *sektiererische* Gruppe von Wissenschaftlern sich im 18. Jh. sich an den Modellen und Gleichgewichtsbedingungen der Mechanik zu orientieren. Die Grundlage der Wirtschaftswissenschaften und der politischen Ökonomie sind *Kategorienfehler*, nämlich die Welt so zu beschreiben, wie man wünscht, dass sie funktioniere und das nicht mit Bezug auf den Erkenntnisfortschritt, etwa in den Naturwissenschaften, zu hinterfragen. Zusammen mit (zu) einfacher Mathematik und kruden Vorstellungen von Ethik sowie der Funktionsweise von Individuen und ihren Gehirnen wächst das Unverständnis von Wirtschaft und Gesellschaft stetig. Aber das spielte für die institutionalisierten Wirtschaftswissenschaften kaum eine Rolle, denn wie wissenschaftlicher und technologischer Fortschritt ist auch gesellschaftlicher Wandel ein *externer Faktor* und überrascht Berater, Gutachter und Sachverständigenräte immer wieder. Der vor allem von intellektuellen Wutbürgern gefeierte französische Großschriftsteller, Michel Houellebecq, zeigt das auf ironische und unterhaltsame Weise, indem er die Welt als Supermarkt beschreibt und auch sonst feststellte: „Ökonom ist derjenige, der stets in der Lage ist, ex post zu erklären, warum er sich einmal mehr geirrt hat. Die Wirtschaftswissenschaft, die als Fach mit einer Wissenschaft lediglich den Namen teilt und mit der Rationalität lediglich deren Widersprüche, wird sich einst als unglaubwürdige ideologische Scharlatanerie offenbart haben, die zugleich auch als Moral einer Epoche diente."[261]

Vom hier durchscheinenden Vorwurf der Scharlatanerie, nehmen wir aus: Verwandte und Bekannte, sowie wirklich große Ökonomen, wie bspw. **John Maynard Keynes**, übrigens ein Studienfreund Wittgensteins, **Joseph Alois Schumpeter** und auch einige andere wie **Paul Anthony Samuelson** oder die Träger des Alfred Nobel Gedächtnispreises der Schwedischen Reichsbank im Jahr 2024, **Darron Acemoglu**, **Simon Johnson** und **James A. Robinson** sowie viele andere, die auch an der Realgeschichte orientiert und eher interdisziplinär argumentieren. **Keynes** gehört dazu, weil er – wie die anderen genannten Ökonomen – Wirtschaft eben nicht als System begreift in den Individuen unabhängig voneinander und in weitgehend vernünftigen sowie freien Entscheidungen ihren Nutzen maximieren.

Keynes sah in der großen Depression der 1930er Jahre den Beleg für seine eher psychologisch und gruppenpsychologisch orientierte Kritik an der Wirtschaftsliberalen Mechanik und Orthodoxie der Modellbildung und der wie fast immer unzutreffenden und unbrauchbaren Prognosen und Ratschläge. Schon die Vorgängersekte, die ihre Analysen an der Ähnlichkeit von Geldkreislauf und Blutkreislauf orientierte, die *Physiokraten,* wurde von denen, denen sie ihre Ratschläge verkaufen wollten (den wohlhabenden sozialen) Eliten als Eunuchen verspottet, sie sagen, sie wissen genau, wie es geht, können es aber selbst nicht tun: Wohlstand schaffen und reich werden.

---

261 *Maris, B. (2015) Michel Houellebecq, Ökonom: Eine Poetik am Ende des Kapitalismus, S. 14 DUMONT Buchverlag. Kindle-Version.*

Es blieb den Ökonomen daher nur der Ausweg in die Käuflichkeit ihrer Wahrheiten.[262]

Die dagegen bekanntesten und folgenreichsten Beispiele für *Algorithmen* (nützliche Mathematik) sind dagegen die vier Newtonschen Gesetze der Mechanik, eine Art von mathematischen Formeln, die die Realität beschreiben, oder wenn man Anhänger der Ideenlehre **Platons** ist, würde man eher formulieren, die die Wirklichkeit sind. Alles andere und Wahrnehmbare ist immer nur eine unvollkommene Erscheinung derselben. Die Abbildung unten zeigt die *drei Newtonschen Gesetze als mathematische Formeln.* Die vierte Formel, das *Superpositionsprinzip* der auf einen Körper wirkenden Kräfte ist eine *Rechenanweisung oder Algorithmus*, der besagt, dass wenn auf einen Körper oder Punkt mehrere Kräfte wirken, diese sich als *Vektoren* (gerichtete Kräfte) zu einer resultierenden Kraft aufaddieren. Streng genommen ist dieses „Lex Quarta" kein eigenständiges viertes (Natur-) Gesetz oder Prinzip, sondern lediglich eine Rechenanweisung, eben das Paradebeispiel für einen *Algorithmus.*

$$\upsilon = Constant$$

$$\vec{F} = m \cdot \vec{a}$$

$$\vec{F}_{A \to B} = -\vec{F}_{B \to A}$$

$$\vec{F}_{res} = \vec{F}_1 + \vec{F}_2 + \cdots + \vec{F}_n$$

Abbildung 14: Newtonsche Gesetze und das Superpositionsprinzip als Rechenanweisung und Beispiel für einen Algorithmus

- Das *erste Newtonsche Gesetz* besagt, dass die *Position oder Bewegung* eines Körpers unverändert bleiben, wenn keine Kraft wirkt. Die Geschwindigkeit υ ist also in Betrag und Richtung konstant, wenn keine andere Kraft, bspw. Widerstandskräfte wie Reibung und Luftwiderstand oder ein Impuls, wie ein Stoß beim Billard, wirken.
- Dabei ist, wie das *zweite Gesetz* besagt, der Impuls als Produkt von Masse und Geschwindigkeit des Körpers ebenfalls konstant.
- Das *dritte Gesetz* beschreibt, dass wenn ein Körper sich in Ruhe befindet und sich nicht bewegt entweder keine Kraft wirkt oder die wirkenden Kräfte sich gegenseitig aufheben.

---

262 Maris, B. (2015) Michel Houellebecq, Ökonom: Eine Poetik am Ende des Kapitalismus, S. 16 DUMONT Buchverlag. Kindle-Version.

In erstaunlicher Kürze, Klarheit und Vollständigkeit ist Newtons Theorie von größter Bedeutung für die Entwicklung von Wirtschaft und Gesellschaft gewesen. Die Konstruktion von effizienten Bewegungsmaschinen ist nur eine Anwendung, Naturphänomene wie die Bewegung von Kometen oder die eines fallenden Blattes lassen sich exakt beschreiben und – wenn die notwendigen Daten über wirkende Kräfte zur Verfügung stehen – auch ebenso exakt vorhersagen und vorherbestimmen, wie die Statik von Gebäuden oder die Funktionsfähigkeit von Maschinen.

Newton erscheint damit wie der Prototyp eines rationalen modern Menschen. Das war er aber *keineswegs*, selbst in seiner Arbeit als Inhaber des Lucasischen Lehrstuhls für Mathematik am Trinity College der Universität Cambridge widmete Newton sich auch der *Alchemie* und der Suche nach dem Stein der Weisen, der *Bibelinterpretation* sowie der *Zahlenmystik* der *Kabbala* und glaubte ebenso, wie die meisten seiner Zeitgenossen, an Hexen und Zauberei. Er war damit typischer Mensch und soziales Wesen seiner Gesellschaft und Zeit, wie die Newton-Forscherin und Biographin **Betty Dobbs** anhand einer Unzahl von Quellen und Belegen nachweist. Darunter auch der *Nachlass von* **John Maynard Keynes**, der zahlreiche Originalschriften, Briefe und Dokumente von Newton bei Versteigerungen und in Antiquariaten erworben hatte.[263]

Das erste Maschinenzeitalter und die Industrialisierung beginnen mit und durch die Entwicklung der Theorie der Mechanik. Die 1687 erschienen Mathematischen Prinzipien der Naturlehre *„Philosophiae Naturalis Principia Mathematica“* ragen in ihrer Bedeutung natürlich trotzdem heraus und gelten mit Blick auf Industrialisierung und moderne Wissenschaft als das wichtigste Buch überhaupt. Die Umstände der „Erfindung der Dampfmaschine“ durch **James Watt** – die in den meisten Geschichtsbüchern als Beginn der Industrialisierung hervorgehoben wird – sind so, dass es sich dabei lediglich um eine Verbesserung bereits bestehender Technologie auf der Grundlage von Berechnungen mit den Formeln Newtons handelte. Ein zweites Ventil, dass den Dampfdruck in Verbindung mit einem Kreishubgetriebe sowohl für den Vortrieb als auch für das Zurückschiebens des Kolbens nutzte, verdoppelte die Effizienz der Maschine bezogen auf den Kohleeinsatz. Das machte ihren Einsatz zur Umwandlung von Wärme in mechanische Bewegungsenergie erst im ausgehenden 18. Jahrhundert

263 Dobbs, Betty, T., 1991, The Janus faces of genius. The role of alchemy in Newton's thought. Cambridge University Press

wirtschaftlich gewinnbringend. Es dauerte rund 100 Jahre mit dem Beginn der industriellen Revolution. Die Arbeit Watts wurde dabei durch einen Unternehmer finanziert und beruhte auf Studien von bis dahin bestehenden, weniger effizienten Konstruktionen, ein typisches Beispiel für eine kumulative Innovation,[264] die im Zusammenhang mit dem institutionellen Wandel in Wirtschaft und Gesellschaft zur Grundlage der industriellen Revolution wurde.

Über weiteren wissenschaftlichen Fortschritt, insbesondere hinsichtlich der Erzeugung und Umwandlung von elektromagnetischen Schwingungen, sowie vielen weiteren auf Naturwissenschaft gegründeten Technologien kam es im 19. Jahrhundert zu einer kaum für möglich gehaltenen schnellen Veränderungen von Wirtschaft und Gesellschaft im globalen Ausmaß. Bereits zu Beginn des 20. Jahrhunderts war es selbst für die gebildetsten Bürgern in den Metropolen rund um die Welt kaum noch möglich, auch nur einen Teil der Veränderungen, die sich während ihrer Lebenszeit vollzogen zu verstehen oder vorauszusehen.

Was **Newton** und seine Zeitgenossen nicht wissen konnten ist, dass der Anwendungsbereich der Mechanik begrenzt ist, in Dimensionen nahe der Lichtgeschwindigkeit und in kosmologischen Größenordnungen oder im allerkleinsten subatomaren Bereich gerät die Welt aus den Fugen. Hier gelten die Gesetzmäßigkeiten der Quantenmechanik nach den sich Ort und Geschwindigkeit subatomarer Teilchen nicht gleichzeitig bestimmen lassen oder die Gesetzmäßigkeiten der allgemeinen und speziellen Relativitätstheorie **Albert Einsteins**, die sich aber ebenfalls experimentell nachweisen (zeigen) lassen, so z. B. die Krümmung des Lichtes und der Raumzeit durch große Massen wie die Sonne beim Transit des Planeten Merkur. Heute sind bizarre Phänomene wie schwarze Löcher nicht zuletzt durch die Arbeiten von einem der Nachfolger von Newton auf dem Lucasischen Lehrstuhl, **Stephen Hawking**, bekannt.[265] Wir haben uns aber, nicht nur in kosmologischen Dimensionen, sondern mit dem Beginn eines *zweiten Maschinenzeitalters*[266], der flächendeckenden Anwendung von intelligenten Maschinen KI, an eine *bizarre, weitgehend unverständliche Welt* als Kontext des Alltaglebens zu gewöhnen.

---

264 Hills, R. L (2006). James Watt. Band 1–3, Landmark Publishing

265 Hawking, S. (1988). A brief history of time: From the big bang to black holes. Bantam Books.

266 Vgl. Brynjolfsson, E., & McAfee, A. (2014). The second machine age: Work, progress, and prosperity in a time of brilliant technologies. W. W. Norton & Company.

4.5 Wie Individuen und Gesellschaft mit einer unverständlichen, bizarren Welt zurechtkommen

Wenn sie an die heutigen globalen Verhältnisse in Bezug auf die großen Weltmächte, wie den USA, Russland oder der Volksrepublik China denken, dürften ihnen eher *bizarre* Sachverhalte und noch *bizarrere phantastische Verschwörungstheorien* dazu in den Sinn kommen. Darunter vielleicht auch tatsächliche Verschwörungen, die eine Rolle in der globalen Politik und Öffentlichkeit spielen (wie schon im antiken Rom, die Verschwörung des Catalina gegen die Verfassung der Republik oder später die geplante Ernennung eines Rennpferdes zum Consul, zum höchsten römischen Staatsbeamten, durch den römischen Kaiser Caligula, die Anlass zu einer Verschwörung gab, ihn und seine Angehörigen zu ermorden und zu versuchen jedwede Form seines öffentlichen Andenkens zu tilgen). Der Historiker **Yuval Noah Harari** sieht in einem Interview mit der Zeitung The Guardian im Jahr 201, die Menschheit im gesamten Kontext ihrer Geschichte als „Post Truth Species"[267] und formuliert in einer Reihe mit seinen bekanntesten globalen Bestsellern, Sapiens und Homo Deus in „Nexus" die durchaus *realistische Einschätzung*:

> „Die meiste Information ist Fantasie und Täuschung, Fiktion und Lüge"[268]

Selbstverständlich gilt das auch für die Geschichtsschreibung oder politische Analysen und Kommentare, insofern diese nicht auf nachprüfbaren Fakten aufgebaut sind und nachvollziehbar Quellenkritik geübt werden kann.

Aber nicht nur große Narrative sowie Klatsch und Tratsch im Alltagleben haben eine soziale Kontrollfunktion innerhalb der soziokulturellen Evolution zu immer komplexeren Gesellschaften bis hin zur globalen Gegenwartsgesellschaft. Issac **Newtons** Glaube an *Hexerei und Alchemie* mag uns aus heutiger Sicht bizarr erscheinen; er war aber Bestandteil der *von Individuen als Wirklichkeit erlebten Welt und damit gesellschaftlich relevante Wirklichkeit*, durchaus ähnlich den vielfältigen Behauptungen und Botschaften in Medien und sozialen Medien der Gegenwart.

---

267 Interview in The Guardian 5th of August 2028 zu Harari, Y. N. (2018). 21 Lessons for the 21st Century. Spiegel & Grau.

268 Wilton, J. (2024, 21. Oktober). „Die Wahrheit ist teuer und selten". Die Welt. Interview zu: Harari, Y. N. (2024). Nexus: A brief history of information networks from the Stone Age to AI. Fern Press.

Die Frage danach, wieso die globale Gegenwartsgesellschaft dennoch mehr oder minder leidlich funktioniert, haben wir bereits beantwortet: *Institutionen*, vor allem *Geld, Vermögen* und *Kredit*, auf der ein die *Stabilisierung systemischer Macht durch erwartbares Wachstum und steigender Wohlstand* auf der anderen Seite haben seit dem 15. Jh. hat dafür gesorgt, dass eine *große Toleranz gegenüber Unverständlichem und Neuem* herrscht. Verdüstern sich die Aussichten in Bezug auf die erlebbare Zukunft der gegenwärtig lebenden Bevölkerung und ihrer Nachkommen (wenn vorhanden) im Sinne von Verbesserung oder mindestens eines „weiter so und es bleibt alles wie es ist" dann herrscht *Krise* und die sozialen Systeme und ihre Funktionsweisen werden in Frage gestellt. Ob in der nahen Zukunft möglicherweise alles anders werden wird, werden soll oder kann – dazu kommen erst in Kapitel 5.

4.6 Die Beschleunigung technischen und wissenschaftlichen Fortschritts

Technik, angefangen bei einfachen Schneideinstrumenten und den Gebrauch von Feuersteinen oder Nähnadeln bei den Frühmenschen, war schon immer weniger beliebig als die Glaubensvorstellungen und Narrative, die Gesellschaften prägten und Institutionen legitimierten. Transportmittel wie Segelschiffe oder die *symbolische Generalisierung von Kommunikation*, die mit der Institutionalisierung von Geld bzw. Währungen einherging, hatten regional größere Auswirkungen, die Verstetigung des wissenschaftlichen und technischen Fortschritts seit dem 15. Jahrhundert multiplizierte die Wirksamkeit in Hinsicht auf globale Wirkung von Wirtschaft und Politik. Letztlich war selbst die Zivilisationsgeschichte, wenn man von besonderen Aufregungen im alten Rom und anderenorts absieht, die sich auch heute noch zu Sandalenfilmen wie *„Gladiator"* verwursten lassen, über die Jahrtausende hinweg *langweilig*: In einer abgelegenen Provinz eines antiken oder mittelalterlichen Reiches, hätte man ein Jahrhundert lang schlafen und sich nach dem Aufwachen immer noch zurechtfinden können. Das gilt auch in der einer chinesischen Provinz, auch wenn man beim Aufwachen mit Verwunderung feststellte, dass die Ming Dynastie das Mandat des Himmels zur Herrschaft über das Reich der Mitte an die Qing in der fernen nördlichen Hauptstadt Beijing verloren hatten, so änderte sich am eigenen Leben nur wenig.

Die Harmonie in Wirtschaft und Gesellschaft war im Großen und Ganzen unberührt geblieben oder wiederhergestellt worden: Die Bauern bauten weiter den Reis an, Hühnerspeisen blieben ein Luxus für Festtage, hohe Staatsbeamte, Mandarine, konnte ihre Konkubinen in Sänften tragen lassen und die Schriftzeichen hatten sich in 100 Jahren auch nur wenig verändert.

Vergleicht man das Leben im heutigen China dagegen mit dem vor nur 50 Jahren, dann sieht man wie unglaublich schnell sich Wirtschaft und Gesellschaft verändert haben. Und das ganz ohne dynastischen Wechsel, die Kommunistische Partei der Volksrepublik wacht immer noch darüber, dass es den Chinesen gut (besser als in der Vergangenheit) und nach Möglichkeit in Zukunft noch besser gehen soll; aber fast alles hat sich verändert, es wird kaum noch mit Bargeld, sondern mit Smartphones gezahlt und schon in den Grundschulen wird mit und über KI gelernt.[269]

Das gilt auch für das eher westlich, demokratisch orientierte Botswana und dessen Hauptstadt Gaborone. Das Land der Tswana war bis 1966 ein britisches Protektorat im südlichen Afrika und ähnlich arm wie die Volksrepublik China, wobei die Statistik hier etwas täuscht, da die Eigenproduktion oder Subsistenzwirtschaft, statistisch nicht erfasst wird. Alles, was nicht über Markttransaktionen gehandelt wird, kann nicht mitgerechnet werden.

Acemoglu und **Robinson** unterscheiden sich in der Wirklichkeitsnähe ihrer Darstellungen, auch zur Entwicklung Botswanas, wohltuend von dem gewöhnlichen Mainstream volkswirtschaftlicher Analysen.[270] Jedes Individuum mit einem Einkommen in Höhe nur von wenigen Dollar im Jahr konnte abhängig von der Einbindung in eine traditionelle Subsistenzwirtschaft leben oder eben nicht mehr leben und verhungerte. In China und in Afrika sogar noch in der zweiten Hälfte des 20. Jahrhunderts. Beide Regionalgesellschaften erlebten einen unglaublichen Aufschwung und globalisierten sich, Botswana hatte das Glück, dass die traditionell inklusive und egalitäre Gesellschaft der Tswana nur wenig Elitenkorruption zugelassen hatte und ein Befreiungskampf gegen die Briten sich erübrigte, da das Vereinigte Königreich nur wenig Interesse an dem Wüstenland hatte. Die reichen Diamantenvorkommen und andere Bodenschätze wurden erst nach der Unabhängigkeit entdeckt. China ist eine andere Geschichte und

---

269 Witt, F.H. (2018) Digital Transformation: Big in China Part I https://www.linkedin.com/pulse/digital-transformation-big-china-part-i-frank-h-witt/

270 Acemoglu, D., & Robinson, J. A. (2013). Warum Nationen scheitern: Die Ursprünge von Macht, Wohlstand und Armut (B. Rullkötter, Übers.). S. Fischer. (Originalarbeit veröffentlicht 2012)

keine demokratische Erfolgsgeschichte im westlichen Sinne, die sie aber vermutlich schon in der eine oder anderen Version kennen.[271]

Christian Stöcker hat in seiner kenntnisreichen und gut lesbaren Darstellung zu „Klimawandel, Digitalisierung, Wirtschaftswachstum – wie wir uns in einer sich exponentiell veränderten Welt behaupten können“ mit dem Titel „Die Große Beschleunigung“[272] vieles herausgearbeitet, an das wir hier anschließen können, er fordert in Deutschland mehr Realismus ein. Auf Veränderung kann nicht mit trotzigem Konservatismus, Ressentiment und Populismus reagiert werden. Wir teilen nicht die gesamte Analyse, aber die Grundprobleme von Bildungs-, Gesundheits- und Sozialsystemen sind von **Stöcker** eindringlich beschrieben, schon in den Familien im Kindergarten und der Schule der Sozialisation insgesamt werden die Weichen falsch gestellt, nämlich so, dass die Kinder die Welt später nicht mehr verstehen können. Der Bildungskanon und Curricula sind völlig veraltet und eben nicht zukunftsgerichtet. Natürlich kann man aus der Vergangenheit was lernen, aber bitte nur noch exemplarisch und nicht enzyklopädisch. Kenntnisse zum Verbrennungsmotor sind bspw. weitgehend obsolet, Verbrennungsmotoren taugen aber noch als Beispiel für eine schädliche und obsolete Technologie oder auch für die Anwendung von Mechanik und Thermodynamik im 19. und 20. Jahrhundert.[273]

4.7 Wissenschaftliche Revolutionen im Übergang vom 19. Zum 20.Jahhundert

Die Beschäftigung mit Thermodynamik, mit Molekülen und Gasen, mit steigernder Unordnung bei ungeregeltem Energieaustausch führte auch zu einem neuen Verständnis der Welt, das aber erstmals so kompliziert ist, dass es nur begrifflich Eingang in die Allgemeinbildung in weiterführenden Schulen gefunden hat, aber nicht wirklich verstanden ist. Mit seiner Theorie der Thermodynamik, die auch als *statistische Mechanik* Eingang in die theoretische Physik gefunden hat und seiner Philosophie der *Atomistik* er-

---

271 Linowski, D. (2024). Deutsch-chinesische Beziehungen. Wirtschaft-Politik-Gesellschaft, München UVK

272 Stöcker, C. (2023). Die Große Beschleunigung: Klimawandel, Digitalisierung, Wirtschaftswachstum – wie wir uns in einer sich exponentiell verändernden Welt behaupten können. Pantheon.

273 Siehe oben

fuhr **Ludwig Boltzmann**, nach herausragender akademischer Karriere als Physiker, zuletzt an der Universität Wien 1902 bis 1906, in der Öffentlichkeit kaum Verständnis, sondern eher Ablehnung.

Anderen Physikern, deren Theorien nicht mehr allgemein verständlich sind z. B. **Maxwell, Schrödinger, Planck, Einstein** u. v. a. litten eher weniger darunter, dass die die von **Newton** formulierten, noch allgemeinverständlichen *Principia Mathematica Naturalis* lediglich als ein *Sonderfall* und keineswegs als tatsächlich zur Interpretation der gesamten Wirklichkeit geeignet waren. Zur Tragik von **Boltzmann** gehört, dass er seinem Leben nach Krankheit und Depression, wohl auch motiviert durch das *allgemeine Unverständnis seiner Werke*, während eines Kuraufenthaltes in Duino nahe Triest, verordnet wegen *„Neurasthenie"*(Überreizung des Nervensystems im hektischen Wien) seinem Leben selbst ein Ende setzte.

Boltzmann schloss auch als Philosoph an dem ihm bekannten Stand der naturwissenschaftlichen Forschung rigoros an und *bestritt auch öffentlich den Dualismus von Geist und Materie*, der grundlegend für das Selbstverständnis der Aufklärung und der gesellschaftlichen Modernisierung im Zuge der Aufklärung war. Damit konnte er kaum auf wirkliches Verständnis bei seinen bürgerlichen Zeitgenossen treffen, obwohl er an den von **Rudolf Clausius** formulierten 2. Hauptsatz der Thermodynamik anschloss, der auch intuitiv leicht zugänglich ist, in Originalformulierung:

> „Es gibt keine Zustandsänderung, deren einziges Ergebnis die Übertragung von Wärme von einem Körper niederer auf einen Körper höherer Temperatur ist."[274]

Im Endergebnis heißt das, nicht jeder Prozess ist umkehrbar. Das ist in Wirklichkeit eine Ausnahme und die Erhaltung eines geordneten Zustands bedarf der Energiezufuhr. Das können sie bei sich zu Hause überprüfen, wenn sie nicht putzen (lassen) wächst das *Chaos*. In ihrem *Körper*, sogar in ihrem „Geist" ist das im Prinzip genauso. Ihr „Geist" ist *untrennbar* an ihren Körper gebunden. Das Weltbild der modernen Gesellschaft existiert eigentlich nur noch, weil die Alternativen allesamt unerfreulich sind, wie *Alter, endgültiger Verfall und Tod* des Individuums, ein *chaotisches Ende des Universums ganz ohne Sinn.*

274 Clausius, R. (1865). Über verschiedene für die Anwendung bequeme Formen der Hauptgleichungen der mechanischen Wärmetheorie. Annalen der Physik und Chemie, 201(7), 353–400. https://doi.org/10.1002/andp.18652010702

Das Nervenleiden, *„Neurasthenie"*, wurde bereits zur Zeit des Übergangs vom 19. zum 20. Jahrhundert als eine Art durch die Zeitumstände bedingte Krankheit häufig diagnostiziert. Schneller wissenschaftlicher und technischer Fortschritt, sich beschleunigender gesellschaftlicher Wandel, *Reizüberflutung durch Medienvielfalt*, in Wien oder Berlin, Paris, London, New York und Chicago gab es wie auch im fernen Tokyo und Shanghai sogar mehrere Ausgaben von Zeitungen am Tag mit durchaus unterschiedlichen Meldungen und Meinungen.

Der Stummfilm, Grammophone, der Verkehrslärm, „Absurditäten" wie die Suffragetenbewegung, die gar das Frauenwahlrecht und Gleichberechtigung für die sich immer mehr herausputzenden, „schöneren Geschöpfe" forderten, überforderten selbst die „vernünftigsten" Männer. Hinzu kam der *allgemeine Verfall von Sitten und Moral sowie zunehmende Migration* aus weniger wohlhabenden Gebieten in die industriellen Zentren. Auch *weltpolitisch* lag vieles im Argen, zu den vielfältig sich zuspitzenden *Krisen*, gehörten Kriegsgefahr in Europa, der Verfall des Habsburgischen Imperiums, Aufstände in Britisch Indien, der Aufstand „wild gewordener Chinesen" („Boxer") denen der deutsche **Kaiser Wilhelm II** kein Pardon geben wollte. *Es ist seitdem nicht wirklich besser geworden!*

Der *technische Fortschritt*, die ungeheuren Geschwindigkeiten des modernen Reisens, die vielen Eindrücke taten der Psyche und dem Gehirn nicht gut. Da litten dann selbst vernünftige und intelligente Männer wie **Boltzmann** an der Reizüberflutung und damit verbundener Nervosität: Neurasthenie. Hinzu kam das Boltzmann auch selbst schuld war, vertrat er doch öffentlich Thesen wie die *Idee des Atomismus*, demzufolge jegliche Materie aus kleinen unsichtbaren Teilchen besteht und stellte sich damit *gegen den Glauben der Menschen*, dass das, was sie sehen und erleben, die *Wirklichkeit* ist. Noch verrückter schien, dass auch Boltzmann davon ausging, dass *Lichtwellen* gar keinen Stoff, den *(Welt) Äther*, benötigten, um sich auszubreiten, sondern dass das Licht *zugleich Teilchen und elektromagnetische Welle* war. Diese Verrücktheiten wurden vielleicht nur noch übertroffen von der globalen Ausbreitung von Nachrichten mit Lichtgeschwindigkeit und damit fast in Echtzeit.

Die *Globalisierung* erreichte bereits um die Wende vom 19. zum 20. Jahrhundert einen Höhepunkt, transatlantische Morsetelegraphie, Linienschifffahrt für den Fracht und Passagierverkehr, Eisenbahnverkehr und erste Telefonnetze in den Metropolen sowie zwischen den Metropolen, sowie neue Mobilitätsformen, Zeppeline revolutionierten Wirtschaft und Gesellschaft. Die *allgemeine Schulpflicht* wurde durchgesetzt, wissenschaftliche und technische Studiengänge an Hochschulen und Universitäten zunehmend populär, selbst das Angebot von Gütern des täglichen Lebens wurde um Kolonialwaren bereichert, Kunstrichtungen differenzierten sich in nie gekannter Vielfalt aus, *soziale Bewegungen bedrohten die Stabilität* der ständischen Gesellschaftsordnungen und *provozierten (reaktionäre) Gegenbewegungen und Ressentiment.*

Die die Biologie revolutionierende *Evolutionstheorie* **Darwins** wurde schnell ökonomisch zur Legitimation der bisher noch nie dagewesen *hohen Erträge auf Kapital und der Entstehung von Monopolen* bei sich verschärfender *sozialer und wirtschaftlicher Ungleichheit* im Zuge der Industrialisierung *umgedeutet.* Die *enorme Vergrößerung von Vermögen* in nur kurzer Zeit galt als Ausweis der *Tüchtigkeit von Vermögenden und Unternehmern und ihrer Erben, Sozialdarwinismus und marktradikaler Liberalismus* setzten sich im *(Besitz-)Bürgertum* durch. Der Staat hatte damit vor allem die Aufgabe für den Schutz der wenigen Tüchtigen (im zeitgenössischen Liberalismus auch oft Leistungsträger genannt) vor den *Begehrlichkeiten der breiten Masse an durchschnittlichen oder weniger begabten Individuen und Familien* zu sorgen, wobei die *bürgerliche Mitte mit kleinen Vermögen* und gesicherter Existenz als Beamter oder Vertreter der freien Berufe durchaus auch ein Interesse an der Aufrechterhaltung *geordneter Verhältnisse* hatte. Kaum jemand aus dem „Mittelstand" sympathisierte mit *revolutionären oder anarchistischen Bewegungen* oder auch nur mit den vom deutschen Reichskanzler **Bismarck** als gemeingefährlich gebrandmarkten Bestrebungen der zumindest im Deutschen Reich noch kaisertreuen Sozialdemokratie.

4.8 Der Untergang der verstehbaren Welt – Ludwig Wittgenstein als Wegbereiter der Entwicklung von KI

Die zumeist erst posthum veröffentlichten Werke des 1889 im Wiener Stadtpalais des in die großbürgerliche, assimiliert-jüdische Familie Wittgenstein hineingeborenen **Ludwig Wittgensteins**, sind im *Kontext dieser Umbrüche* zu lesen. Wir gehen hier bewusst etwas weniger spärlich mit biografischen Details von Personen um, es geht uns um den Kontext der *ungewöhnlichen* Persönlichkeit und ihren *radikalen Widerspruchsgeist.* Die *resolute Interpretation* des Werks und Wirkens Wittgensteins in Bezug auf das *Verständnis von Mathematik, Logik, Sprache, Intelligenz und Bewusstsein* macht es notwendig, die Blende, das Sichtfeld in Bezug auf Zeitgeschichte und Umfeld etwas weiter aufzuziehen, um sich das notwendige *Bild* zu machen, das die Sachverhalte und die Beziehungen zwischen ihnen zeigt und uns verstehen lässt.

Es mutet wissenschaftshistorisch kurios an, dass diese *resolute Lesart Wittgensteins*, immer noch eine Minderheitenmeinung ist. Das, was Wittgenstein geschrieben hat und mehr noch, das, was er in seinen Veranstaltungen seit 1929 als Lecturer und seit 1939 auch als Professor für Philosophie und Logik am Trinity College der Universität Cambridge dazu gesagt hat, wird als Interpretationsansatz keineswegs ernster genommen als das was in der Wissenschaftsgeschichte in der Form von meist wohlwollenden, aber wenig geglückten Interpretationen bis jetzt bedeutsamer scheint. Der Familie, den Freunden und Biographen Wittgensteins war und ist bekannt, dass dieser schon während seiner Zeit als Schüler an der Kuk Staats-Realschule Linz 1903–1906 den Wunsch äußerte nach Wien zurückzukehren, um bei **Ludwig Boltzmann** zu studieren. Er war von seinem Vater, einem aus einer Händlerfamilie zum Stahlindustriellen und Großbürger aufgestiegenen Mann der praktischen Vernunft, aus Wien weggeschickt worden, um etwas *Richtiges* zu lernen und das *enorme Vermögen der Familie später verwalten* zu können. Die öffentlich in den Salons diskutierten absonderlichen Vorstellungen Boltzmanns hätten da nur schaden können. **Wittgenstein** ließ sich, auch da Boltzmann zuvor verstorben war, zunächst auf ein von seinem Vater vorgeschlagenes *technisches Studium in Berlin* und dann in *Manchester* ein, er folgte dann aber seinen eigenen *Interessen an den philosophischen Fragen*, die **Boltzmann** und andere aufgeworfen hatten, der *Frage nach dem Sinn oder der Bedeutung von allem* in einer rätselhaften Welt.

Die Rezeption des *philosophischen Frühwerks von Wittgenstein* des zunächst 1921 und 1922 in einer deutsch-englischen Ausgabe veröffentlichten *„Tractatus logico philosophicus"* erfolgte trotz des eigentlich erkennbaren *kritischen Ansatzes Wittgensteins* völlig entgegen den Absichten Wittgensteins *alles* zu widerlegen, woran die Gesellschaft noch glaubte, vermutlich auch weil dieser ähnlich wie **Boltzmann** *keine Hoffnung* hatte, von denen, denen es *nur* um eine wissenschaftliche Karriere und ihr Ansehen in der Gesellschaft zu gehen schien, *verstanden zu werden.*

Den Diskussionen über den *„Tractatus logico philosophicus"* im sogenannten *„Wiener Kreis"* um den bekannten Physiker **Moritz Schlick**. mit vielen der damals führenden Naturwissenschaftlern, Logikern, Mathematikern, Wissenschaftsphilosophen und Sozialwissenschaftlern als Mitgliedern, schenkte Wittgenstein kaum Interesse. In seiner Bedeutung heraus ragte später der allenfalls gelegentliche Gast und damals als *einfacher Schullehrer mit linkssozialistischer Vergangenheit unter rebellischen Wiener Jugendlichen*, im Wiener Kreis *wenig angesehene*, **Karl Raimund Popper** heraus. Der hatte seine grundlegende, 1938 als *„Logik der Forschung"* veröffentlichte Methodenlehre moderner empirischer Wissenschaft auf dem *mangelnden Verständnis* des Frühwerks **Wittgensteins** durch *den Wiener Kreis* aufgebaut. Er ordnete **Wittgenstein** ebenso, wie die anderen im Wiener Kreis als *naive, unkritische, logische Positivisten* ein, die davon ausgingen, dass die Welt, so wie sie ist, vernünftig war.

Das war rückblickend betrachtet, *perfide.* **Wittgenstein** ist *unmöglich* als „Logischer Positivist" einzuordnen. Obschon in Bezug auf die im Wiener Kreis vertreten Auffassungen möglicherweise zutreffend, übersah **Popper** die viel *weitergehenden Absichten* **Wittgensteins**, dem es eben *nicht* um eine Methodenlehre, sondern um eine *Untersuchung der Zusammenhänge zwischen Sprache (Kommunikation), Bewusstsein, Gesellschaft und Möglichkeiten einer realistischen Analyse der Welt ging*: Nichts weniger als das *Ende der Philosophie und der Metaphysik in Bezug auf den menschlichen Geist.*[275]

Die zu Lebzeiten einzige wissenschaftliche Veröffentlichung **Wittgensteins**, die *Logisch Philosophische Abhandlung* bzw. der allgemein nur *„Tractatus"* genannte Tractatus logico-philosophicus Wittgensteins war explizit nur als *ein Anfang* gedacht. Die kurze Abhandlung über Logik und Philosophie entstand aus den Notizbüchern, die Wittgenstein als Frontsoldat im ersten Weltkrieg verfasst hatte. Eine Zeit der *bizarren* und ihn zutiefst erschütternden Welterfahrung, die auf sein Technik- und Ingenieurstudium in Berlin und Manchester sowie seine Studien in Mathematik und Logik am Trinity College der Universität Cambridge folgte.

Bereits während des Studiums der Ingenieurwissenschaften in Manchester, das Wittgenstein 1908 auf Wunsch des Vaters aufnahm und 1911 mit einer Arbeit zur Verbesserung von Flugzeugpropellern abschloss, für die er ein Patent erwarb, besuchte Wittgenstein auch Vorlesungen von **Bertrand Russel**, dem damals berühmtesten Philosophen und Logiker in Cambridge

275 Wir folgen in unserer Darstellung u. a. Monk, R. (1990). Ludwig Wittgenstein: The duty of genius. Free Press. aber auch den eigenen Forschungen zu Wittgenstein und der Wirtschaft als Kontext von Bedeutungen, die wir vor knapp 4 Jahrzehnten an der Bergischen Universität Wuppertal sowie an anderen Orten durchgeführt haben.

und geriet mit diesem in *Streit über Grundlagen von Mathematik und Logik.* Wittgenstein war damit aufgefallen, dass er auch anderen Professoren, darunter **Alfred North Whitehead** sowie insbesondere auch **George Moore** in Vorlesungen widersprach und Fragen stellte. Die Fragen führten den anderen Studierenden vor Augen, dass die Professoren sich heillos in Widersprüche verwickelten. Das Gefiel, weniger wegen der Sache, sondern wegen der Lebhaftigkeit der Diskussionen und des Erfolgs den Wittgenstein damit hatte, auch dem Ökonomen **John Maynard Keynes**, der den *intellektuellen Aufruhr* den Wittgenstein verursachte und das damit verbundene Amüsement im konservativ elitären Cambridge schätzte. Beiden, **Keynes** und **Wittgenstein** *gemeinsam* war, dass sie die Grundlagen ihrer jeweiligen Fachgebiete Philosophie, Logik und Mathematik sowie die Nationalökonomie in Zweifel zogen und sie generell als zu „einfach" empfanden.

Selbst **Russel** konzedierte nach einer Serie von Auseinandersetzungen mit Wittgenstein, der sich inzwischen auch in *Cambridge am Trinity College* eingeschrieben hatte, dass die Begabung Wittgensteins noch weit größer zu sein schien als seine eigene. Das ungewöhnliche Verhalten Wittgensteins, die Unnachsichtigkeit seiner Argumentation sowie seine schroffe, jegliche Art sozialer Konventionen missachtende Art, wenn es doch um die Sache und Richtigkeit einer Behauptung ging, machten ihn zu einer Legende. **Keynes**, der weitaus gewandtere Kommunikator und politische Kopf, sowie auch **Russel** wurden zu seinen *Förderern und „Anhängern"*. **Keynes** hatte allerdings nicht verstanden, warum der *„unhöfliche Deutsche"*, wie sie den *Österreicher* **Wittgenstein** in Cambridge auch nannten, zurück in seine Heimat ging und sich zum *Kriegsdienst* meldete, dazu noch bei der *„falschen"* Seite, die gewiss verlieren würde. Und dass, obwohl Wittgenstein weder Nationalstolz zu besitzen und sich auch keiner Weise für den ihm *irrational* erscheinenden großen Krieg zu begeistern schien. Im Gegenteil, er ließ stets durchblicken, dass er das alles *verachtete*, genauso wie auch alle *unverdienten Privilegien* und den *Reichtum*, den er zufällig aufgrund seiner *Herkunft* besaß.

Keynes selbst hütete sich davor Cambridge zu verlassen, seine gesellschaftliche Stellung war so, dass er mit der *britischen Oberschicht* vertraut war, was ihm ermöglichte bei gesellschaftlichen Ereignissen aufzutreten.[276] Neben seiner Tätigkeit als Lecturer und später als Professor am Kings College half er seinen Bekannten und Freunden ihre Vermögen mit großem

276 Vgl. Moggridge, D. (1992). Maynard Keynes: An economist's biography. Routledge. Skidelsky, R. (1992). John Maynard Keynes: The economist as savior, 1920-1937.

Erfolg anzulegen, was auch ihn zu einem sehr reichen Mann machte, der mit Schaudern und Abscheu auf seine kurze praktische Tätigkeit im India Office, der Kolonialverwaltung für Indien, zurückschaute. Diese sei mit *regelmäßiger Arbeit* für wenig Geld und allerlei Unbill wie *frühem Erscheinen* und *sinnlose Berichte* an *Vorgesetzte* verbunden gewesen. In Cambridge schien ihm hingegen das Amüsement zu überwiegen.

Die *Volkswirtschaftslehre war keineswegs anspruchsvoll*, die *Mathematik trivial*, die grundlegenden Annahmen mehr als seltsam, kurzum ein *Narrenschiff* dessen Kapitän zu werden ihm leichtfallen sollte.

> Durch die große Wirtschaftskrise, die mit dem Börsen-Crash am 25 Oktober 1929, der sogenannte Schwarze Freitag ihren Anfang nahm und nahezu ein Jahrzehnt dauern sollte, waren die Dogmen der Markteffizienz und der wirtschaftlichen Vernunft in Verruf geraten, Menschen und Märkte im Allgemeinen vernünftig? Einige Spekulanten, die alles und noch mehr auf Kredit verloren hatten, waren an der Wallstreet aus den Fenstern gesprungen! An die Dominanz der Vernunft im individuellen Verhalten, hatte **Keynes** nie geglaubt, hatte er doch selbst eine mittelose Balletttänzerin geehelicht und manch andere törichte Leidenschaften gepflegt. Ihm wurde später für seine außerordentlichen wissenschaftlichen Leistungen und seinen Rat zu Überwindung der Wirtschaftskrise in den 30 Jahren sowie der Vorbereitung einer tragfähigen und friedenssichernden Lösung „weltwirtschaftlicher Probleme“ später der Titel eines *Lords* und das *Privileg der Mitgliedschaft im britischen Oberhaus* verliehen.

Der *„New Deal“*, die neue Art der Wirtschaftspolitik der Regierung von des Präsidenten **Franklin Delano Roosevelt** und das unter der Schirmherrschaft der USA in *Bretton Woods* nach dem zweiten Weltkrieg ausgehandelten Systems fester Wechselkurse und niedriger Zölle gingen auf den *Einfluss von* **Keynes** zurück. Die Nachkriegsordnung und die Stabilität der parlamentarischen Demokratien des Westens, war ungleich mehr Keynes zu verdanken als den radikalen, marktliberalen Denkern der zweiten Generation der Österreichischen Grenznutzenschule in London und Chicago.[277]

277 Hunt, E. K., & Lautzenheiser, M. (2011). History of economic thought: A critical perspective (3rd ed.). M.E. Sharpe.

Wittgenstein, wandte sich dagegen nach Ende des ersten Weltkriegs von der akademischen Welt und Karriereambitionen ab, zwei seiner Brüder litten, wie auch er selbst, an Depressionen und kamen anscheinend noch weniger mit dem Erwartungsdruck in der großbürgerlichen Familie und Gesellschaft zurecht; *Suizide* waren die Folge der *ernsthaften psychischen Erkrankungen.* Bereits zuvor hatte sich **Ludwig Wittgensteins** ältester Bruder noch während des Ersten Weltkriegs wegen einer verlustreichen Niederlage als kommandierender Offizier erschossen.

Dass **Wittgenstein** nach dem *Zusammenbruch des Habsburgischen Imperiums*, obwohl es ihm angeboten wurde, weder nach Cambridge oder an eine andere Universität zurückkehren wollte, sein ganzes Erbe seinen verbleibenden Geschwistern sowie verschiedenen Wohltätigkeitsorganisationen schenkte, hing nicht unmittelbar mit der Serie von tragischen Ereignissen in seiner Familie und seinem eigenen Leiden an Depressionen zusammen. *Sein Rückzug in selbst gewählte Einsamkeit*, wurde von ihm mit einer notwendigen Abkehr von der institutionalisierten Wissenschaft, *so wie sie war*, begründet. Der Rückzug erfolgte, eben weil sowohl in *Wien* als auch *Cambridge* der *Tractatus* begeistert als Grundlegung der empirischen Wissenschaft und wegen der darin (angeblich) erfolgenden Darstellung des logischen Aufbaus oder der Struktur der Welt gefeiert – ganz entgegen seiner Absicht.

Das Gegenteil war der Fall, der *Tractatus* zeigte **Wittgensteins** eigener Ansicht nach selbst, dass dessen Ideen falsch waren, nur konnte man in der Wissenschaft (noch) nicht darüber sprechen. Tatsächlich gingen in der ersten Hälfte des 20. Jahrhunderts nicht nur Imperien zugrunde, sondern auch das *Bild einer vernünftigen, durch einfache und leicht verständliche Prinzipien strukturierten Welt.* **Newtons** Weltbild wurde marginalisiert. Spätestens dadurch, dass die Vorhersagen, die sich aus **Albert Einsteins *Allgemeiner Relativitätstheorie*** ableiten ließen, auch durch Experimente und Beobachtungen als *richtig* gezeigt werden konnten. Das Weltbild von Newton, indem Raum und Zeit als invariante Dimensionen gegeben waren wurde widerlegt, indem zwei von vier von Einstein vorhergesagten Effekte, gezeigt werden konnten:

1. eine *Bahnabweichung des sonnennahen Planeten Merkur*, die mit Newtons Gravitationstheorie nicht erklärt werden konnte und als Anomalität schon seit 1859 bekannt war.

2. zusätzlich konnte bereits 1919 die *Krümmung von Lichtstrahlen*, die nahe an massereichen Objekten wie der Sonne vorbeigehen und aufgrund der *Raumzeitkrümmung durch Gravitation* abgelenkt werden, gezeigt werden.

Die Bestätigung erfolgte während der *Sonnenfinsternis von 1919* durch Sir **Arthur Eddington** und sein Team, die von dazu Observatorien in Brasilien und Principe Island (Westafrika) aufbauten. Die beobachtete Ablenkung des Lichts betrug etwa 1,75 Bogensekunden, genau wie von der Theorie **Einsteins** vorhergesagt hatte.

3. Die *Gravitationsrotverschiebung* konnte erst 1959/1960 durch Experimente an der Harvard University bestätigt werden. Wie vorgesagt, verlieren Licht und jede Form elektromagnetischer Strahlung Energie, wenn sie aus einem gravitativen Feld entkommen, was im Fall von Licht eine Verschiebung zu längeren Wellenlängen (Rotverschiebung) verursacht.
4. Auch die *Verlangsamung der Zeit* durch Gravitation (Zeitdilatation, 1976) sowie die Existenz von *Gravitationswellen* lassen sich mittlerweile zeigen bzw. durch Beobachtungen und Experimente nachweisen. Der direkte Nachweis von Gravitationswellen gelang erst 2015.[278]

Die *Fehlinterpretation des Frühwerks von Wittgenstein* durch den Wiener Kreis konnte u. a. deswegen bestand haben, weil Wittgenstein sich nicht in der Lage sah, diese *unmissverständlich* zu korrigieren. Es gab anders als für die *Allgemeine Relativitätstheorie keine Experimente und Maschinen* mit denen man das, was er ausdrücken wollte, auch zeigen konnte. Das hat sich erst seit *kurzem mit KI* in der Form von GPTs und LLMs geändert. Zwar standen einige Mitglieder des Wiener Kreises zu **Wittgenstein** in brieflichem Kontakt oder suchten diesen an den Volkschulen in den abgelegenen Dörfern auf, in denen Wittgenstein während der Zeit seines Rückzuges arbeitete. Dieser weigerte sich aber stets den Tractatus zu kommentieren oder

278 Vessot, R. F. C., Levine, M. W., Mattison, E. M., Blomberg, E. L., Hoffman, T. E., Nystrom, G. U., Farrel, B. F., Decher, R., Eby, P. B., Baugher, C. R., Watts, J. W., Teuber, D. L., & Wills, F. D. (1980). Test of relativistic gravitation with a space-borne hydrogen maser. Physical Review Letters, 45(26), 2081–2084. https://doi.org/10.1103/PhysRevLett.45.2081 und Abbott, B. P., Abbott, R., Abbott, T. D., Abernathy, M. R., Acernese, F., Ackley, K., Adams, C., ... & LIGO Scientific Collaboration and Virgo Collaboration. (2016). Observation of gravitational waves from a binary black hole merger. Physical Review Letters, 116(6), 061102. https://doi.org/10.1103/PhysRevLett.116.061102

gar, die ihm absurd erscheinenden Interpretationsversuche, zu autorisieren. (Was wiederum das Interesse an Wittgenstein eher steigerte als minderte.) **Wittgenstein** fand, dass die *Anweisung, wie der Tractus zu lesen sei,* die sich in Satz 6.54 des Werkes findet, klar und eindeutig ist:

> „Meine Sätze erläutern dadurch, dass der, welcher mich versteht, sie am Ende als unsinnig erkennt, wenn er durch sie – auf ihnen – über sie hinausgestiegen ist. (Er muss sozusagen die Leiter wegwerfen, nachdem er auf ihr hinaufgestiegen ist.)“[279]

Gründe dafür, sich nicht weiter dazu zu äußern, hat **Wittgenstein** bereits zwei Sätze zuvor und im letzten Satz des Tractatus angegeben:

> „Es gibt allerdings Unaussprechliches. Dies zeigt sich, es ist das Mystische.“[280]

Und **Wittgenstein** macht dem Leser auch klar, dass er nicht versuchen wird, darüber zu sprechen, der letzte Satz des Tractatus ist wiederum klar und eindeutig:

> „Wovon man nicht sprechen kann, darüber muss man schweigen.“[281]

Konsequent zog sich **Wittgenstein** aus der Gesellschaft und intellektuellen Zirkeln zurück, um in Einsamkeit und Freiheit sein eigenes, privates *Forschungsprogramm zu Mathematik, Logik, Sprache und Bewusstsein* an Dorfschulen zu entwickeln und durchzuführen. Das **Wittgenstein** sich nach Trattenbach, Puchberg am Schneeberg und Otterthal flüchtete, so die Namen seiner Stationen als einfacher Volkschullehrer, um an einem, was das Verständnis der Welt anbelangt ähnlich weitreichenden Umbruch zu arbeiten, wie **Albert Einstein** es im Züricher Patentamt es in Bezug auf die moderne Physik getan hatte, gehört zu den oftmals *kuriosen Begleitumständen wissenschaftlicher Revolutionen.*

Eine *verständige Interpretation des Tractatus* im Sinne der resoluten Auffassung **Wittgensteins**, beinhaltet zu erkennen, dass er (der Tractatus) *unsinnig und falsch* ist. Ebenso, wie das öffentliche Weltbild und das Weltbild der führenden Wissenschaftler am Beginn des 20. Jahrhunderts. Der

---

279 Wittgenstein, L. (1984). Tractatus logico-philosophicus. In L. Wittgenstein, Werkausgabe (Bd. 1, S. 7–112). Suhrkamp. (Originalarbeit 1921) s.a. zweisprachige Routledge-Ausgabe: Wittgenstein, L. (2001). Tractatus logico-philosophicus (D. F. Pears & B. F. McGuinness, Übers.). Routledge.

280 Ebenda

281 Ebenda

Tractatus Logico-Philosophicus beginnt mit dem berühmten Satz – von dem jeder zu glauben schien, dass er wahr sein müsse:

> „Die Welt ist alles, was der Fall ist."

Der zweite Satz liefert die Erklärung, was „der Fall" überhaupt ist:

> „Was der Fall ist, eine Tatsache, ist das Bestehen von Sachverhalten."

In Satz 2.1 (und folgende) offenbart **Wittgensteins** den Grund für diesen und alle folgenden Irrtümer, die *Bildtheorie der Sprache*, also die Idee, dass Sprache Sachverhalte abbildet:

> „Wir machen uns Bilder der Tatsachen."
> „Das Bild ist ein Modell der Wirklichkeit."
> „Zu einem Bild der Wirklichkeit wird das Bild dadurch, dass es mit ihr in einer projektiven Beziehung steht."

In diesem Teil, am Anfang des *Tractatus* findet sich also die (gemäß dem Leitersatz *falsche*) Auffassung, dass die Welt aus Sachverhalten (bzw. Tatsachen) und deren Relationen besteht und dass die Sprache (bzw. Sätze als „Bilder") dazu dienen, eben jene Sachverhalte und Beziehungen abzubilden, die den sogenannte Logischen Positivismus oder Empirismus als Grundlage moderne Wissenschaften und Welterkenntnis propagierten.

4.9 Poppers perfide Korrektur und Umdeutung des Tractatus

Auf die *Richtigkeit dieser Aussagen* setzten aber nicht nur die Diskussionen im Wiener Kreis, sondern auch der später noch mit seiner Beschreibung und Abgrenzung von empirischen Wissenschaften über eine Methodenlehre bzw. Logik der Forschung weltberühmt werdende **Karl Raimund Popper**. Mit der allgemeinen Akzeptanz des sogenannten *Kritischen Rationalismus*, der Wissenschaftler dazu verpflichten wollte, die Falsifikation ihrer eigenen Theorien zu betreiben, folgt im Grunde genommen noch heute die große Mehrheit von Forschern und Forschungsinstitutionen, einer Auffassung, die eine logischen Aufbau der Welt und damit verbunden die *Existenz einer Wahrheit* voraussetzt, der man sich allerdings nur annähern könne.

Zwar beurteilte **Popper** den auf dem Prinzip der Induktion beruhenden *methodischen Ansatz des Positivismus*, so kommunizierte er es jedenfalls mit dem 1938 publizierten Band „Logik der Forschung", als falsch, setzte aber dennoch einen gesetzmäßigen logischen Aufbau der Welt voraus. Er verwarf damit aber auch indirekt **Wittgensteins** gesamten Ansatz zu einer *realistischen* philosophischen Untersuchung des Zusammenhanges von Bewusstsein, Sprache und Gesellschaft. Eigentlich konnte **Popper** aber *nicht* entgangen sein, dass **Wittgenstein** keineswegs mit der Interpretation des Tractus durch den Wiener Kreis einverstanden war. **Poppers** methodologische Grundlegung der Wissenschaft, die *Abgrenzung von an beobachtbaren Sachverhalten und Tatsachen orientierter, notwendigerweise empirischer Wissenschaft und metaphysischer Spekulation* wurde, so sah es **Popper**, dadurch korrigiert und berichtigt, dass die Forschung sich darauf konzentrierte *falsche Annahmen über die Wirklichkeit zu widerlegen.*

Es sei in der Forschung dagegen nicht möglich endgültig festzustellen, dass eine Tatsachenbehauptung wahr ist. Stattdessen bestünde empirische Forschung darin, Behauptungen aufzustellen, die man durch kontrollierte Experimente und systematisches Beobachten widerlegen könne (*Falsifikation statt Verifikation*). Man könne sich durch Falsifikation, also Widerlegung falscher Behauptungen *der Wahrheit annähern*, es ginge um einen *schrittweisen, inkrementellen Fortschritt in Wissenschaft und Technik ebenso wie in Wirtschaft und Gesellschaft.* Das berührte aber *nicht* im Geringsten die philosophischen Probleme an denen Wittgenstein arbeitete: Die Frage nach der Bedeutung von Zeichen, Worten und Sätzen und dem Zusammenhang zwischen Kommunikation, Individuum und Gesellschaft.

4.10 Der Schürhaken - Ein Zeichen und sein sozialer Kontext

Während des *einzigen dokumentierten Zusammentreffens* beider Philosophen im Nachgang zu dessen Gastvorlesung „Are there Philosophical Problems?" im Moral Science Colloquium der University of Cambridge *am Freitag, dem 25. Oktober 1946*, so wird berichtet, wollte **Ludwig Wittgenstein** dem *Anschein* nach auf **Karl Raimund Popper** mit einem Schürhaken losgehen. Die *Androhung* der Anwendung physischer Gewalt – oder nur die *Absicht* **Wittgensteins** sein Unverständnis zu signalisieren oder *tatsächlich* zu drohen oder eine gewaltsame Auseinandersetzung wirklich zu beginnen, ist umstritten. Jedenfalls wurde **Wittgenstein** durch anwesende studentische Gäste festgehalten *oder* zurückgehalten.[282] Das viele verschiedene Versionen der Geschichte zum Schürhaken-Ereignis (Englisch: Poker Event) existieren, gibt **Wittgenstein** Recht: Ereignisse und Handlungen sind *nicht* über psychische Absichten zu definieren. Diese sind weder dem Handelnden selbst noch anderen Individuen vollumfänglich zugänglich, sondern werden, wie wir mittlerweile wissen, durch *neurobiologische Funktionen und den sozialen Kontext* bestimmt.

Heute wissen wir, aus der *Neurologie, der vergleichenden Verhaltensforschung* und der *Soziologie* wesentlich mehr über das Problem der Bedeutung und des Verständnisses von Zeichensystemen und natürlicher Sprache. Wichtiger noch ist die Funktionsweise von LLMs, die die Auffassungen bestätigt, die **Wittgenstein** in seinen Vorlesungen in Cambridge vertrat und in seinen erst posthum als *Philosophische Untersuchungen* veröffentlichten Manuskripten begründete:

> § 43: „Die Bedeutung eines Wortes ist sein Gebrauch in der Sprache."

Das Zitat oben ist eine Verkürzung, der ganze § 43 die philosophischen Untersuchungen lautet vollständig:

> § 43: „Man kann für eine große Klasse von Fällen der Benützung des Wortes „Bedeutung" – wenn auch nicht für alle Fälle seiner Benützung – dieses Wort so erklären: Die Bedeutung eines Wortes ist sein Gebrauch in der Sprache. Und der Sinn eines Namens ist manchmal erklärt, indem auf seinen Träger gezeigt wird."[283]

Ob man mit einem Schürhaken auf jemanden zeigt, ihm droht oder gar ihn angreift, zeigt sich erst durch den weiteren Kontext. Jedes Ereignis, jede Handlung, muss abhängig vom Kontext interpretiert werden. Indirekt bezieht sich Wittgenstein in § 43 der Philosophischen Untersuchungen auch auf den Gebrauch von Wörtern, die eigentlich logische Konjunktionen oder Operatoren sind, also insbesondere die Worte „und" und „oder" die sich ja nicht auf einen Sachverhalt selbst beziehen, sondern die Beziehungen zwischen verschiedenen Sachverhalten darstellen. Eine derartige, *realistische Sprachauffassung* konnte und wollte Popper aber nicht akzeptieren, da seine „Logik der Forschung" darauf basierte, dass es keine nennenswerten Pro-

---

282 Ebenda

283 Wittgenstein, L. (2001). Philosophical Investigations / Philosophische Untersuchungen (50th Anniversary Edition, übersetzt von G. E. M. Anscombe). Blackwell Publishers.

bleme mit der Abbildfunktion der Sprache gibt. Die Welt und die Erkenntnis derselben dürften weder von der Sprache noch vom Bewusstsein oder der Gesellschaft abhängig sein, *Forschung hätte sich dann nicht entsprechend der Logik Poppers, der Wirklichkeit annähern können, sondern würde sie substantiell verändern.* Schlimmer noch, das Individuum wäre nicht die letzte Instanz in Wirtschaft und Gesellschaft.

Dass **Wittgenstein** richtig lag, bedeutet auch, dass **Poppers** Logik der Forschung sich gleich in mehrfacher Hinsicht selbst widerspricht, denn auch eine Widerlegung, müsste ja zumindest als endgültig wahr erkennbar sein. Eine irrtümliche Falsifikation hat ja ähnlich schwerwiegende Konsequenzen, wie eine falsche Wahrheit. Hinzu kommt, wie die empirische und historische Wissenssoziologie zeigen konnte,[284] dass auch Wissenschaftler innerhalb einer Gesellschaft und der sie tragenden Narrative und Weltbilder forschen (müssen) und in der Regel (anders als Wittgenstein) danach trachten, diese zu bestätigen. Das passte nicht zu den Absichten Poppers, weder zu den in der Logik der Forschung formulierten normativen Vorstellungen über das, was Wissenschaftler tun *sollten*, noch zu seinen *gesellschaftspolitischen Vorstellungen.*

4.11 Der Kontext von Liberalismus und Individualismus

Popper war 1937 vor dem drohenden Anschluss Österreichs an das Nationalsozialistische Deutsche Reich nach Neuseeland geflohen und wurde von **Friedrich August von Hayek**, dem führenden Vertreter zweiten Generation der Österreichischen Grenznutzenschule und der *orthodoxen* ökonomischen Theorie an die London School of Economics ins Vereinigte Königreich geholt, **Hayek** schätzte die in Poppers Methodenlehre und dessen Einstellungen zum Ausdruck kommende Betonung des Vorrangs der Freiheit des Individuums und damit einhergehende politische Maxime staatliche Institutionen auf den Schutz der Bürger vor inneren und äußeren Feinden zu beschränken.[285]

Der Cousin Ludwig Wittgensteins, **Hayek**, sah in den Finanzmärkten die Verkörperung rationaler Entscheidungsfindung und einer gerechten Verteilung von Gütern und Leistungen. Die Idee eines Wohlfahrtsstaates

---

284 Kuhn, T. S. (1962). The structure of scientific revolutions. University of Chicago Press.

285 Hayek, F. A. (1944). The road to serfdom. University of Chicago Press. Popper, K. R. (1945). The open society and its enemies (Vol. 1 & 2). Routledge.

betrachteten **Hayek** und **Popper** stets mit Misstrauen. Obwohl der Weg von der Formulierung einer Methodenlehre, die einen schrittweisen wissenschaftlichen Fortschritt einerseits erklären und anderseits ermöglichen sollte zum Konzept der „Offenen Gesellschaft“ weit war, sollte die *gesellschaftliche Ordnung* selbst keine offene Frage sein oder zur Disposition stehen. Die bürgerliche Gesellschaft sollte verteidigt werden.

Die Beschränkung bürgerlicher Freiheitsrechte, selbst dann, wenn die Mehrheit der Bürger dies wollen würde, oder die Erhebung exzessiver Steuern und Abgaben unter dem „Vorwand“ soziale und wirtschaftliche Ungleichheit zu bekämpfen, darin stimmten die beiden großen liberalen Denker überein, führe letztlich zur Konvergenz zwischen den an freien Märkten orientierten repräsentativen Demokratien des Westens und auf sozialistischen Ideologien gegründeten autoritären Systemen im Machtbereich der Sowjetunion. Das ist: *Der Weg in die Knechtschaft*, wie **Hayek** schrieb[286] und dem standen offene Gesellschaften, die Popper als Ideal beschrieb entgegen.[287]

Die *Sozialdemokratisierung*, gemeint war damit eine staatliche Wirtschafts- und Sozialpolitik im Sinne Keynes, erschien beiden Denkern, die größte verbleibende Gefahr für eine Zukunft nach dem Sieg über die *faschistischen*, totalitären Regime Deutschlands, Italiens und Japans. Wittgenstein hatte sich dagegen nie politischen und wirtschaftlichen Interessen gewidmet. Er engagierte sich während des Zweiten Weltkriegs im freiwilligen Sanitätsdienst, da er wegen seines Alters und Gesundheitszustandes nicht mehr als Soldat dienen konnte, er hielt sein humanitäres Engagement für eine bare Selbstverständlichkeit. Tatsächlich lebte er schon seit Jugendtagen nur mehr oder minder für künstlerische und philosophische Interessen und strebte über das bloße Verstandenwerden weder nach Einfluss noch nach Reichtümern oder Karriere.[288]

4.12 Wittgensteins systematische Beobachtungen: Experimente mit Schülern

Sein ungewöhnliches Engagement im Schuldienst sah er einerseits nützlich an, es gab nach dem ersten Weltkrieg in Österreich nicht genug Lehrer, die

286 Siehe oben
287 Siehe oben
288 Monk, R. (1990). Ludwig Wittgenstein: The duty of genius. Free Press.

bereit waren an Dorfschulen zu arbeiten und er schuf sich damit andererseits einen unmittelbaren Zugang zum Prozess der Sozialisation von Individuen in einfachen, überschaubaren Verhältnissen. **Wittgenstein**, der nicht nur an Kunst und Philosophie und Naturwissenschaften interessiert war, sondern auch Ingenieur und ein begabter Architekt war, demonstrierte im Unterricht lieber wie technische Geräte und die Welt *funktionierten*, als den seiner Ansicht nach primitiven und falschen Curricula und Büchern zu folgen. Das resultierte in zahlreichen *Schwierigkeiten*, und es war wohl nicht zufällig, dass er zweimal die Schulen wechselte oder wechseln musste, weil es Probleme mit der Bürokratie der Schulaufsicht und Eltern gab. Dazu ist die Quellenlage aber dünn.[289]

Das in seinen Manuskripten auftauchende Beispiel in Bezug auf die Bedeutung des Wortes „Platte", einmal in Bezug auf Schallplatten für ein Grammophon, das andere Mal als Bodenplatte, im Kontext der Verwendung beim Pflastern eines Weges und auch die *Widerlegung* der seit der Antike immer wieder vertretenen Auffassung, dass sprachliche Bedeutungen über Intentionen oder innere Akte des Meinens mit Tatsachen oder Sachverhalten so verknüpft sind, wie Namen mit Personen, finden sich in den posthum herausgegeben Philosophischen Untersuchungen (PU). Dazu gibt es direkt in § 1 der PU ein Beispiel:

> „Ich schicke jemanden Einkaufen. Ich gebe ihm einen Zettel, auf dem stehen die Zeichen „fünf rote Äpfel". Er trägt den Zettel zum Kaufmann; der öffnet die Lade, auf welcher das Zeichen „Äpfel" steht; dann sucht er in einer Tabelle das Wort „rot" und findet ihm gegenüber ein Farbmuster; nun sagt er die Reihe der Grundzahlwörter – ich nehme an, er weiß sie auswendig – bis zum Worte „fünf" und bei jedem Zahlwort, nimmt er einen Apfel aus der Lade, der die Farbe des Musters hat."[290]

Was **Wittgenstein** hier zeigt ist, dass es vollkommen falsch, *geradezu irrsinnig* ist, anzunehmen, dass Menschen, wie programmgesteuerte Roboter Instruktionen oder Regeln folgen, also logisch handeln bzw. die Sprache selbst einer Logik der Bedeutung folgt. Das könnte nur funktionieren, wenn die Bedeutungen von Zeichen, Worten und Sätzen, tatsächlich fest umrissen und eindeutig wären, ähnlich wie das in den Symbolsprachen im Sinne von

289 Wittgenstein, L. (2001). Philosophical Investigations / Philosophische Untersuchungen (50th Anniversary Edition, übersetzt von G. E. M. Anscombe). Blackwell Publishers.

290 Ebenda

Programmiersprachen, zugrundeliegender Logik und Mathematik, wenigsten zum Teil, der Fall ist. Dem ist aber nicht so.

Dass die Sprache in dem in dem Beispiel oben beschriebenen Kontext funktioniert, ist hochwahrscheinlich, **Wittgenstein** könnte das mit seinen Schülern so ausprobiert haben. Was aber nicht feststeht ist: Warum? Was ist der Grund dafür? Nun die Schüler und Kaufmann haben die Sprache erlernt und damit eine gesellschaftliche Praxis, sie sind *sozialisiert* und die sprachliche Bedeutung scheint *völlig unabhängig* von dem zu sein, was in ihrem Kopf, in ihrem Bewusstsein vorgeht, eine innere Absicht oder ein Meinen überträgt sich nicht 1 zu 1 auf ein anderes Bewusstsein, trotzdem funktioniert Kommunikation (selektiv). Dazu noch einmal Wittgenstein:

> „Wie weiß er aber, wie er das Wort „rot" nachschlagen soll und was er mit dem Wort „fünf" anfangen soll? – Nun ich nehme an, er *handelt*, wie ich es beschrieben habe. Die Erklärungen haben irgendwo ein Ende – Was ist aber die Bedeutung des Wortes „fünf"? – Von einer solchen war hier gar nicht die Rede, nur davon wie das Wort „fünf" gebraucht wird."[291]

Wittgenstein hat später seinen Studenten nach seiner Rückkehr an das Trinity College der Universität Cambridge gezeigt, dass das *Verstehen von Sprache kein bewusster Vorgang* ist. Wie das funktioniert, wissen wir erst genau, seit es Maschinen gibt, die mit uns sprechen können. Die bisher an der höchsten entwickelten Form künstlicher Intelligenz, Generative Pre-Trained Transformer wie ChatGPT demonstriert genau, wie das vor sich geht. Dazu kommen wir im nächsten Abschnitt. Zuvor wollen wir aber noch festhalten, dass **Ludwig Wittgenstein** Recht hatte, wissenschaftlicher und gesellschaftlicher Fortschritt vollzieht sich nicht schrittweise und planbar, wie **Karl Popper** das postuliert hatte und *das mystische, grundlegende Dilemma der menschlichen Existenz*, sowie es **Blaise Pascal** beschrieben hat, besteht fort.

Darüber hinaus kann man der Meinung sein, dass **Wittgenstein**, die in ihn von seinen Anhängern gesetzten Erwartungen tatsächlich erfüllt hatte. **Keynes** hatte 1929 die Rückkehr und die Ankunft des Philosophen in Cambridge seiner Frau und später der Universität mit den Worten angekündigt:

---

291 Ebenda

„God has arrived. I met him on the 5:15 train."[292]

Er hatte dabei nur leicht übertrieben. **Wittgenstein** wurde kurz nach seiner Rückkehr nach Cambridge auf der Grundlage des Tractatus von **Bertrand Russel** und **George E. Moore** zum Doktor der Philosophie promoviert. Seine Prüfer und Gutachter schrieben eine zusammenfasseden Bericht zur Prüfung, in dem **Moore** äußert:

> „I myself consider that this is a work of genius; but, even if I am completely mistaken and it is nothing of the sort, it is well above the standard required for the Ph.D. degree."
> („Ich persönlich halte dieses Werk für das eines Genies; selbst, wenn ich mich vollständig irren sollte, liegt es immer noch weit über den Anforderungen für den Doktorgrad.")[293]

Wittgenstein soll seinen Prüfern nach der Prüfung entschuldigend auf die Schultern geklopft und geäußert haben:

> „Don't worry, I know you'll never understand it."[294]

1951 starb **Wittgenstein** mit 62 Jahren an einem qualvollen Krebsleiden, gepflegt nur von seinem Hausarzt, weil er niemanden zur Last fallen wollte, die letzten Worte des großen, unverstandenen Philosophen waren: „Tell them I've had a wonderful life."[295]

4.13 Eine kurze, systematische Geschichte der KI

Wir beschäftigen uns mit der Entwicklung von KI nur insofern, insoweit biologische Intelligenz, insbesondere menschliche Intelligenz als Vorbild dient. Das hat systematische Gründe, die jüngst **Geoffrey Hinton** in einer öffentlichen Veranstaltung der prestigeträchtigen, jährlich stattfindenden Romanes Vorlesung der Universität Oxford am 20.02.2024 über das Thema:

---

292 Edmonds, David; Eidinow, John, (2001). Wittgenstein's Poker: The Story of a Ten-Minute Argument Between Two Great Philosophers (S. 21). Faber & Faber. Kindle-Version.

293 R. B. Braithwaite (1970). George Edward Moore, 1873–1958. In: Ambrose, A. Lazerowitz M. (1970) G.E. Moore: Essays in Retrospect. London, Allen & Unwin, p. 57.

294 Monk, R. (1990). Ludwig Wittgenstein: The Duty of Genius. London, Free Press, p. 271

295 Ebenda p. 579

„Will artificial intelligence replace biological Intelligence...?" vorgetragen und anhand von ausgewählten Fragen aus dem Publikum diskutiert hat.[296]

4.14 Logik vs. Biologie

Grundlage der Ausführungen **Hintons** war die Unterscheidung zwischen *zwei Paradigmen der Intelligenz*, also *zwei unterschiedlichen Leitideen* in Bezug auf die wissenschaftliche und technologische Entwicklung von Maschinen, die intelligent sind. Eine davon, zunächst war dieser Zweig der Forschung wesentlich erfolgreicher, ist die Verbesserung von klassischen Computern. Programmgesteuerte Computer oder Rechenmaschinen übertrafen ja von Anfang an das menschliche Vermögen, Informationen zu speichern und Berechnungen mit diesen durchführen zu können. Erste beindruckende Erfolge zeigten sich bei militärischen und wirtschaftlichen Anwendungen, besonders im Hinblick auf die *Kryptographie*, die Entschlüsselung von Geheimcodes, das Beispiel dazu kennen sie ja bereits, aber auch die *Berechnung der Flugbahnen von Artilleriegranaten und ballistischer Raketen* oder *Designs und Wirkungen nuklearer Sprengköpfe* mit Hilfe von immer leistungsfähigeren Computern. Weder die Entwicklung der Nuklearwaffe im Design einer Plutonium Implosionsbombe, die als ein Teilergebnis, des von **Robert J Oppenheimer** geleiteten *Manhattan Projektes* am 16 Juli 1945 auf dem Testgelände in der Wüste New Mexicos detonierte, noch die parallel entwickelten Uranbomben noch die Designs der später entwickelten Wasserstoffbomben, die die durch einen Nuklearen Zünder verursachten Temperaturen und Druckverhältnisse nutzten, um Materie nach dem Muster der Vorgänge in Sternen in Energie zu verwandeln, wären ohne die Möglichkeit programmgesteuerter Berechnungen in relativ kurzen Zeiträumen zu entwickeln gewesen. Und was, das der Mensch mit der Hilfe von Computern erschaffen hatte, hätte beeindruckender und für die globale Gesellschaft bedeutsamer sein können als die damit verbundene *Bedrohung durch Vernichtung*?[297]

---

296 Hinton, G. (2024). Romanes Lecture: „Godfather of AI' speaks about the risks of artificia l intelligence | University of Oxford mit einer Live-Konferenzschaltung für interessierte Wissenschaftler und Laien

297 Bird, K., & Sherwin, M. J. (2005). American Prometheus: The Triumph and Tragedy of J. Robert Oppenheimer. Alfred A. Knopf.

Forschungsgelder für die Weiterentwicklung von Computern flossen aber nicht nur aus staatlichen Mitteln in Bezug auf den Verteidigungssektor, sondern es hatte sich bereits vor dem zweiten Weltkrieg ein großer *Markt* für sogenannte Business Machines entwickelt.[298] Bereits 1896 gründet **Hermann Hollerith** ein Unternehmen zur Herstellung von Maschinen zur Datenverarbeitung auf Lochkartenbasis, die *Tabulating Machine Company*, um das von ihm entwickelte Verfahren kommerzielle zu verwerten.

> Aus der Tabulating Machine Company entwickelte sich die International Business Machine Corporation IBM, die in Deutschland bis 1949 durch die Tochtergesellschaft Deutsche Hollerith Maschinen Gesellschaft vertreten und beiden Parteien im Zweiten Weltkrieg nützlich war. Die Verarbeitung von Finanzdaten, Buchhaltung, Kostenrechnung, Produktions- und Prozesssteuerung durch elektronische Zentralrechner setzte sich bereits in den 1940er und 1950er Jahren durch.

Ob es sich bei der Weiterentwicklung von programgesteuerten Computern überhaupt um einen aussichtsreichen Pfad der Entwicklung künstlicher Intelligenz handelt, war dabei aber von Anfang an zweifelhaft, denn menschliche Vernunft wurde nicht ersetzt, sondern in Bezug auf die Fähigkeit schnell logische Operationen ausführen zu können, verbessert oder gehebelt. **Turing** hatte das bereits 1939, nach seiner Auseinandersetzung mit Wittgenstein verstanden. Die Verbesserung von Leistungen programmgesteuerter Maschinen hinsichtlich der Speicherung und Verarbeitung von Informationen, der Geschwindigkeit und auch der Präzision mit den Informationen in großem Maßstab gespeichert, verarbeitet und abgerufen werden konnten, hatte nicht viel mit dem menschlichen Gehirn und *wirklicher*, biologischer Intelligenz gemein, sie funktionierte grundlegend anders, nämlich mittelbar auf der Basis menschlichen „Geistes“ oder „menschlicher Kreativität“. Computer waren nützlich, vorausgesetzt, die Programme waren selbst fehlerfrei und in Bezug auf die zu erledigenden Aufgaben sinnvoll von Menschen gestaltet und entworfen.

Dass Computer autonom operieren könnten, war weder möglich noch gewünscht. Natürlich gab es in der Kunst und Literatur insbesondere im Science-Fiction-Genre dazu andere Überlegungen. So wurde etwa in dem

298 Zuboff, S. (2019). The age of surveillance capitalism: The fight for a human future at the new frontier of power. PublicAffairs.

Hollywood Movie *„Dr. Strangelove or: How I Learned to Stop Worrying and Love the Bomb“*[299] von **Stanley Kubrick** aus dem Jahr 1964, auf dem Höhepunkt des Kalten Krieges zwischen dem durch die USA geführten „freien Westen“ und dem Staatenblock unter der Führung der Sowjetunion ein durch einen technischen Defekt und Sabotage durch einen kriegslüsternen, wahnsinnigen General ein Krieg mit Massenvernichtungswaffen entfesselt. Der Logik eines vernichtenden Vergeltungsschlages entsprach ein sich automatisch aktivierendes Weltuntergangsprogramm zum Start aller verblieben Raketen.[300]

	KI als programmierte, logische Verarbeitung und Transformation von Informationen	**KI durch Nachahmung von biologischer Evolution, menschlichem Lernen und Sozialisation von Menschen, insbesondere Kindern**
„Wesen“ oder reale Grundlagen von Intelligenz (Erkennen und Lösen von Problemen)	Das (spekulative, metaphysische) Wesen von Intelligenz ist Vernunft, d. h. Anwendung von logischen Regeln in bewusstem Denken und Sprechen	Die letztlich physikalische Grundlage von Intelligenz ist Lernen bzw. die zugrundeliegenden Mechanismen: insbesondere die Veränderung der Verbindungen und die Verstärkung und Abschwächung zwischen Nervenzellen in komplexen Nervensystemen
Konsequenzen bzw. Setzung von Prioritäten in der Forschung zur künstlichen Entwicklung von KI	Die Erforschung menschlichen Lernens und der neurologischen Grundlagen desselben ist nachrangig, stattdessen gilt es sich auf logische Symboltransformation, Programmierbarsprachen und Programme zu konzentrieren, um die Fähigkeiten der Computertechnik weiterzuentwickeln	Logische Kalküle und bewusstes Denken können warten, die Forschung muss sich zunächst darauf konzentrieren wie Evolution durch Lernmechanismen beschleunigt und verbessert wird. Die Befähigung zu logischem Denken, ergibt sich dann von selbst, auf der Grundlage von Naturgesetzen

Tabelle 6: Grundsätzliche Unterscheidung zwischen Fähigkeiten klassischer Computer und KI[301]

299 Stanley Kubrick (1964). Dr. Strangelove or: How I Learned to Stop Worrying and Love the Bomb https://www.imdb.com/title/tt0057012/

300 Ebenda

301 Vgl. Hinton, G. (2024). Romanes Lecture: „Godfather of AI' speaks about the risks of artificial intelligence | University of Oxford mit einer Live-Konferenzschaltung für interessierte Wissenschaftler und Laien

Autonom handlungsfähige Intelligenz ist etwas anderes als ein Fehler in den strategischen Sicherheitsüberlegungen des Menschen (gegenüber Bedrohungen) aus denen Konsequenzen als Unfall hervorgehen, es sind vollkommen unterschiedliche Sachverhalte. KI setzt voraus, dass die Maschine lernen und sich selbst, entsprechend den *Gesetzmäßigkeiten der Evolution Homöstase, Variation und Selektion* schneller weiterentwickelt als der Mensch. **Hinton** unterscheidet daher zwischen einem durch klassische Logik inspirierten Ansatz der Entwicklung der künstlichen Intelligenz (der von Anfang an zum Scheitern verurteilt war und lediglich menschliche Intelligenz mit all ihren Fehlern vergrößert) und einen durch die Evolution biologischer Intelligenz inspirierten Ansatz, wie von **Alan Turing** auf der Grundlage der Überlegungen **Wittgensteins** zur Sozialisation von Kindern bereits beschrieben.

Will man die größten Erfolge beider bis vor kurzem noch rivalisierender Forschungsparadigmen miteinander vergleichen, so fallen einem direkt Spiele, Quizze, Unterhaltungen mit Menschen und der Umgang mit natürlicher Sprache oder komplexe Fähigkeiten wie Autofahren, Buchhaltung und Rechtsberatung ein. In keiner dieser Domänen hat programmierte KI – oder man sollte vielleicht besser formulieren und schreiben – auf der Basis klassischer programmierter Computer vorgetäuschte KI nur den Hauch einer Chance gegen zeitgenössischer KI auf der Basis der Nachahmung biologischer Evolution durch Software. Die Tabelle 6 fasst die *Ausgangshypothesen* der Romanes Lecture, gehalten von **Geoffrey Hinton** im Februar 2024 an der Universität Oxford zusammen.

4.15 KI und Computer im Wettbewerb

Der Computerhersteller IBM feierte seine letzten großen Erfolge im Bereich der KI mit auf die Regeln des Schachspiels programmierten Hochleistungscomputern, die mit brachialer Rechenleistung und Zugriff auf abgespeicherte Bibliotheken von Eröffnungs- und Endspielstrategien Ende der 1990er Jahre gegen jeden menschlichen Schachspieler gewinnen konnten. Der *Deep Blue* gennannte Hochleistungscomputer, gewann gegen den damaligen Weltmeister **Garri Kasparow** ein Show-Turnier.[302] Ähnliches ließ sich mit sogenannten Expertensystemen in „Jeopardi" einem im US-Fernsehen beliebten Quiz

302 Campbell, M., Hoane, A. J., & Hsu, F. H. (2002). Deep Blue. Artificial Intelligence, 134(1–2), 57–83.

erreichen, indem es um Allgemeinwissen ging. Fragen wurden (von Menschen!) in Symbolsprache übersetzt und Antworten von Computern in Wissensdatenbanken gesucht und ausgegeben. Woran auf klassischen Computern beruhende Systeme aber im Vergleich zu biologisch inspirierter KI scheitern, ist das Erkennen von Mustern, das selbständige Lernen, d. h. die Ableitung von Regeln aus diesen Mustern und das Generieren von kreativen Antworten auf Anfragen oder Eingaben hin, sowie das Verstehen und den Umgang mit natürlicher Sprache oder Kommunikation auf anderer Grundlage, Bilder, Videos, Fiction und Kunstformen. Hinzu kommt das KI klassisches Computing in den Domänen, die mühsam entwickelt wurden, nicht nur den Menschen, sondern auch klassische Computerprogramme schlägt. Das gilt mittlerweile für das Schachspiel und alle anderen der oben aufgezählten Ansätze zur (Vortäuschung) künstlicher Intelligenz.

Die AlphaZero Software des mittlerweile zum Alphabet/Google Konzern gehörenden britischen, von **Demis Hassabis** in London gegründeten Start Ups DeepMind, vermag jede Form von Muster in Spielen zu erkennen und daraus Regeln abzuleiten sowie Gewinnstrategien zu entwickeln, die Menschen nicht mehr zugänglich sind, indem die Software millionenfach gegen sich selbst spielt und trainiert. Der Lernalgorithmus konzentriert sich dabei darauf, das Spiel zu gewinnen, sogenanntes Reward Based Learning.

AlphaGo und AlphaFold übertreffen jeweils die Weltbesten Spieler im Go oder Wissenschaftler bei der Aufgabe aus DNA-Sequenzen, die räumliche Struktur von Molekülen vorherzusagen und die diesbezüglichen Wettbewerbe zu gewinnen.

- ***Schachprogramme*** können auf *klaren Sequenzen und endlichen Berechnungen* basieren, deshalb scheinen Computer in diesem Falls auch intelligenter als Menschen zu sein.
- ***Go*** dagegen ist eher ein Spiel auf der Basis von *Intuition zu Formationen und langfristigen Plänen. Es ist so komplex, dass Strategien nicht ausformuliert oder bewusst gedacht werden können.*

Deshalb können die weltbesten Schachspieler gegen Schachprogramme auf der Basis klassischer Computer remis spielen und in seltenen Fällen sogar gewinnen. Ein Sieg gegen AlphaGo durch die weltbesten Go Spieler ist dagegen so gut wie ausgeschlossen. **Hassabis** erhielt zusammen mit **John M. Jumper** und **David Baker** für seine Beteiligung an der Entwicklung von AlphaFold 2024 den Nobelpreis für Chemie und konnte den Nutzen von KI für Aufgaben demonstrieren, die durch Menschen nicht gut bewältigt werden können, weil das menschliche Bewusstsein viel zu träge, langsam und fehleranfällig ist.[303]

4.16 Die Entwicklung der KI von Mustererkennung bis zu „Deep Learning“

Einige der Ideen, die wissenschaftlich als Grundlagen der KI-Entwicklung genutzt wurden, und deren zeitliche Abfolge nach nachweisbarer Erstpublikation in der Grafik unten dargestellt sind, haben wir bereits erläutert. Dazu zählen **Ludwig Wittgensteins** *realistisches Verständnis der Bedeutung von Zeichen, Worten und Sätzen* – definiert durch den *sozialen Kontext*, in dem sie verwendet werden. Ebenso die *Ausrichtung von Forschungsprogrammen an der Entwicklung des menschlichen Gehirns und darauf aufbauender Fähigkeiten durch genetische Programme, Genetik und Epigenetik* (Kindheit, Pubertät, Hirnreifung, Hirnalterung); durch Sozialisation, überwachte Erziehung und selbst motiviertes, nicht kontrolliertes Lernen (Erfahrungen, Erlebnisse) durch Ideen von **Alan Turing**.

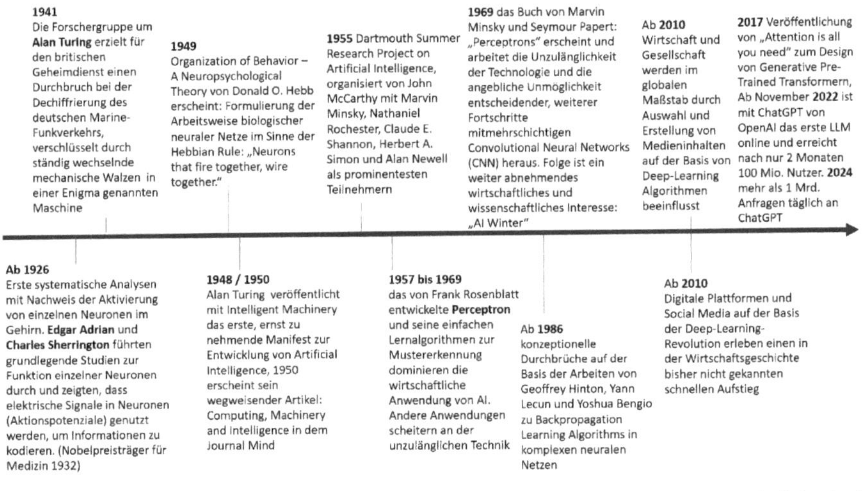

Abbildung 15: Wichtige Grundlagen, technologische und wirtschaftliche Durchbrüche bei der Entwicklung von KI

303 Abramson, J., Adler, J., Dunger, J., Evans, R., & Green, T. (2024). Accurate structure prediction of biomolecular interactions with AlphaFold 3. Nature, 615(7950), 238–245.

Auf der Grundlage von *Alan Turings Manifest* von 1948 und dem folgenden 1950 publizierten Artikel in der Zeitschrift Mind fand 1956 die *Dartmouth-Konferenz* an dem gleichnamigen Ivy League University College in New Hampshire statt, die im Kontext des Kalten Krieges die Entwicklung von KI vorantreiben sollte. Ein greifbares schon bald folgendes technisches Ergebnis war das von **Frank Rosenblatt** 1957 entwickelte Perceptron[304] ein einfaches künstliches neurales Netzwerk mit einer Schicht von Neuronen, das rudimentäre Fähigkeiten besaß, Ziffern und Schriftzeichen anhand einer Vielzahl von Mustern zu erlernen und Handschriften zu erkennen. Perceptrons dienten seit den 1960er Jahren als Schnittstelle für die automatische Datenverarbeitung im Finanzwesen. Ohne das automatische Einlesen von Überweisungsbelegen, Schecks und die Unterschriftenerkennung hätte sich die moderne Finanzwirtschaft nicht so schnell und inklusiv mit Konten für jedermann entwickeln können. Das Perceptron war aber lediglich als Interface für die automatische Datenverarbeitung durch klassische Computer von Bedeutung und bedürfte auch der Feinjustierung durch Menschen, bis Handschriften mit genügend großer Sicherheit erkannt wurden.

Der erste wirtschaftlich erfolgreiche Schritt der Entwicklung von KI, die Entwicklung des *Perceptrons*, wurde zu einem Grund, die Idee Turings KI funktional äquivalent zum menschlichen Gehirn entwickeln zu wollen, zumindest vorübergehend zu einer Sackgasse zu erklären. **Marvin Minsky** und **Seymour Papert** postulierten in ihrer Publikation über Perceptrons von 1969, dass diese nicht über die Wiedererkennung vordefinierter Muster hinaus weiterentwickelt werden könnten; es fehle an Technik, Mathematik und geeigneten Programmiersprachen.

Terry Sejnowski wirft **Marvin Minsky** und **Seymore Papert** rückblickend vor, mit ihrer Publikation nicht sachlich argumentiert, sondern eher eigene Interessen in Bezug auf eine Verteilung von Forschungsgeldern in Richtung der Entwicklung von KI auf der Basis von klassischen Computern verfolgt zu haben:

> „„Dr. Minsky, I asked you a yes or no question. Are you, or are you not, the devil?“ He hesitated for a moment, then shouted out, „Yes, I am the devil!”“

---

304 Rosenblatt, F. (1958). The perceptron: A probabilistic model for information storage and organization in the brain. Psychological Review, 65(6), 386–408. https://doi.org/10.1037/h0042519

So das Zitat eines Zitates aus einem Dialog von **Sejnowski** und **Minsky** auf einer Veranstaltung anlässlich des 50. Jahrestages der Dartmouth Conference im Jahr 2006 welches in dem Band „The Deep Learning Revolution" von **Sejnowski** wiedergegeben wird.[305] **Minsky** und **Papert** irrten sich in der Sache, ob motiviert durch eigene kommerzielle Interessen oder nicht, wird sich nicht feststellen lassen, liegt aber nahe, wie sich in der Empörung von **Sejnowski** zeigt.

Tatsächlich arbeitete **Terry Sejnoski** zusammen mit **Geoffrey Hinton** an dem vorgeblich aussichtslosen Projekt mit nur geringer Unterstützung weiter, eine wichtige Hilfe dabei, war die Abbildung eines *assoziativen Gedächtnisses* auf der Basis von Vektoren, die verknüpft eine Art Landschaft in einem 3 oder mehr (n-)dimensionalen Raum ergeben, durch **John Hopfield**.

Das sogenannte Hopfield-Net ebnete den Weg Lernprozesse auch in vielfach geschichteten komplexen neuralen Netzwerken mathematisch in den Griff zu bekommen. Die Art von *virtueller Maschine*, die ein dynamisches Gedächtnis und damit Lernen und KI ermöglichte, haben **Hinton** und **Sejnowski** *Boltzmann-Maschine* genannt, jenem Wegbereiter der Abkehr von einem statischen, leicht zu berechnenden Weltbild, das die Newtonsche Mechanik darstellte und bis dahin auch einen großen Einfluss auch auf Sozialwissenschaften und Computerwissenschaften hatte. Die Idee von Optimierung und sich automatische einstellenden Gleichgewichten, der allgemeinen Umkehrbarkeit des Ablaufes der Zeit sowie von Ursachen und Wirkungen war ja spätestens mit der statistischen Mechanik von **Boltzmann** und der Thermodynamik gestorben. **Wittgenstein** hatte dies in Bezug auf sprachliche Bedeutungen und den Zusammenhang von Semantik und Gesellschaft ähnlich gesehen.

4.17 Die „Deep Learning Revolution" – Assoziatives Gedächtnis, Wissen und die Fähigkeit Probleme zu erkennen sowie kreativ zu lösen

Der Unterschied zwischen *Hopfield-Netzen* und *Boltzmann-Maschinen* ist nur schwer zu verstehen, bzw. setzt fortgeschrittene Kenntnisse in Mathe-

---

305 Sejnowski, Terrence J. (2018). The Deep Learning Revolution (The MIT Press) (English Edition). The MIT Press. Kindle-Version.

matik und moderner Physik voraus.[306] Hopfield-Netze und Boltzmann-Maschinen unterscheiden sich durch versteckte Einheiten, das Ausmaß der Intransparenz und der lediglich stochastischen Aktivierung von Einheiten. In einer Boltzmann-Maschine lassen sich Prozesse nicht immer gleich wiederholen oder umkehren, genauso wie im richtigen Universum (nicht dem mechanischen Modell) und genauso wie im Gehirn, wo sie wie **Friedrich Dürrenmatt** schrieb, einen Gedanken, der einmal gedacht worden ist, auch nicht einfach zurücknehmen oder zurückdenken können.[307] Wir machen es Ihnen etwas einfacher, mit lediglich auf *Analogien* basierenden Erklärungen.

Wir folgen bei unserer Darstellung der Entwicklung von KI-Ideen von **Terry Sejnowski** zur „The Deep Learning Revolution“ (2018) und in „ChatGPT and the Future of AI“ (2024).[308] Sowie den auf Fachkonferenzen (insbesondere NeurIPS Neural Information Processing Systems) und wis-

---

306 Ein Hopfield-Netz (benannt nach John J. Hopfield) ist ein spezielles, vollständig rückgekoppeltes (recurrent) neurales Netzwerk, in dem alle Neuronen paarweise miteinander verbunden sind und die Verbindungsgewichte symmetrisch sind. Diese Symmetrie erlaubt es, dem Netzwerk eine sogenannte „Energie“-Funktion zuzuordnen. Eine Boltzmann-Maschine (Ackley, Hinton & Sejnowski, 1985) ist ebenfalls ein energie-basiertes Modell mit symmetrischen Gewichten, jedoch arbeitet sie stochastisch (mit einer gewissen „Temperatur“) und verfügt in der Regel über sichtbare und versteckte (hidden) Einheiten. Die Boltzmann-Maschine nutzt eine probabilistische Update-Regel, bei der die Neuronen aktiv werden, wenn eine gewisse Wahrscheinlichkeitsschwelle (abhängig von Temperatur und Energie) überschritten wird. Zwar gibt es Gemeinsamkeiten (symmetrische Gewichte, energie-basiertes Denken), aber der wesentliche Unterschied liegt in der Stochastik. Ein Hopfield-Netz ist deterministisch, während eine Boltzmann-Maschine Zufallsvariablen und Temperaturparameter verwendet. Die Lernalgorithmen sind entsprechend unterschiedlich. Der Backpropagation-Algorithmus (Rumelhart, Hinton & Williams, 1986) wird häufig in Feedforward-Netzen eingesetzt. Für Boltzmann-Maschinen hat Hinton gemeinsam mit Sejnowski und Ackley (1985) einen stochastischen Gradientenabstiegs-Ansatz (bzw. die Ableitung davon) beschrieben. Man kann sich eine Hopfield-Netzwerk-Architektur gewissermaßen als Sonderfall (ohne versteckte Einheiten und ohne stochastische Aktivierung) einer Boltzmann-Maschine vorstellen, aber ein Hopfield-Netz „wird“ nicht durch reines Anwenden von Backpropagation eine Boltzmann-Maschine.
Vgl dazu: Ackley, D. H., Hinton, G. E., & Sejnowski, T. J. (1985). A learning algorithm for Boltzmann machines. Cognitive Science, 9 (1), 147–169; Hopfield, J. J. (1982). Neural networks and physical systems with emergent collective computational abilities. Proceedings of the National Academy of Sciences, 79(8), 2554–2558.; Rumelhart, D. E., Hinton, G. E., & Williams, R. J. (1986). Learning representations by back-propagating errors. Nature, 323(6088), 533–536.; Hinton, G. E. (2002). Training products of experts by minimizing contrastive divergence. Neural Computation, 14(8), 1771–1800.

307 Dürrenmatt, F. (1962). Die Physiker: Eine Komödie in zwei Akten. Arche Verlag.

308 Sejnowski, T. J. (2024). ChatGPT and the future of AI: The deep language revolution. MIT Press.

senschaftlichen Zeitschriften dokumentierten Fortschritten in der KI-Forschung, insbesondere den Arbeiten von **Geoffrey Hinton** sowie dem die Grundlagen der Transformer Architektur beschreibenden Beitrag von **Vaswani** und anderen Forschern von Google auf der NeurIPS von 2017.[309]

Damit ist klar, dass wir uns nicht mehr mit der Geschichte klassischer Computer im Sinne von Turing-Maschinen also Universalmaschinen, die jede andere logische Maschine, insbesondere auch mechanische Maschinen imitieren können, sondern ausschließlich mit stochastischen von **Hinton, Sejnowski** und **Ackley** (1985) zu Ehren von **Ludwig Boltzmann** so benannten *Boltzmann-Maschinen* beschäftigen wollen. Das sind *Vektormaschinen,* die das *assoziative Gedächtnis als Hopfield-Netz*, in der Form hochdimensionaler Vektorräume simulieren. Hopfield und Hinton wurden für ihre Leistungen bei der Entwicklung von lernenden Maschinen, 2024 mit dem Nobelpreis für Physik ausgezeichnet.[310]

Die *Algorithmen*, die die Funktionen lernender Maschinen regulieren, besitzen eine ähnliche Bedeutung wie *Newtons Mechanik*, aber eine andere Form. Die bisher bedeutendsten Lernalgorithmen dürften die von **Geoffrey Hinton** und auch von **Joshua Bengio** und **Yann Lecun** in verschiedenen Formen neuraler Netze entwickelte Backpropagation Algorithmen sein[311] und Regularisierungstechniken wie „Dropout" durch die sich das Phänomen des *„Overfitting"* (Überanpassung) in neuralen Netzwerken vermeiden lässt. „Dropout heißt, dass in der Trainingsphase eines neuralen Netzwerkes oder eine Boltzmann-Maschine willkürlich ein großer Teil der künstlichen Neuronen quasi herausgeschnitten wird, so dass nicht andauernd das gleiche Netzwerk trainiert wird. Damit erreicht man, dass das Netzwerk sich beim Training nicht zu stark an die Trainingsdaten anpasst, also wenn es bspw. um die Bilderkennung geht, nur noch Fußgänger als solche erkennt, die es vorher „schon gesehen" hat, sondern auf eine Objekttyp *generalisieren* kann, auf Merkmale, die ausreichen um jeden Fußgänger, auch unbekannte als solchen zu erkennen und bspw. von herumfliegenden Blättern zu unterscheiden.

---

309 Vaswani, A., Shazeer, N., Parmar, N., Uszkoreit, J., Jones, L., Gomez, A. N., Kaiser, Ł., & Polosukhin, I. (2017). Attention is all you need. Advances in Neural Information Processing Systems, 30, 5998–6008. https://doi.org/10.48550/arXiv.1706.03762

310 Nobel Prize Committee (2024) https://www.nobelprize.org/prizes/physics/2024/press-release/

311 Ford, M. (2018) The Architects of Intelligence, Packt Publishing, New York, Chapters 2,4,6.

Damit haben Sie eine weitere Intuition darüber gewonnen, wie lernende Maschinen und Gehirne Funktionieren bzw. was ihnen gemeinsam ist (und was unterschiedlich) und was sie leisten könnten. Menschen können (noch) wesentlich besser generalisieren als Maschinen. Sie benötigen weniger Trainingsdaten. Der wirkliche Durchbruch von KI in Bezug auf Musterkennung wurde im Jahr 2012 dokumentiert, erfolgte aber faktisch wohl etwas früher. Auf der auf der NeurIPS-Konferenz in Lake Tahoe verkündeten **Geoffrey Hinton** und seine Forschergruppe, darunter **Ilya Sutskever** einer der späteren Mitgründer der OpenAI Stiftung einen großen Fortschritt beim Erlernen der Klassifizierung von Bildern. Ihre KI hatte den *ImageNet Wettbewerb* gewonnen, indem es um die Klassifizierung und Erkennung von Objekten auf Bildern aus einer großen Sammlung von 14 Millionen beschrifteten Bildern aus 20.000 Objektkategorien ging. Die KI war weitaus besser als klassische Computer und zog mit Menschen gleich. Dies löste die *Deep-Learning-Revolution* aus, viele Anwendungen wie z. B. autonome Fahrzeuge, das individuelle Ausspielen von Werbung und Inhalten im Internet und Sozialen Medien aufgrund der Erkennung von Mustern in Nutzerdaten, also die massenhafte Analyse, Vorhersage und Kontrolle menschlichen Verhaltens nahezu in Echtzeit wurde möglich und zum Standard der Entwicklung durch Algorithmen gesteuerter digitaler Plattformen, die heute die wertvollsten Unternehmen der Welt sind.[312] All das ist bereits seit ca. 2010 als möglich erkannt und schrittweise in die Wirklichkeit umgesetzt worden. Kaum etwas davon ist bisher in ökonomischen, politischen und Sozialwissenschaftlichen Analysen und der öffentlichen Diskussion darüber, realistisch einzuschätzen.

Generelle Problemlösungen in Bezug auf Overfitting und Generalisierung in allen möglichen Datenformaten kann man sich als Mensch nur schwer vorstellen, es geht darum, dass man die Zahl der Dimensionen in denen Daten abgespeichert und Verbindungsstärken (Assoziationen) zwischen diesen variabel gehalten werden, algorithmisch stark erweitert. Das geht in der Anschauung und ingenieurtechnisch nur sehr schwer oder gar nicht und erfordert in den „virtuellen n-dimensionalen Räumen, die sich daraus ergeben mehr als Grundkenntnisse der Mathematik. Eine stark vereinfachte

312 Vgl. Witt, F. H. (2020) Digital Transformation and the emergence of a technology-based platform economy. March 2020, DOI:10.13140/RG.2.2.18304.17921 License CC BY-NC-ND 4.

Darstellung, wie in der Abbildung unten gezeigt, genügt aber, um das Prinzip zu veranschaulichen.

Auch bei Algorithmen zur Erkennung von Objekten Sachverhalten, gleich ob im Kontext von Sprachverarbeitung oder bei der Imitation des Sehens durch den visuellen Kortex, geht es um Optimierung und Anpassung und das ist in einer *bizarren, nicht-konvexen* Welt viel schwieriger als in der durch Prinzipien geordneten, konvexen Welt der Mechanik, die ebenso einfach zu optimieren ist wie die Modellwelten der Ökonomen.[313]

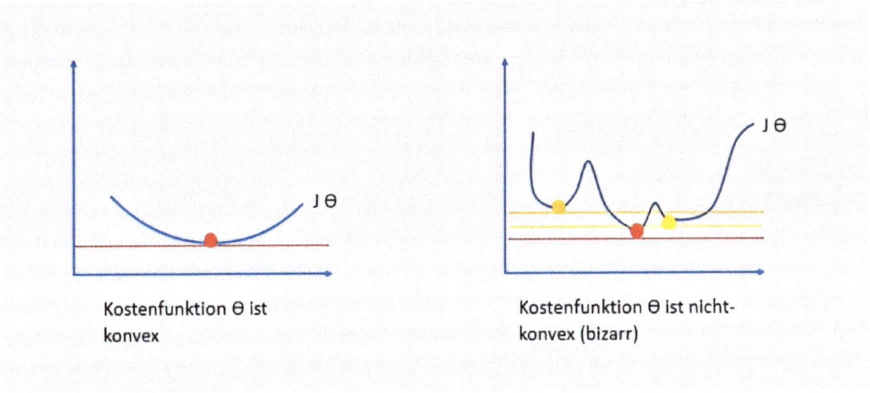

Abbildung 16: : Konvexe und bizarre Kostenfunktionen[314]

Die oben gezeigten Diagramme zeichnen Kostenfunktionen J(θ) als Funktion eines Parameters θ auf. Eine Energiefunktion für die der griechische Buchstabe θ (gesprochen: Theta) in der Notation von **Boltzmann** für gewöhnlich steht, wird optimiert, indem Minima gesucht werden. Eine konvexe Funktion hat nur ein Minimum (links), ein globales Minimum, das erreicht werden kann, indem man sich von jedem Ort auf der Oberfläche bergab bewegt. Im Gegensatz dazu kann eine nichtkonvexe Kostenfunktion lokale Minima haben (rechts), die *Fallen* sind, die verhindern, dass das globale Minimum bergab gefunden wird. Folglich sind nichtkonvexe Kostenfunktionen schwer zu optimieren. Dieses zweidimensionale Beispiel ist jedoch irreführend. Wenn es viele Parameter gibt (typischerweise viele Millionen

313 Vgl. Hinton, G. E. (2002). Training products of experts by minimizing contrastive divergence. Neural Computation, 14(8), 1771–1800.

314 Grundlegend für das Verständnis von maschinellem Lernen als Basistechnologie der KI

in einem neuralen Netzwerk), kann es Sattelpunkte geben, die in einigen Dimensionen nach oben *konvex* und in anderen nach unten *konkav* sind. Wenn Sie an einem Sattel sind, gibt es fast immer nicht nur eine Richtung, sondern mehrere an denen es bergab geht. Deep Learning setzt voraus, dass man versteht, wie es möglich ist, auch bei bizarren Funktionen immer weiter zu optimieren. Während es bei konvexen Optimierungsproblemen *keine* lokalen Minima gibt und die Konvergenz zum globalen Minimum garantiert ist, ist dies bei *nichtkonvexen* Optimierungsproblemen nicht der Fall.

Optimierungsexperten oder auch **Minsky** und **Papert** sagten, dass in der weiteren Erforschung künstlicher Intelligenz auf der Basis der Nachahmung der Funktionsprinzipien des menschlichen Gehirns Zeit und Ressourcen verschwendet würden, weil das Lernen in Netzwerken mit versteckten Einheiten und nicht transparentem Verhalten ein nichtkonvexes Optimierungsproblem sei – die neuralen Netzwerke würde in lokalen Minima gefangen bleiben (Abbildung 16 oben rechts). Empirische Beweise deuteten bspw. in den Experimenten von **Geoffrey Hinton** an der Universität von Toronto aber darauf hin, dass sie falsch lagen. Aber wieso? Wir wissen jetzt, dass in sehr hochdimensionalen Räumen lokale Minima der Kostenfunktion bis in die Endstadien des Lernens selten sind. Am Anfang sind fast alle Richtungen bergab, und auf dem Weg nach unten gibt es *Sattelpunkte*, wo einige Richtungen nach oben zeigen und andere Dimensionen nach unten zeigen. Die Intuition, dass Netzwerke in lokalen Minima stecken bleiben würden, basiert auf der Lösung von Problemen in niedrigdimensionalen Räumen, in denen es weniger Fluchtwege gibt. Aktuelle Deep-Learning-Network-Modelle haben Millionen von Einheiten und mehrere Milliarden von Gewichten. Für Statistiker, die traditionell einfache Modelle mit nur wenigen Parametern analysieren, um Theoreme mit kleinen Datensätzen zu beweisen, war ein milliardendimensionaler Raum ein Albtraum. Sie versicherten, dass mit so vielen Parametern die Daten hoffnungslos überangepasst würden: Das Netzwerk würde sich einfach die Trainingsdaten merken und nicht bei neuen Testeingaben verallgemeinern können. Aber durch den Einsatz von Regularisierungstechniken, wie z. B. das Erzwingen des Verfalls der Gewichte einzelner Neuronen bzw. der diese imitierenden Schaltungen, wenn sie nichts Nützliches taten, konnte die Überanpassung vermindert werden.

Als besonders clever erwies sich die bereits erwähnte Regularisierungstechnik namens *„Dropout“* von **Geoffrey Hinton**.[315] In jeder Lernepoche (einem Durchlauf von Trainingsdaten), werden die Hälfte der Einheiten zufällig herausgeschnitten, was bedeutet, dass für jede Epoche ein anderes Netzwerk trainiert wird. Infolgedessen weist das resultierende Netzwerk weniger Abhängigkeiten zwischen Einheiten auf, als dies der Fall wäre, wenn dasselbe Netzwerk in jeder Epoche trainiert würde.

Sehen wir uns das Ganze in einem dreidimensionalen Hopfield-Netz an, das wir uns vorstellen können, wie in der Abbildung 17 unten dargestellt.

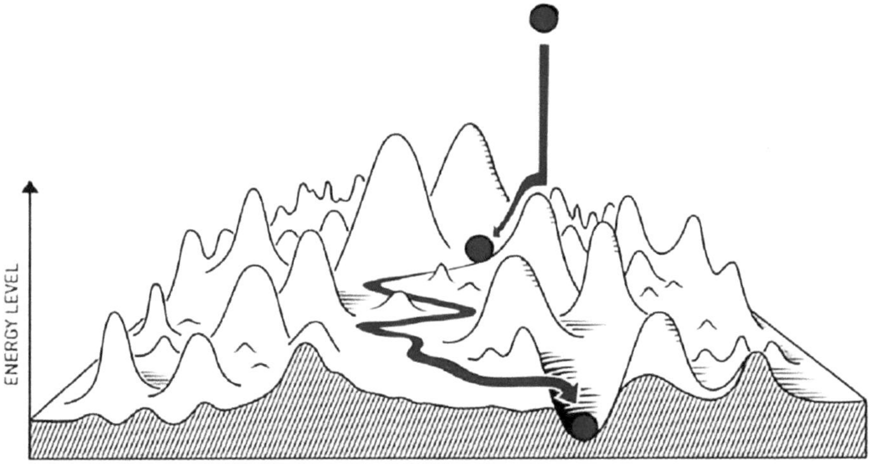

Abbildung 17: Modell eines assoziativen Gedächtnisses, Hopfield-Netzes als bizarre Landschaft[316]

Von dem abgebildeten Netz, dargestellt als Landschaft, wissen wir, dass es geeignet ist, ein kleines assoziatives Gedächtnis zu modellieren. Eine Erinnerung wird in dieser Landschaft an einem, was die kinetische Energie anbelangt, möglichst günstigen, tiefgelegenen, Punkt stabil abgespeichert. Das erfolgt auf der Grundlage von Naturgesetzen, nicht von Logik. Dazu lassen wir eine Kugel, die die Erinnerung symbolisiert in das Netz fallen, sie bleibt in dem Ausschnitt, den wir sehen können, in der Vertiefung ganz vorn

315 Siehe oben

316 In Anlehnung an John Hopfields Nobel Lecture bei der Preisverleihung – Hopfield, J. (2024). https://www.nobelprize.org/prizes/physics/2024/hopfield/lecture/

liegen. Ob das wirklich günstig oder gar ein Optimum ist, können wir nicht wissen, weil wir nicht die ganze Landschaft sehen und vieles perspektivisch verdeckt ist.

In der Mathematik kann eine solche dreidimensionale bizarre Landschaft mithilfe von Polynomen also Gleichungen dargestellt werden. In der Abbildung natürlich durch ein triviales Polynom dritten Grades, in dem eine Konstante, mit der das Niveau, auf dem sich diese Landschaft befindet, angegeben ist und Faktoren in verschiedenen Potenzen aufsummiert werden.

In der Mathematik und in der modernen Physik können solche Landschaften aber nicht nur drei Dimensionen, sondern – anders als in der visuellen Wahrnehmung – beliebig viele Dimensionen haben, also n-dimensional sein. Dementsprechend hat das Polynom in seiner allgemeinen Form eine Konstante und n-Glieder, die aufsummiert werden.

Um zu bestimmen, wo sich Suboptima und Optima befinden, muss das Polynom *analysiert* werden, indem durch einen Differentialrechnungs-Kalkül alle Steigungen der Größe 0 bestimmt werden, denn solche Punkte, an denen sich keine Steigung oder Krümmungen mehr feststellen lassen, könnten Minima sein. Das sieht in der Gestalt zweier Formeln in allgemeinen, für n-dimensionale Landschaften so aus:

$$\boldsymbol{y(x) = k_0 \pm k_1 x \pm k_2 x^2 \pm k_3 x^3 \ldots k_n x^n}$$

$$y'(x) = \sum_{\{i=1\}}^{\{n\}i} i\, k_i x^{\{i-1\}}$$

Abbildung 18: Polynom n-ten Grades und seine Ableitung

Auf eine Ableitung realer Backpropagation Algorithmen müssen wir hier verzichten und bemühen stattdessen eine vereinfachte Darstellung des assoziativen Gedächtnisses in einer Vektormaschine Maschine mit einer nur geringen (leicht vorstellbaren) Zahl von Dimensionen oder Ebenen.

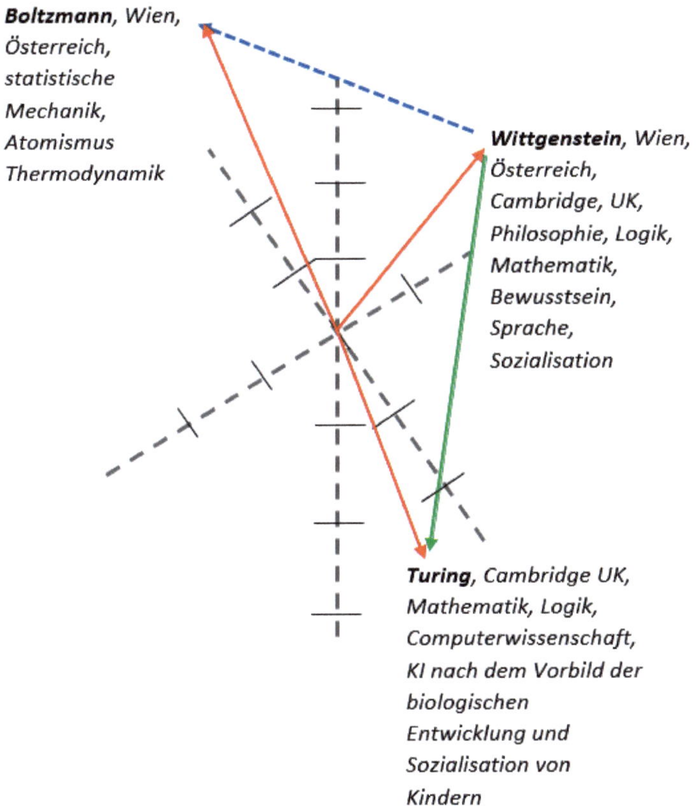

Abbildung 19: Ausschnitt eines über Vektoren in einem dreidimensionalen Raum abgebildeten, beispielhaften assoziativen Gedächtnisses zu Verbindungen zwischen 3 historischen Personen

Die merkwürdige Grafik oben, stellt damit einige simple Assoziationen oder „*Wissen*“ dar, welches Sie nach Lektüre des Kapitel 4 dieses Textes zu den genannten Beziehungen der drei genannten Personen haben könnten, aber nicht müssen. Es erfolgt beim Lesen lediglich eine stochastische Aktivierung Ihrer Neuronen und ein Training der Synapsen, das auch in einem anderen Aktivierungsmuster resultieren könnte. Sie sollten aber bereits „wissen“, dass **Wittgenstein** sich für das Weltbild, das **Ludwig Boltzmann** seinen Studierenden an der Universität Wien vermittelte, interessierte, weil es dem Bild einer logisch aufgebauten Welt widersprach. Weiter wissen sie schon: Boltzmann verübte 1906 während eines Kuraufenthaltes, verordnet wegen der „Modekrankheit Neurasthenie" in Duino, nördlich von Triest einen Suizid und es wurde nichts daraus. Und assoziieren noch: **Wittgenstein** beeinflusste **Alan Turing**, der tatsächlich bei Wittgenstein Veranstaltungen zu den Grundlagen von Logik und Mathematik besuchte und nachdrücklich beindruckt von den Analysen Wittgensteins zum Zusammenhang von Sprachlicher Bedeutung, Bewusstsein und Sozialisation war. Die *Sozialisation von Maschinen*, wurde damit zum Paradigma der Entwicklung von KI.

Ein *assoziatives Gedächtnis* durch mathematische Methoden in einer virtuellen Vektormaschine abzubilden ist unglaublich kompliziert. Dabei geht es hier eigentlich nur um die Maßzahlen oder Kalkulation der rot gezeichneten Vektoren in den Koordinaten, Richtung und Länge vom Nullpunkt aus des Vektorraums gesehen, anhand derer sich Assoziationen zu den drei Personen bündeln lassen.

Das ist allerdings in der Praxis von GPTs wesentlich komplizierter als alles, was wir hier darstellen können und wollen.

> Bereits die erste öffentliche Version von ChatGPT 3 verfügte über einen 12.888 Dimensionen umfassenden Vektorraum in dem bezogen auf Wörter, Wortbestandteile und einzelne Zeichen Bedeutungen je nach Kontextfenster variieren konnten.

Die Kontextfenster bestehen dabei aus vielen einzelnen *„Token"*, im Sinne kleiner Buchstücke von Sätzen, Wörtern und Zeichen. Je größer das Kontextfenster, umso rechenaufwändiger für die Vektormaschine, aber umso besser das „Verständnis" des Sachverhaltes durch die Maschine. Sie können an den hier dargestellten Sachverhalten allerdings sehen, dass wir diesen Text *nicht* von ChatGPTo3 Preview, der Vorschau auf leistungsfähigste Version, die im Januar 2025 ausgewählten Pilotanwendern zugänglich ist, haben schreiben lassen. Der dargestellte Sachverhalt baut auf eigene Forschung auf, die während unseres Studiums der Philosophie und Wirtschaftswissenschaften vor 4 Jahrzehnten geleistet wurde. Bisher war diese nicht öffentlich zugänglich und wurde nicht digitalisiert. Daher konnte sie aller Wahrscheinlichkeit nicht in das Trainingsmaterial von OpenAI einfließen und es ist unwahrscheinlich, dass der Transformer die Geschichte der KI in ähnlicher Weise darstellen würde, egal wie geschickt Sie fragen.

4.18 Lernen durch systematische Veränderung der Verbindungsstärke künstlicher Neuronen

Wir hatten bereits versprochen ebenso einfach darzustellen, was *Backpropagation Algorithmen* in komplexen neuralen Netzen leisten. Dazu können wir uns wieder auf eine Darstellung von Backpropagation in einfachen, „Restricted Boltzmann Machines" mit Input und Output Schichten sowie vielen „versteckten" künstlichen Neuronen beziehen.

Als Aktivierungsfunktion der künstlichen Neuronen betrachten wir nur *ReLUs. ReLU* heißt als *Rectified Linear Units* „regularisierte" künstliche Neuronen, die nicht die Eigenschaften der s-förmigen Sigmoid-Funktionen der natürlichen Neuronen haben. Bei natürlichen Neuronen nimmt die Energie von „bursts", also die Energie mit den Neuronen feuern, zuerst exponentiell zu und flacht dann ab. ReLU ist also eine einfache nicht-lineare Aktivierungsfunktion, die den Wert des künstlichen Neurons unverändert lässt, wenn $x > 0$ ist und wenn $x \leq 0$ ist, diesen auf 0 setzt. Das spielt in Transformern, eine große Rolle in Bezug auf die *Aufmerksamkeit*, die klar in Bezug auf Kontexte abgrenzbar sein muss. Das Vektorbeispiel oben Boltzmann – Wittgenstein – Turing macht ja bspw. nur „*Sinn*" in Bezug auf den Kapitel 4 dieses Textes als Kontext, der Ihnen als solcher präsent sein muss.

Die beiden Abbildungen unten zeigen zur Veranschaulichung Boltzmann-Maschinen, in denen nur eine Veränderung *eines* Gewichtes *einer* Verbindung zwischen künstlichen Neuronen vorgenommen wird, sowie man das zur Feineinstellung von Perceptrons mit nur einer Schicht künstlicher Neuronen (Transistoren) Schritt für Schritt tun konnte, um handschriftliche ausgefüllte Überweisungsbelege nach erfolgter Einstellung zuverlässig in die automatische Datenverarbeitung einlesen zu können. Das ist am Ende bei komplexen Systemen unglaublich aufwändig und wird von **Geoffrey Hinton** analog zur Mutation einzelner Gene in der *biologischen Evolution* gesehen.[317]

317 Hinton, G. (2024). Romanes Lecture: „Godfather of AI' speaks about the risks of artificia l intelligence | University of Oxford mit einer Live-Konferenzschaltung für interessierte Wissenschaftler und Laien

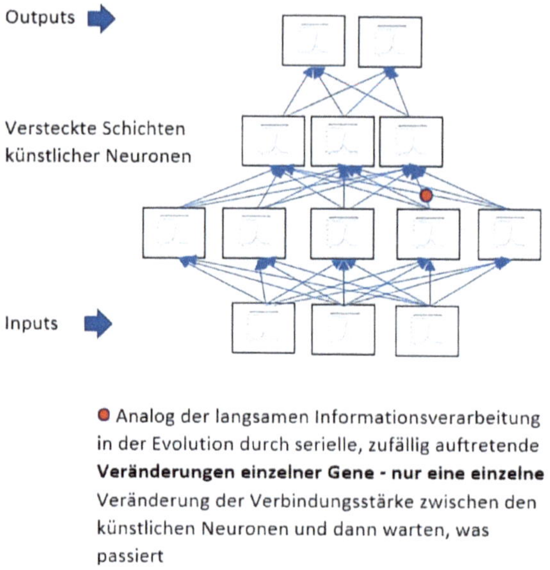

Abbildung 20: Evolution – Ein ineffizienter Weg ein neurales Netz zu trainieren

Ein *Vorgehen in Analogie zur Evolution* bei der zufälligen Mutation einzelner Gene kann bei künstlicher Intelligenz nicht zu zufriedenstellenden Ergebnissen führen. Die Performance bei Veränderung des Gewichtes, üblicherweise ausgedrückt durch eine Gleitkommazahl zwischen 0 und 1 zwischen zwei künstlichen Neuronen und ihren Aktivierungsfunktionen würde sich im Ergebnis kaum sichtbar niederschlagen. Es besteht hier eine Analogie zwischen Evolution (Anpassung) durch serielle Genmutation und *sehr langsame Verbesserung*. Es hat ja ungefähr 350.000 Generationen der Hominiden Evolution bis zum Homo sapiens gedauert. Dass zufällige Veränderungen an den Gewichten einzelner Verbindungen zwischen künstlichen Neuronen für KI-Entwicklung ein kaum geeignetes Verbesserungsverfahren sind, darauf haben **David Ackley, Geoffrey Hinton** und **Terry Sejnowski** in den 1980er Jahren hingewiesen. Das Vorbild, das Gehirn, operiert im kontextbezogenen sozialen Lernen viel schneller und scheint den unbegrenzt erscheinenden, immer schneller erfolgenden, wissenschaftlichen und technischen Fortschritt zu ermöglichen. Damit *Boltzmann-Maschinen* gleichziehen oder darüber hinauswirken können, musste ein Weg gefunden werden, wie, bezogen auf große Kontexte, *viele oder nahezu alle Verbindungen respektive* *simulierte Verbindungstärken der Synapsen in einem komplexen neuralen Netz gleichzeitig verändert werden können.* Eben *das* zeigt die Abbildung unten und *das* leistet der von Hinton und Sejnowski entwickelte, auf *„Gradient Descent"*, also *Gradienten Abstieg in n-dimensionalen Hopfield-Netzen basierende Backpropagation Algorithmus,* der sich bis jetzt, vor allem für die Anwendung in *Transformern,* bei denen es auf *Verbesserungen des assoziativen Gedächtnisses* ankommt, durchgesetzt hat. Es geht also darum Informationen kontextbezogen zu kombinieren, um wahrscheinlicher, in Analogie zu den Vorgängen im Gehirn, sinnvolle Ergebnisse zu bekommen.

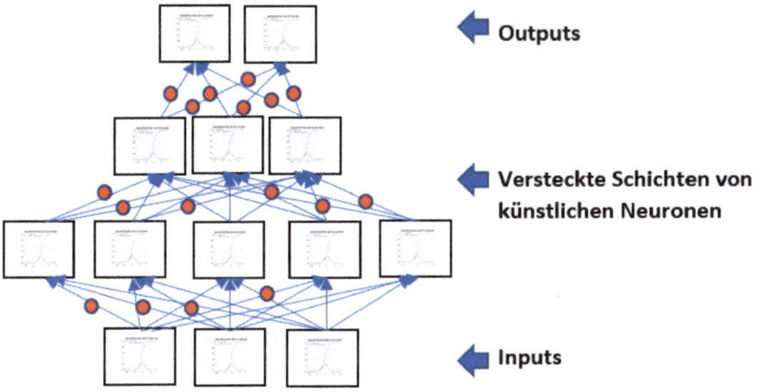

● = Veränderung vieler oder fast aller Gewichte der Verbindungen zwischen den künstlichen Neuronen über den Weg des „Gradient Descent" in einem „n-dimensionalen Raum" welchen das virtuelle Netzwerk füllt, dementsprechend besitzen Backpropagation Algorithmen die Form von Polynomen n-ten grades und des infinitesimalen Kalküles zur Ermittlung des jeweils nächsten Minimums (Optimierung einer komplexen Funktion, die das Netzwerk in n-1 Dimensionen beschreibt). (Chat GPT 3 hatte 12888 Dimensionen im Vektorraum, die Leistungsparameter der Nachfolger verrät Open AI bisher nicht.)

Abbildung 21: Der Backpropagation Lernalgorithmus – Ein effizienter Weg ein neurales Netz zu trainieren

Damit wurde gezeigt, dass *Backpropagation Lernalgorithmen* die Entwicklung von Wissen und Intelligenz unabhängig von vergänglichen, sterblichen Strukturen, der „Hardware", d. h. der natürlichen Neuronen und der noch erheblich komplexeren Prozesse bei der Verstärkung und Schwächung synaptischer Verbindungen im Gehirn, nachahmen und funktional (quantitativ und qualitativ) übertreffen können. Wir lernen nur begrenzt aus

Erfahrung, aber *sterben* als biologische Strukturen. Was die Gesellschaft dagegen vorantreibt, ist *Kommunikation sowie Speicherung und Verbreitung von Kommunikationsinhalten,* um kumulatives Lernen über den Tod von Individuen hinaus zu ermöglichen.

In künstlichen neuralen Netzen sind Hard- und Software voneinander getrennt. Während man individuelle Gehirne nicht klonen kann, weil analog und sensitiv für kleinste Differenzen bei elektrischen Ladungen und biochemischen Prozessen, skaliert KI potenziell unendlich. Künstliche neurale Netze sind *unabhängig von der Hardware,* auf der sie laufen und sie sind wegen der digitalen Form der Informationsverarbeitung *unempfindlich gegen leicht schwankende Funktionalität der Hardware,* verbrauchen aber im Vergleich erheblich mehr Energie. *Dem steht der Vorteil beliebiger Skalierbarkeit und Unsterblichkeit von KI gegenüber.*

Es wurden viele andere Backpropagation-Algorithmen und Regularisierungstechniken entwickelt, wir haben aber bewusst jene ausgewählt, die in den Transformern der KI-Anbieter vor allem OpenAI im Bündnis mit Microsoft und Alphabet/Google u. a. am wichtigsten sind. Wie versprochen bleibt uns am Ende dieses Teils noch die wichtigsten Funktionsprinzipien der GPTs zu erklären. Dabei ist uns zunächst wichtig, einige Missverständnisse aufzuklären.

4.19 Wie funktionieren GPTs als große Sprachmodelle?

In den Medien und in der öffentlichen Kommunikation wird derzeit viel über KI gestritten. Vielfach lässt sich die Äußerung finden, dass große Sprachemodelle nicht wirklich etwas wissen, es ist ja alles *nur* Stochastik, die KI kalkuliert nur Wahrscheinlichkeiten aufgrund von in kleinen Schnipsel zerlegter Texte und Symbolzeichen, *„Tokens“* und daraus zusammengesetzter Kontextfenster und „rät“ dann, wie es wahrscheinlich (man könnte auch sagen, vernünftig oder sinnvoll) weitergehen könnte. Dabei sind Überraschungen und Wendungen natürlich nicht ausgeschlossen. Was die KI-Kritiker aber übersehen, ist, dass es dem Stand der Neurobiologie entsprechend, wie in Kapitel 3 erläutert, in den menschlichen Gehirnen ganz ähnlich abläuft. Wenn KI, auch in ihren derzeit fortschrittlichsten Formen, nichts anderes ist als ein stochastischer Papagei, dann ist das in diesem Sinne auch für jedes menschliche Individuum zutreffend.[318]

KI ist dem menschlichen Gehirn nachempfunden und in vielen Hinsichten funktional äquivalent oder überlegen, das lässt sich, anders als die Richtigkeit eines Glaubens an den eigenen Exzeptionalismus als Geisteswesen, experimentell zeigen und vor Publikum wiederholen. Mittlerweile können bspw. die Signale einzelner Neuronen im Hirn abgegriffen werden und ihre Funktion bspw. bei der räumlichen Orientierung durch bildgebende Verfahren nachvollzogen werden. Kein Zweifel. Wenn Journalisten behaupten, nur sie könnten sinnvolle Texte schreiben, dann ist das nicht mehr plausibel. Was KI vorgeworfen wird, ist, dass sie nicht zuverlässig ist, nicht *„versteht"* worüber sie schreibt. Das kann man besonders in diesem Punkt anders sehen, es sei denn man wollte auf ein *Gefühl* und ein damit verbundenes *übergroßes Selbstbewusstsein* als Maßstab für die Richtigkeit der Aussage setzen.

Um das zu demonstrieren, haben wir ChatGPTo3 Preview anhand eines wohlformulierten Prompten, einer Eingabe oder Anfrage an ChatGPT von denen es ja schon bezogen auf alle Systeme, 1 Mrd. pro Tag gibt, gefragt wie es die grundsätzliche Funktionsweise von Transformern als große Sprachmodelle einem technischen und mathematischen Laien erklären würde – Prompt bzw. Eingabe des Autors:

> „Generative Pre-Trained Transformer und große Sprachmodelle wie ChatGPT und deren Funktionsweise werden im Artikel „All you need is attention" grundsätzlich beschrieben. Bitte definiere die folgenden technischen Begriffe für LLMs auf nicht-technische Weise so, dass Laien diese verstehen können, mit Beispielen und Analogien: Transformer, Token, Kodieren, Dekodieren, Selbstaufmerksamkeit, Kontextlänge und alle anderen Begriffe, die Du in Bezug auf die Funktionsweise von Transformen noch für wichtig hältst. (Embedding, Layer u. a.) Vielen Dank!"

Weil das im Dialog zu lang und unübersichtlich wurde, wurde die Bitte:

> „Kannst Du das bitte in einer Tabelle abbilden? Danke!"

318 Bender, E. M., Gebru, T., McMillan-Major, A., & Mitchell, S. (2021). On the Dangers of Stochastic Parrots: Can Language Models Be Too Big? Proceedings of the 2021 ACM Conference on Fairness, Accountability, and Transparency, 610–623. https://doi.org/10.1145/3442188.3445922

Nachgeschoben. Das Ergebnis ist die Tabelle 7 unten. Die Inhalte der Tabelle mit den Analyseergebnissen von ChatGPT sind frei von jeglichem Urheber- und Copyright-Einschränkungen (Public Domain / CC0). Wir oder Sie dürfen die Texte uneingeschränkt verwenden, vervielfältigen, modifizieren und verbreiten, ohne hierfür um Erlaubnis fragen oder Quellenangaben machen zu müssen. Das ist so, weil ein Transformer rechtlich kein Urheber sein kann. Blickt man auf die Qualität des Ergebnisses ist es schwer vorstellbar, dass ein herausragender Experte auf diesem Feld, das besser könnte, zumal in einem Bruchteil einer Sekunde. Noch einmal kurz zu *wissenschaftlichen Grundlagen, der technischen Funktionsweise und Eigenschaften von Transformern*:

- Es geht insbesondere bei den GPTs und großen Sprachmodellen und künftigen, daran anschließenden Weitentwicklungen von KI um *Optimieren in bizarren Welten*, in denen z. B. ein und derselbe sprachliche Ausdruck verschiedene Bedeutungen hat. In der Wirklichkeit und in der *Theorie sprachlicher Bedeutung, die Wittgenstein entwickelt hat*, ist das ja auch so. Zwischen zwei verschiedenen Worten kann eine unübersehbare Anzahl von Beziehungen bestehen. Es geht um die Frage: Wie kann das gelernt oder gespeichert und in Kommunikation verwendet werden? Klar dürfte auch hier sein, dass das Bewusstsein hier nur eine untergeordnete Rolle spielen kann, es handelt sich nicht um einen logischen, sondern um einen stochastischen Prozess. Optimieren heißt hier einen Weg zu finden, wie eine *komplexe Kostenfunktion* θ minimiert werden kann, die den Energieaufwand, bspw. im menschlichen Gehirn oder einer Boltzmann-Maschine dafür abbildet.
- Ein *Transformer* ist wie eine hochspezialisierte Lesemaschine, die Texte in kleine Bausteine (Tokens) zerlegt, jedes Bausteinchen in Zahlen übersetzt (Embedding), diese Zahlen dann auf verschiedenen „Stockwerken" (Layern) durchleuchtet (mit Selbstaufmerksamkeit) und schließlich – im Schritt des Dekodierens – einen neuen Text formt (z. B. eine Antwort auf eine Frage). Die *Kontextlänge* entscheidet, wie viel Text diese Maschine gleichzeitig im Blick behalten kann.
- In Analogie zu Boltzmann-Maschinen ist *Temperatur* in Bezug auf Transformer-Modelle ein Regler, der beeinflusst, wie „kreativ" oder „vorsichtig" das Modell seine nächsten Worte (Tokens) auswählt. Sie wirkt direkt auf die Wahrscheinlichkeiten der möglichen Token-Auswahlen:

- *Hohe Temperatur:* Das Modell macht größere „Sprünge" und wählt eher auch unwahrscheinliche Zeichen, Wörter und Sätze. Die Antworten können dadurch überraschender und manchmal auch weniger konsistent sein.
- *Niedrige Temperatur:* Das Modell bleibt stärker bei den wahrscheinlichsten Varianten. Es wird „vorsichtiger" und wählt seltener ungewöhnliche Tokens aus – dadurch werden die Antworten gleichförmiger und vorhersehbarer.

Kurz gesagt: Die *Temperatur* bestimmt, ob das Transformer-Modell eher „konservativ" (niedrige Temperatur) oder eher „experimentierfreudig" (hohe Temperatur) reagiert. Uns erscheint die öffentliche Meinung zu konservativ, zu niedrig temperiert, ca. 100 Jahre hinter dem Stand der empirischen Wissenschaften, gänzlich unaufgeklärt über die Gegenwart, zurückzubleiben.

Begriff	**Erläuterung (für Laien)**	**Analogie / Beispiel**
Transformer	Ein leistungsstarkes Modell für Textverarbeitung, das den Eingabetext in mehreren Stufen „liest" und verarbeitet. Dabei verlässt es sich insbesondere auf den Mechanismus der „Aufmerksamkeit".	Ein hochorganisierter Verlag, in dem mehrere Abteilungen (Schichten) parallel an einem Manuskript (dem Text) arbeiten und es sukzessive verbessern, um am Ende eine fertige Version auszugeben.
Token	Kleinster Baustein des Textes, den das Modell separat verarbeitet (Wörter, Wortteile oder Satzzeichen).	Ein Text-Puzzle, dessen Teile zerschnitten sind. Jedes Puzzleteil stellt einen Token dar, der zusammengesetzt werden muss, um den Sinn wiederherzustellen.
Embedding (Einbettung)	Um Text rechnerisch verarbeiten zu können, wird jeder Token in einen Zahlenvektor übersetzt. Diese Zahlen repräsentieren Bedeutung und Beziehungen (z. B. Ähnlichkeit) zwischen Tokens.	Ein Koordinatensystem, in dem ähnliche Begriffe nahe beieinander liegen („König" <-> „Königin").
Encoding (Kodieren)	Der Encoder-Teil eines Transformers verarbeitet den Eingangstext, achtet auf Zusammenhänge und wandelt ihn in eine interne Darstellung um, die alle wichtigen Infos enthält.	Ähnlich wie beim Lesen eines Kochrezepts: Man nimmt alle Zutaten, Arbeitsschritte etc. auf; sortiert die Informationen im Kopf und erstellt ein geistiges Modell davon.
Decoding (Dekodieren)	Der Decoder-Teil erzeugt aus der internen Darstellung den gewünschten Ausgabetext (z. B. Übersetzung, Zusammenfassung, Antwort).	Jemand, der das gelernte Kochrezept nun in eigenen Worten wiedergibt und erklärt, wie man das Gericht zubereitet.

Begriff	Erläuterung (für Laien)	Analogie / Beispiel
Selbstaufmerksamkeit	Jedes Wort (Token) schaut, welche anderen Wörter im Satz (oder Textabschnitt) für seine Bedeutung relevant sind. So erkennt das Modell, wie Tokens aufeinander Bezug nehmen.	Wenn du beim Lesen mehrmals zurückblätterst, um nachzuschauen, wer oder was genau gemeint war. „Die Katze, die ..." bezieht sich z. B. klar auf „Katze" und nicht auf „Matte" oder „Hund".
Kontextlänge	Die maximale Anzahl an Tokens, die das Modell gleichzeitig im „Kurzzeitgedächtnis" behalten kann, um Zusammenhänge zu erkennen. Ist die Kontextlänge groß, kann das Modell längere Passagen besser berücksichtigen.	Wie viele Seiten (Absätze) du dir beim Lesen gleichzeitig merken kannst, bevor du vergisst, was im letzten Kapitel stand. Eine größere Kontextlänge ermöglicht mehr Überblick.
Layer (Schichten)	Übereinandergeschichtete Verarbeitungsebenen im Transformer. Jede Schicht führt ähnliche Schritte (z. B. Selbstaufmerksamkeit und kleine neuronale Netze) aus, aufbauend auf dem Ergebnis der vorherigen Schicht.	Mehrere Stockwerke eines Gebäudes: Auf jeder Ebene hat man einen etwas anderen Blick auf dieselbe Umgebung. Je höher man geht, desto mehr Detail oder Übersicht erlangt man.
Feed-Forward-Netzwerke	Kleine „Mini-Netzwerke", die in jedem Layer zwischen den Selbstaufmerksamkeits-Berechnungen sitzen und die Daten weiterverarbeiten oder anpassen.	Eine interne Expertengruppe pro Abteilung (Layer), die die Ergebnisse noch einmal aufbereitet, korrigiert und dann weitergibt.
„Attention is all you need "	Titel des bahnbrechenden Artikels zu Transformers (Vaswani et al., 2017). Zeigt, dass das Prinzip der Selbstaufmerksamkeit ausreicht, um hoch-performante Sprachmodelle zu bauen – ohne komplexe Schleifen (RNNs) oder andere aufwändige Mechanismen.	„Alles, was du brauchst, ist Aufmerksamkeit": Wie ein Leseverfahren, bei dem du nur dort ganz genau hinschauen musst, wo wichtige Informationen stehen – und das stetig neu bewertest, während du den Text verstehst und zusammenfasst.

Tabelle 7: Funktionsweise von Transformern wie z. B. ChatGPT[319]

319 Mit Bezug auf Vaswani, A., Shazeer, N., Parmar, N., Uszkoreit, J., Jones, L., Gomez, A. N., Kaiser, Ł., & Polosukhin, I. (2017). Attention is all you need. Advances in Neural Information Processing Systems, 30, 5998–6008. https://arxiv.org/abs/1706.03762 Disclaimer: The author generated this text in part with GPTo3 preview, OpenAI's large-scale language-generation model. Upon generating draft language, the author reviewed, edited, and revised the language to their own liking and takes ultimate responsibility for the content of this publication

5 Das neue Leben mit „stochastischen Papageien" - Wie werden sich Wirtschaft und Gesellschaft in naher Zukunft verändern?

„Die Krise besteht gerade darin, dass das Alte stirbt und das Neue nicht geboren werden kann: In diesem Interregnum treten die vielfältigsten morbiden Erscheinungen auf." *Antonio Gramsci*[320]

5.1 Warum Sie Kapitel 5 lesen sollten

Dass Prognosen über technische, wirtschaftliche und gesellschaftliche Entwicklungen nicht leicht sind, ist ein Allgemeinplatz. Sie bestätigen sich meist entweder gar nicht oder nur bei sehr unpräzisen bzw. trivialen Aussagen. Im Bereich der soziokulturellen Evolution und von sozialen Systemen wirken Prognosen wirklichkeitsverändernd, können also selbst bspw. auf Finanzmärkten eine Veränderung bewirken oder auch nicht. Wirkungen sind also zufällig, stochastisch und nicht mechanisch. Aber auch die Fortschreibung, Extrapolation bereits bekannter Entwicklungen oder Trends in einem klar abgegrenzten Ereignisraum, mit bekannten Möglichkeiten ist schwierig. Trotzdem ermöglicht der in den ersten vier Teilen vermittelte Kontext jetzt die Transformation und Krisen der globalen Gegenwartsgesellschaft zu verstehen und begründbare Erwartungen zu formulieren, ohne sich auf spekulative Mutmaßungen oder Wunschdenken zu beschränken. Dennoch kann es hier nur um ein Szenario gehen, das eine mögliche Richtung der Entwicklung anzeigt; Einigkeit dürfte allerdings darin bestehen, dass ein „Weiter-So", ohne Richtungsänderungen, nicht lange gut gehen kann.

Zudem können wir auf der These aufbauen, dass die Funktionsweise von KI-Systemen in Form von Large Language Models (LLMs) und GPTs gewissermaßen eine Demonstration bzw. ein funktionales Äquivalent für ein gelungenes naturwissenschaftliches Experiment darstellt. Dies stützt die Auffassungen **Ludwig Wittgensteins** zum Zusammenhang von Bewusst-

320 Gramsci, A. (1971). Selections from the Prison Notebooks (Q 3, §34). International Publishers. (Originalarbeiten 1929–1935)

sein, Sprache und Gesellschaft bzw. gesellschaftlicher Praxis.[321] Bevor wir jedoch einen zugegebenermaßen sehr kurzen Blick auf die Gegenwart und nahe Zukunft wagen, erörtern wir den Nutzen eines solchen Unterfangens mit einer Kritik der zeitgenössischen Praxis von sich täglich ändernden Prognosen und Vorhersagen und begeben uns in die „Niederungen“ gewöhnlicher Wirtschaftswissenschaft.

5.2 Zur Vorhersage Zukunft aus ökonometrischen Modellen, Trends der Vergangenheit und wirtschaftsliberale Dogmen

Die Jahresgutachten und quartalsweisen Vorhersagen des Sachverständigenrates zur Begutachtung der gesamtwirtschaftlichen Entwicklung (SVR) in Deutschland liegen – gemessen an langjährigen Durchschnitten – bei den Wachstumsprognosen für das Bruttoinlandsprodukt (BIP) pro Jahr etwa um einen relativen Fehler in der Größenordnung von 70 % daneben.[322] Wird beispielsweise ein Wachstum von 1 % geschätzt, beträgt es laut nachträglicher volkswirtschaftlicher Gesamtrechnung für den prognostizierten Zeitraum oft nur 0,3 % und fällt damit geringer oder auch höher aus als erwartet wurde, in diesem Fall eben 1,7 %. Zwar liegt der durchschnittliche relative Fehler für das jeweils nächste Quartal „nur“ bei rund 30 % Abweichung, doch tröstet das wenig.

> Eine beliebige Umfrage unter Passantinnen in einer Fußgängerzone mit der Frage „Erwarten Sie, dass die Wirtschaft im nächsten Jahr eine

---

321 Wittgenstein, L. (1953). Philosophical Investigations (G. E. M. Anscombe, Trans.). Blackwell. Siehe auch: Conant, J., & Diamond, C. (2004). Reading Wittgenstein with Anscombe, Going On to Ethics. Harvard University Press.

322 Vgl. hierzu etwa die länger zurückliegenden Analysen zur Prognosegüte des Sachverständigenrats in: Fritsche, U., & Stephan, S. (2002). Leading Indicators of German Business Cycles and Forecasting GDP Growth. Jahrbücher für Nationalökonomie und Statistik, 222(3), 289–315. Siehe auch die Daten des SVR: Sachverständigenrat zur Begutachtung der gesamtwirtschaftlichen Entwicklung. (jährlich). Jahresgutachten. https://www.sachverstaendigenrat-wirtschaft.de/ (Abrufdatum jeweils aktuell). Und: Dicke, H. / Glismann, H., (2002). Konjunkturprognosen und wissenschaftlich – technischer Fortschritt, in: WIRTSCHAFTSDIENST; 82. Jg. (2002), H. 3, S. 167 f. Dicke und Glismann merken richtigerweise auch an, dass sich der relative Fehler im Zeitverlauf eher hätte verringern müssen, denn die absoluten Werten für das Wirtschaftswachstum haben sich ja im Trend eher verringert.

> ähnliche, größere oder kleinere Wachstumsrate aufweist als im Vorjahr?“ würde vermutlich keine schlechteren Ergebnisse hervorbringen als jene der „Sachverständigen“.

Wendepunkte und größere Abweichungen zum Vorjahr – etwa der Wechsel vom Normalwachstum in eine Rezession – werden vom SVR zudem häufig gar nicht oder erst sehr spät erkannt. Rückblickend werden solche Fehleinschätzungen dann oft mit „externen Schocks“ erklärt, darunter geopolitische Spannungen, Naturkatastrophen oder kurzum mit Wirtschaftskrisen, die „man nicht hatte kommen sehen“.

Der deutsche Sachverständigenrat (SVR) schneidet im internationalen Vergleich sogar besonders schlecht ab.[323] Erinnern wir uns hier – stark gekürzt – an das zuvor in dem Abschnitt über ökonomische Gesellschaftsmodelle in Kapitel 2 erwähnte Bonmot: „Ökonom ist derjenige, der stets in der Lage ist, ex post zu erklären, warum er sich einmal mehr geirrt hat.“[324] Wir verzichten auf eine ausführliche Auflistung der unzähligen inhaltlicher Irrtümer seitdem dieses Gremium im Jahr 1963 seine Arbeit aufnahm und beschränken uns auf einige der größten Fehlleistungen aus den letzten beiden Jahrzehnten:

1. ***Mindestlohn und Arbeitsplatzverluste:*** In seiner Stellungnahme zur Einführung des Mindestlohns (2017) befürchtete der SVR einen deutlichen Rückgang der Beschäftigung bei geringqualifizierten Arbeitnehmern.[325] Diese Prognose erwies sich als klare Fehlprognose; die Beschäftigung blieb mit dem Mindestlohn nicht nur stabil, sie stieg sogar.
2. ***Weltfinanzkrise 2008/2009:*** Im Gutachten 2007/2008 ging der SVR davon aus, dass die Immobilienkrise in den USA keine schwere, weltweite Rezession auslösen würde.[326] Die folgende gravierende Weltwirtschafts-

---

323 Eine systematische Übersicht über die Prognosefehler in internationalen Vergleichen bietet beispielsweise: Loungani, P. (2001). How accurate are private sector forecasts? Cross-country evidence from Consensus Forecasts of output growth. International Journal of Forecasting, 17(3), 419–432.

324 Maris, B. (2015) Michel Houellebecq, Ökonom: Eine Poetik am Ende des Kapitalismus, S. 14 DUMONT Buchverlag. Kindle-Version.

325 Sachverständigenrat zur Begutachtung der gesamtwirtschaftlichen Entwicklung. (2017). Jahresgutachten 2017/18. Wiesbaden, Deutschland.

326 Sachverständigenrat zur Begutachtung der gesamtwirtschaftlichen Entwicklung. (2007). Jahresgutachten 2007/08. Wiesbaden, Deutschland.

krise 2008/2009, die umfangreiche Nothilfe-Maßnahmen notwendig machte, widerlegte diese Annahme eindrücklich.

3. ***Eurokrise und das „Doom Loop"-Problem:*** Seit Beginn der Eurokrise 2010 hatte der SVR zunächst die Wechselwirkungen zwischen Banken- und Staatsschuldenkrise (bekannt als „doom loop") in der Eurozone unterschätzt. Außerdem sprach er sich gegen ein stärkeres Eingreifen der EZB über das sogenannte OMT-Programm (*Outright Monetary Transactions*) aus.[327]

Das OMT-Programm ermöglichte der Europäischen Zentralbank (EZB) nahezu unbegrenzt den Ankauf von Staatsanleihen. **Mario Draghi**, damals EZB-Präsident, verkündete am 26. Juli 2012 auf der Global Investment Conference in London den berühmten Satz:

> „Within our mandate, the ECB is ready to do whatever it takes to preserve the euro. And believe me, it will be enough."[328]

Diese Ankündigung gilt als Wendepunkt der Eurokrise, weil sie das Vertrauen in die Stabilität der Eurozone und ihrer Währung wiederherstellte und damit die Hoffnungen jener zerstörte, die auf fallende Anleihekurse, steigende Zinsen für die Anleihen der „Krisenländer" der Eurozone und das Auseinanderbrechen der Währungsunion spekulierten. Die EZB konnte als „Lender of last resort" mit der Möglichkeit unbegrenzter Geldschöpfung theoretisch auch unbegrenzt Staatsanleihen aufkaufen, ihre Drohung war dadurch *sehr* glaubwürdig; glaubwürdiger als die früheren Meinungsführer unter den Volkswirten und Finanzwissenschaftler, die dagegen waren und ein Mandat der Notenbank, die Eurozone gegen Spekulanten zu verteidigen, rundheraus bestritten. Sie irrten, **Draghi** setzte sich durch.

Für viele konservativ-liberale Meinungsführer der deutschsprachigen Wirtschaftswissenschaften (z. B. Hans-Werner Sinn, Joachim Starbatty oder Stefan Homburg) galt dieses Vorgehen damals als „Tabubruch", da es von dem (gescheiterten) Credo abwich, man müsse Regierungen zu rigorosen Sparmaßnahmen, insbesondere bei Sozialausgaben, Gesundheitswesen und

327 Für eine Auseinandersetzung mit dem OMT-Programm siehe: De Grauwe, P. (2013). The European Central Bank as Lender of Last Resort in the Government Bond Markets. CESifo Economic Studies, 59(3), 520–535.

328 Draghi, M. (2012, 26. Juli). Rede auf der Global Investment Conference in London. Europäische Zentralbank. Abrufbar unter: https://www.ecb.europa.eu/press/key/date/2012/html/index.en.html

Renten zwingen, denn die Märkte waren das einzige Wahrheitskriterium, dass sie anerkennen wollten. Eine solche „Austeritätspolitik" hätte die EU wohl politisch nachhaltig destabilisiert und unzählige Menschen ins Elend gestürzt[329] sowie einigen wenigen Akteure sehr hohe Gewinne eingebracht.

Heute ist klar ersichtlich, dass die *„Eurokrise"* weniger ein realwirtschaftliches Problem als eine Folge spekulativer Attacken war, untermauert durch die in der Politik und in Medien verbreitete Vorstellung, Staatsschulden seien grundsätzlich schlecht und gefährlich. In Wirklichkeit war und ist die Verschuldung in der Eurozone im Vergleich zu den USA sogar viel niedriger.[330] Der Unterschied ist lediglich, dass Staatsschulden in den USA viel unmittelbarer zum Wachstum der Vermögen des wohlhabenden Teils der Bevölkerung beitragen und nicht wie in Europa auch zunächst die Sicherung eines minimalen Lebensstandards des vermögenslosen Teils der Bevölkerung dienen.

Das letztlich *erfolgreiche Eingreifen* der EZB zeigt, dass die Finanzmärkte eben nicht immer „Recht haben", auch wenn sie gerne als „unfehlbar" dargestellt werden. Sie sind das „Tabu", das Heiligtum, dass man nicht antasten dürfe, der radikalliberalen Wirtschafts- und Gesellschaftslehre bzw. bürgerlichen Ideologie aus der Zeit des Zusammenbruchs des Habsburgischen Imperiums und des Deutschen Kaiserreiches, mihin nichts anderes als ein regressives Ressentiment.

Hans-Werner Sinn (ehemaliger Vorsitzender des ifo-Instituts und Ex-Vorsitzender des Vereins für Socialpolitik) und **Stefan Homburg** (ehemaliger Direktor des Instituts für Öffentliche Finanzen der Leibniz Universität Hannover) sowie **Joachim Starbatty** (ehemaliger Vorsitzender der Aktionsgemeinschaft Soziale Marktwirtschaft, der im Zuge der Eurokrise von der CDU zur AfD wechselte, jetzt parteilos) waren zwar nie Mitglieder des SVR, prägten jedoch mit ihren Positionen maßgeblich dessen Denkweise und stehen exemplarisch für jene *konservativ-liberale Realitätserzählung*, die gesellschaftliche Herausforderungen in Krisenzeiten verkennt und die

---

329 Krugman, P. (2012). End This Depression Now!. W. W. Norton & Company. (Kapitel zur Eurokrise)

330 Siehe 8, 9 und 10

Dogmatik ihres Irrglaubens über pragmatische durch wissenschaftlich belegbare Erkenntnisse sowie damit naheliegende Lösungen stellt.[331]

Stefan Homburg gilt nach seinen Äußerungen zur COVID-19-Pandemie (er bezeichnete bereits moderate Einschränkungen bürgerlicher Freiheiten als völlig überzogen) mittlerweile in renommierten Medien als rechtsextremer Verschwörungstheoretiker[332] und wird dafür in einschlägigen „alternativen" Medien und rechtsextremen Gruppierungen gefeiert.[333]

5.3 Keynes und Schumpeter: Prognosen die wirtschaftliche und gesellschaftliche Entwicklung mit technischem Fortschritt verbinden

Die meisten Vorhersagen über die Zukunft sind nichts weiter als die Fortschreibung von bestehenden Trends, die sich als Extrapolationen von Zahlenreihen in die Zukunft fortschreiben lassen, ohne zu hinterfragen, ob Gründe für eine Veränderung vorliegen könnten. Eine lange Linie wird einfach in die Zukunft verlängert, ohne darüber nachzudenken. Einfache Trendlinien werden in der Regel als Gerade aus Durchschnittswerten über einen Zeitraum gebildet. Wenn keine äußere Kraft wirkt, verändert sich nichts, ganz so wie in der Mechanik. Es ergibt sich eine Funktion der Art $f(y) = m \cdot x + b$ wobei m einen konstanten Faktor mit einem gleichbleibenden Faktor x multipliziert wird und b eine Konstante bezeichnet, die jeweils addiert oder im Fall eines negativen Betrags subtrahiert wird. Hängt die Entwicklung von der Zeit ab, wie fast immer in der wirklichen Welt, dann ergibt sich folgende Funktion, wobei t für die Zeit steht: $f(t)=m \cdot t+b$.

Lineare Funktionen, wie oben dargestellt, sind in der Wirklichkeit der Wirtschaft und auch in Bezug auf die soziokulturelle Evolution in der

331 Siehe 10; Zur medialen und wissenschaftlichen Einordnung von Homburgs Äußerungen hinsichtlich der COVID-19-Pandemie: Schiermeier, Q. (2020). Why Germany's coronavirus strategy seems to be working. Nature, 582(7811), 20–24. (Neben Lob für das Krisenmanagement enthält der Artikel auch Hinweise auf die Auseinandersetzungen um Lockdown-Kritiker.)

332 Für viele: Brinkmann, B. (2020). Prof. Dr. Verschwörung. Süddeutsche Zeitung Online 14. Mai 2020, 12:47 Uhr https://www.sueddeutsche.de/wirtschaft/corona-verschwoerung-stefan-homburg-1.4906380

333 Homburg, St. (2023) Vortrag gehalten am 11.11.2023 im Rahmen des 2. Corona-Symposiums der AfD im Deutschen Bundestag https://www.pi-news.net/2023/11/prof-homburg-gerichte-medien-und-wissenschaft-haben-versagt/

globalen Gegenwartsgesellschaft eher die Ausnahme. Die Grafik in Kapitel 2 zur Entwicklung der Menschheit über die gesamte Zivilisationsgeschichte, sowohl in quantitativer Hinsicht (Zahl der lebenden Individuen) und in Hinsicht auf die Qualität des Lebens, lässt sich nicht gut im Sinne einer linearen Entwicklung interpretieren. Tatsächlich passen *Exponentialfunktionen*, deren bekanntestes Beispiel die Verzinsung von Kapital ist, viel besser.

> Selbst bei einer realen Verzinsung eines Vermögens, gleich ob in der Form von Landbesitz, Geldanlagen oder Unternehmensanteilen von nur 1 % werden so aus 100 Werteinheiten über 100 Jahre 270,48 Werteinheiten, bei 2 % Realzins 724,46 Werteinheiten und bei 5 % Realzins sind 13.150,13 Werteinheiten das richtige Ergebnis. Der Unterschied ist erheblich, da der Effekt des Zinseszinses bei höheren Zinssätzen über lange Zeiträume exponentiell (immer stärker) wächst.

Der Betrag des Ausgangskapitals spielt ebenfalls eine große Rolle, wenn ihre Vorfahren in den letzten 7 Generationen nicht gezwungen waren ihr Einkommen zu konsumieren, sondern ein kleines Vermögen gespart haben und nichts oder nicht der Großteil durch Krieg, Vertreibung oder andere Unglücke verloren wurde, dann sind Sie jetzt vermutlich sehr reich und finanziell unabhängig, selbst wenn das Kapital eher unterdurchschnittlich verzinst wurde. Hatten ihre Vorfahren dagegen wenig Glück, haben nie reich geheiratet oder erfolgreich spekuliert, dann sieht ihr Leben ohne Startkapital wahrscheinlich ganz anders aus.[334]

Zufällig ungleich verteilte Startbedingungen sind in der Wirtschaft über Generationen hinweg entscheidend.[335] **Keynes** wurde bspw. selbst in eine britische Oberschichtfamilie hineingeboren und zunächst durchaus darauf erpicht, aus seinem kleinen Vermögen über seine sozialen Kontakte, ein großes zu machen. Er konnte das Dank glücklicher Umstände für sich selbst, wegen der günstigen Anfangsbedingungen, ohne große Anstrengungen realisieren.

Aber nicht nur in Bezug auf das Schicksal von Individuen haben kleine Zufälle große Folgen. Ganze Völker und Regionen können betroffen sein. Denken Sie an die kleine Fallstudie in Kapitel 2 zur spanischen Eroberung Mittelamerikas, das Aztekenreich *implodierte* förmlich, Wirtschaft und Ge-

334 Siehe z. B. Piketty, T. (2014). Capital in the Twenty-First Century. Belknap Press. (Kapitel über Verschuldung und Vermögensverteilung)

335 Ebenda

sellschaft wurden zerstört. die Verhältnisse in Mittelamerika änderten sich sehr schnell. Dennoch richteten sich Erwartungen in die Zukunft von Kulturen zumeist daran aus, dass alles im Prinzip so bleibt wie es ist, dass es mal aufwärts und mal Abwärts geht. Das jedenfalls war das Zukunftsmodell der Hochkulturen, in denen sich Aufschwung und Niedergang, je nach Gunst des Schicksals abwechselten. Angestrebt wurde immer ein vorgegebenes Ideal zu erreichen, von dem man sich durch unglückliche Umstände oder eigenem Verschulden wieder entfernte.

In der Folge der in Kapitel 2 ebenfalls dargestellten *„großen Transformation Europas"* aber änderten sich die Verhältnisse grundlegend, und zwar für alle. Beispielsweise auch die wirtschaftlichen und politischen Verhältnisse zwischen den imperialistischen europäischen Mächten und dem Kaiserreich China, das den Jahrhunderten zuvor sowohl wirtschaftlich, technologisch und auch militärisch jeder der europäischen Mächte weit voraus war. Staatsorganisation, Nachrichtenwesen, Bevölkerungsreichtum und zumindest die Qualität des Lebens der kleinen Elite vermögender und sozial besser gestellten Chinesen war ungleich höher. China stieg bis zum Beginn der 1970er Jahre zu einem der ärmsten Länder ab. Wir können hier nicht in Details gehen, aber die historische Entwicklung wird bspw. bei **Ian Morris** oder durch den britischen, realistisch mit historischen Daten arbeitende Ökonomen **Angus Maddison** sehr gut nachvollziehbar dargestellt.[336]

Es gibt also in der *soziokulturellen Evolution von Gesellschaften* neben den *linearen, auch implosions- und explosionsartigen Entwicklungen.* Wir verzichten auf eine mathematische Modellierung der vielen Möglichkeiten, sondern beschränken uns hier auf eine simple grafische Darstellung weniger Möglichkeiten.

Die Abbildung unten illustriert einige denkbare Entwicklungen. Diese lesen sich von links nach rechts und von oben nach unten als

a. langsames, lineares Wachstum oder inkrementelle, stetige Verbesserung der Gesellschaft,
b. Fluktuation zwischen Minima und Optima,
c. Sättigung, erreichen und Fortbestand eines Optimums,
d. sich beschleunigendes Wachstum bis zu einem Optimum und dann sich beschleunigender Abstieg,

336 Maddison, A. (2007). Contours of the World Economy, 1–2030 AD: Essays in Macro-Economic History. Oxford University Press

e. exponentielles Wachstum oder
f. nichts – der Zustand nach der Auslöschung der Menschheit oder ein Rückfall in ein Leben in einem vorzivilisatorischen Zustand bspw. nach einem bis zur Erschöpfung aller Parteien ausgefochtenen nuklearen Vernichtungskrieg.

All das ist nicht nur im Zusammenhang mit KI denkmöglich, aber u.E. in der nächsten Dekade nicht als übermäßig wahrscheinlich einzuschätzen. Jedenfalls sehen wir keine systematischen Ursachen, die in solches Szenario wahrscheinlich machen. Tatsächlich wird sich u.E. das fortsetzen, was die meisten noch nicht verstanden haben: Eine alles und überall Krise, die die Angst steigen *lässt,* dass es zu Ende geht mit der gewohnten sozialen Ordnung, die eine bessere Zukunft zumindest plausibel erscheinen ließ und dass es auf dem bis jetzt erreichten Höhepunkt der Beschleunigung der Großen Transformation nicht mehr mit Verbesserungen weitergehen kann. Die Grafik zur Exponentialfunktion *(unten links)* bildet in groben Umrissen z. B. das globale Wachstum der Bevölkerung und der Lebensqualität seit dem 15. Jahrhundert ab, wie es nicht nur wir, sondern z. B. auch **Ian Morris** u. a., wie in Kapitel 2 gezeigt, modelliert haben. Es kann aber, wegen der multiplen Gegenwartskrisen nicht so weiter gehen, wenn sich nichts grundlegend ändert.

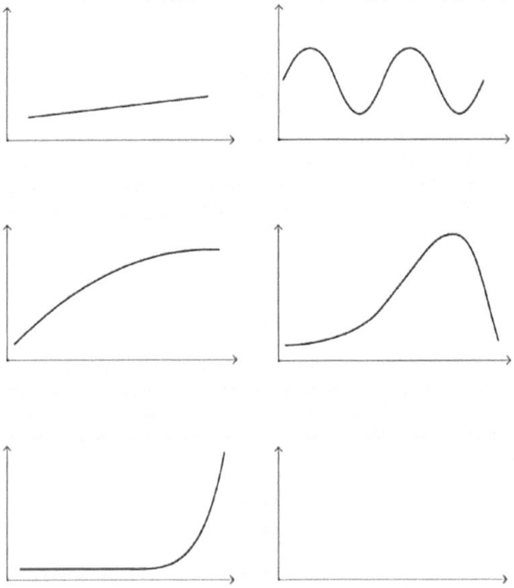

Abbildung 22: Grundformen von Szenarien der Menschheits- / Gesellschaftsentwicklung

Während Ian Morris und wir den Grund für das Abknicken der Menschheitsentwicklung nach oben, aus einer Art Stagnations-Szenario, in dem sich lange Zeit über nur wenig änderte, in der Beschleunigung von gesellschaftlichen Veränderungen durch die große Transformation (siehe Kapitel 2) sahen, fehlt den ökonomischen Theoretikern und Ökonometrikern und all den selbsternannten Zukunftsforschern, ein qualitativer Ansatz zur Prognostik, der über Trendfortschreibung oder Spekulation hinausgeht. Es fehlt ein systematisches Wissen über Zusammenhänge, man kann nicht einfach nur einen Faktor, ein Puzzleteil verändern und in Analogie zur unglaublichen Primitivität der Ceteris Paribus Klausel (alles andere bleibt gleich!) der volkswirtschaftlichen Methodik argumentieren

Kapitalismus ist sehr *fragil*, er kann nur funktionieren, wenn die Wirtschaft im Trend über lange Zeiträume hinweg wächst; allein schon, weil sich verringernde Wachstumsraten oder gar Stagnation Krise bedeuten und den drohenden Untergang von Wirtschaft und Gesellschaft. Wohlstand ist sicher auch nicht das aggregierte Ergebnis der Anstrengungen einzelner, sondern des *wissenschaftlich technischen Fortschritts* im Sinne von kumulativen Innovationen.

Die beiden großen Ökonomen des 20. Jahrhundert **John Maynard Keynes** und **Joseph Alois Schumpeter** lagen in diesem Punkt weit auseinander, obwohl sie beide in einem anderen Punkt übereinstimmten. Sie trauten dem Individuum allein nur wenig Steuerungsfähigkeit oder Vernunft zu. **Schumpeter** sah aber anders als **Keynes** in devianten Individuen, die andere Möglichkeiten sahen als ihre Zeitgenossen, die Hauptursache für Veränderungen von Entwicklungen. *Schumpeters Theorie der Innovation* beruht auf dem bewegenden Moment schöpferischerer Zerstörung im Wettbewerb mit anderen durch soziale Außenseiter. Innovation lässt sich, wie von **Schumpeter** (1911) dargelegt, in mindestens fünf verschiedene Erscheinungsformen differenzieren:

1. Einführung eines neuen Produkts mit überlegener Leistungsfähigkeit (Produktinnovation oder Innovation auf der Basis einer neuen Technologie der Leistungserstellung)
2. Anwendung neuer Produktionsmethoden, neuer Methoden der Leistungsvermarktung und/oder neuer Formen der Organisation
3. Erschließung neuer Märkte und Erlösquellen einschließlich Veränderungen des Geschäftsmodells

4. Erschließung neuer Beschaffungsquellen, Restrukturierung von Wertschöpfungs- und Lieferketten
5. eine grundsätzlich neue Organisationsweise, die zur Entstehung von neuen Monopolen und zur Zerstörung traditioneller Strukturen führt.[337]

Unter Innovation lediglich technische Verbesserungen oder Erfindungen zu verstehen, die zu einer *schrittweisen* Verbesserung des Bestehenden führen, greift in Bezug auf den letzten Typ von Innovationen zu kurz. **Schumpeter** hat in seiner Begrifflichkeit der schöpferischen Zerstörung den *revolutionären* Charakter oder die Hebelwirkung, die *Technologie* in Bezug auf *gesellschaftliche Disruption* haben kann, vorweggenommen.[338]

Im Verlauf der weiteren Entwicklung seiner Überlegungen gelangte **Schumpeter** in seinem späteren Hauptwerk *„Capitalism, Socialism and Democracy“* (1942) allerdings zur Einschätzung, dass grundlegende Innovationen vom *Typ 5*, die zu einer Umwälzung ganzer Industrien und der gesellschaftlichen Lebensweise führen, historisch immer seltener werden und schließlich ganz aussterben.[339] Er argumentierte, dass sich die *Gründerzeit der großen Konzerne* Ende des 19. und zu Beginn des 20. Jahrhunderts *nicht* wiederholen werde, da die geschaffenen großen bürokratischen Strukturen nur noch an schrittweiser Verbesserung interessiert seien und vornehmlich über Effizienzsteigerungen miteinander konkurrieren. Das nur noch schrittweise, inkrementelle Innovationsgeschehen kann von den Großkonzernen durch Planung und Organisation selbst kontrolliert werden, eine kreative Zerstörung bestehender wirtschaftlicher Strukturen und gesellschaftlicher Lebensweisen sei nicht mehr zu erwarten.

Wir wurden eines Besseren belehrt. **Schumpeter** *irrte*, als er vorhersagte, dass der Kapitalismus durch seinen eigenen Erfolg die Grundlagen für eine *sozialistischere Wirtschaftsordnung* schafft. Er argumentiert, dass die Dynamik des „kreativen Zerstörens“ durch einen geplanten und stabilisierten Fortschritt ersetzt wird und dass der Pionierunternehmer, der traditionell für Innovation und Wachstum steht, an Bedeutung verliert, weil *Innovation*

---

337 Schumpeter, J. A. (1911). Theorie der wirtschaftlichen Entwicklung. Duncker & Humblot.; Schumpeter, J. A. (1934). The theory of economic development: An inquiry into profits, capital, credit, interest, and the business cycle (R. Opie, Trans.). Harvard University Press. (Original work published 1911)

338 Thiel, P., & Masters, B. (2014). Zero to one: Notes on startups, or how to build the future. Crown Business.

339 Vgl. Schumpeter, J. A. (1942) Capitalism, Socialism, and Democracy. Nachdruck der 2. Aufl. in 2012 Floyd (VA): Wilder Publications

zunehmend institutionalisiert wird. Wie **Keynes** rechnete er, für die weitere Entwicklung nach dem zweiten Weltkrieg mit einer Angleichung zwischen den westlichen Systemen der liberalen repräsentativen Demokratie und weitgehend freier Marktwirtschaften auf der einen und sozialistischen Ideen und Systemen auf der anderen Seite. Die *Realgeschichte* zeigt aber, dass selbst die kommunistische Partei der Volksrepublik China in der Zeit nach Mao auf einen *staatlich kontrollierten Kapitalismus* umgeschwenkt ist.

Keynes und **Schumpeter** wurden beide 1883 geboren und bewegten sich spätestens in den 1920er und 1930er Jahren in denselben internationalen Wirtschaftskreisen. **Schumpeter** verbrachte nach seiner Zeit in Europa ab 1932 den Großteil seiner akademischen Karriere an der *Harvard University.* **Keynes** war in *Cambridge* (England) verankert und stieg dort zu einer der führenden Stimmen in der Wirtschaftswissenschaft, nachdem er durch die Wirtschaftskrise an Glaubwürdigkeit gewonnen hatte und seine, mit Ausnahme **Hayeks** und **Poppers**, eher mediokren Widersacher aus dem Feld schlug. Diese sahen in den Vorschlägen **Keynes**, einer rationalen Selbstbindung des Individuums durch institutionalisierte Beschränkungen und gemeinwohlorientierte, ausgleichende Politik auf der Grundlage hoher Steuern auf Vermögen und Kapital *einen Weg in die Knechtschaft.*

Trotz ihrer unterschiedlichen Wirkungsstätten trafen sich **Keynes** und **Schumpeter** bei Konferenzen und im Rahmen von Fachgesellschaften, wie der 1930 gegründeten Econometric Society. **Schumpeter** war 1937 Präsident dieser Gesellschaft, **Keynes** 1938. Verschiedene biografische Quellen und Berichte von Zeitzeugen weisen darauf hin, dass sie sich nicht nur flüchtig kannten, sondern durchaus regelmäßig austauschten und gegenseitig wahrnahmen.[340]

Schumpeters Sicht auf **Keynes** kommt in dem 1946, im Todesjahr von **Keynes**, verfassten Nachruf in der *American Economic Review* zum Ausdruck, er betonte, **Keynes** habe eine „außergewöhnliche Gabe zur politischen und praktischen Umsetzung ökonomischer Ideen"[341]. Gleichzeitig kritisierte er aber, dass **Keynes** die Bedeutung langfristiger Entwicklungs- und Innovationsprozesse unterschätzt, die er selbst als das den wichtigsten

340 Moggridge, D. (1992). Maynard Keynes: An economist's biography. Routledge. Skidelsky, R. (1992). John Maynard Keynes: The economist as savior, 1920-1937.

341 Schumpeter, J. A. (1946). John Maynard Keynes 1883–1946: A biographical note. The American Economic Review, 36(4), 495–518. (vgl. Schumpeter, 1946, S. 500 ff.)

Treiber der vergangenen und künftigen Entwicklung der globalen Gesellschaft sah.

Keynes selbst äußerte sich weniger umfangreich über Schumpeter als umgekehrt. Er würdigte **Schumpeter** als äußerst originellen und scharfsinnigen Theoretiker[342] und betonte **Schumpeters** Fähigkeit, ökonomische Entwicklungen historisch und institutionell zu betrachten als vorbildlich in den durch irrelevante Modellbildung und Ideologie irregeleiteten Wirtschaftswissenschaften.

Keynes Prognose zur Zukunft der globalen Gesellschaft, ist (aber nur kurzfristig) unser Vorbild, obwohl sie über die Zeit von 100 Jahren grandios danebenlag. Keynes irrte über 100 Jahre im etwa gleichen Umfang, indem sich der wie der SVR für gewöhnlich bei seinen Prognosen zur Wirtschaftsentwicklung über ein Jahr.

Keynes Prognose in Bezug auf die Entwicklung von Wirtschaft und Gesellschaft hat die Form eines Essays und erstreckt sich tatsächlich über 100 Jahre bis zum Jahr 2030. Das ist insofern praktisch, als wir ja Aufgaben und Möglichkeiten bis 2035 aufzeigen wollen. In *Economic Possibilities for Our Grandchildren* prognostizierte Keynes,[343] dass der technische Fortschritt und das exponentielle Wachstum der Produktivität um das Jahr 2030 das grundlegende „ökonomische Problem" der Knappheit (bei vernünftiger politischer Steuerung durch kollektive Institutionen) weitgehend lösen könnte. Er erwartete, dass Menschen nur noch höchsten 3 Stunden am Tag arbeiten müssten, da der materielle Wohlstand ein Niveau erreicht haben würde, der allen ein Leben ermöglichen könnte, das mit dem Leben der Vollbürger im klassischen Athen vergleichbar wäre: Also *ohne* durch Not erzwungene Arbeit. Der Unterschied wäre, dass *Freiheit von Mühsal und Plage* nicht nur für eine Oberschicht möglich ist, die diese auf eine Unterschicht von Sklaven oder abhängig Beschäftigten Lohnarbeitern abgewälzt, sondern dass sich jeder, der das möchte, der Philosophie, der Politik, den schönen Künsten, dem Vergnügen oder auch freiwilligen Diensten an Mitmenschen widmen könnte. Wir fassen die Vorhersagen zur gesellschaftlichen und wirtschaftlichen Entwicklung in der Form eines ins Deutsche übersetzten und collagierten Zitats (mit Auslassungen, da sonst zu umfangreich) aus dem Original zusammen:

---

342 Skidelsky, R. (1992). John Maynard Keynes: The economist as savior, 1920-1937.

343 Keynes, J. M. (1930). Economic possibilities for our grandchildren. In J. M. Keynes, Essays in persuasion (S. 358–373). Macmillan.

> „Ich würde vorhersagen, dass der Lebensstandard in fortschrittlichen Ländern in hundert Jahren zwischen dem Vier- und Achtfachen des heutigen Niveaus liegen wird. Es wird große Veränderungen in der Moralauffassung geben. Wir werden es uns leisten können, den Geldanreiz in seinem wahren Wert zu beurteilen. Die Liebe zum Geld als Besitz [...] wird als das erkannt werden, was sie ist: eine etwas widerwärtige Abnormität, eine jener halb-kriminellen, halb-pathologischen Neigungen, die man mit einem Schaudern den Spezialisten für Geisteskrankheiten überlässt. [...] Zum ersten Mal seit seiner Schöpfung wird der Mensch mit seinem wirklichen, seinem dauerhaften Problem konfrontiert sein – wie er seine Freiheit von drängenden wirtschaftlichen Sorgen nutzen kann, wie er die Freizeit, die Wissenschaft und der Zinseszins ihm verschaffen werden, weise, angenehm und gut verbringen kann. [...] Zum ersten Mal seit vielen Generationen werden wir mit dem eigentlichen Problem konfrontiert sein, wie wir unsere Freiheit nutzen können. [...] Drei-Stunden-Schichten oder eine Fünfzehn-Stunden-Woche könnten das Problem für eine lange Zeit hinauszögern."[344]

5.4 Die alles und überall Krise der globalen Gegenwartsgesellschaft

Vergleicht man die Vorhersage **Keynes** mit den Zuständen im Jahr 2025, also nach Ablauf von 95 der 100 Jahre, gleich ob in der Republik Niger in Westafrika oder Deutschland, dann ist die globale Lebenswirklichkeit nicht nur im Durchschnitt, sondern überall, trotz des enormen technischen Fortschritts diesem Ziel nicht oder kaum nähergekommen. **Keynes** hat seine Prognose eher als Aufgabe für künftige Generationen zur Realisierung einer Utopie geschrieben, denn als modellierte Entwicklung, die *sowieso* wahrscheinlich eintreten wird. Essays in Persuasion (!), er machte einen politischen Vorschlag, von dem er seine Leser überzeugen will, eine Mühe die sich **Popper** und **Hayek**, die sich intellektuell redlich gaben, aber ihre Interessen und ihr *Ressentiment* unlauter als „Wahrheit" kommunizierten, nicht machten. Gerade in der *Gegenwart* deuten sich, was gesellschaftliche Entwicklung im Sinne von **Keynes** anbelangt, eher weitere Rückschritte an, in einigen der wohlhabendsten Länder der Welt, so in den USA, geht die Lebenserwartung zurück, obwohl das Gesundheitssystem eine nie dagewesene Leistungsfähigkeit erreicht hat. In vielen Ländern, so auch in Deutschland

344 Ebenda

erreicht die Zahl der geleisteten Arbeitsstunden historische Höchststände, allerdings bei Rückgang oder Stagnation der Produktivität. Die relative Armut, sowie soziale und wirtschaftliche Ungleichheit nehmen zu.

Die moderne globale Gegenwartsgesellschaft droht sich in einen *Neofeudalismus* hineinzuentwickeln.[345] Man kann **Keynes** zugutehalten, dass er vor der zivilisatorischen Katastrophe des Zweiten Weltkriegs, eindrücklich warnte. Die Essays in Persuasion waren auch dazu gedacht, den sozialen Eliten der Siegermächte des Ersten Weltkriegs kurzfristig vor Augen zu führen, wie sie durch ihre Politik der Bestrafung des unterlegenen Gegners und den falschen Rektionen auf die Weltwirtschaftskrise, die Gefahr eines zweiten Krieges Erhöhten. Nationalistische Ressentiments und unkluge Politik, die die Verlängerung und Verschärfung der damaligen Wirtschafts- und Gesellschaftskrisen bewirkten, machten eine weiteren Krieg, wahrscheinlich.

Keynes scheiterte damit den Zweiten Weltkrieg noch abzuwenden, hatte aber dann das Glück, dass er erheblichen Einfluss auf die Wirtschafts- und Gesellschaftspolitik der USA als eher wohlwollender globaler Hegemon gewann und sich die westlichen liberalen Demokratien bis in die 1970er Jahre hinein, im Trend so entwickelten wie von Keynes vorausgesehen: Weniger Arbeit, Mühsal und Plage und gleichzeitig mehr Wohlstand und Freiheit!

Die wirtschaftliche Ungleichheit verringerte sich ebenso wie die Zahl der durchschnittlich geleisteten Arbeitsstunden. Es schien, als sollten der technische Fortschritt und die steigende Produktivität *allen* zugutekommen. Die Verteilung von Einkommen und Vermögen hat sich wenigstens ein Stück weit so entwickelt, wie es den wirklichen Idealen der Aufklärung, die sich im Wahlspruch der französischen Revolution von 1789 in der denkbar einfachsten und prägnantesten Form ausdrücken: Freiheit, Gleichheit, Brüderlichkeit (Solidarität). Mit der Gründung der Vereinten Nationen und der Verabschiedung einer Menschrechtskonvention nur zwei Jahre nach seinem Tod verwirklichte sich mehr als nur ein alter Menschheitstraum, die Utopie der Revolutionäre von 1789 für die globale Gesellschaft, universelle Rechte für alle Menschen, nicht nur besitzende Bürger, und das überall auf der Welt.

Keynes setzte auch darauf, dass der schon in der ersten Hälfte des 20. Jahrhunderts wissenschaftlich abgesicherte Kenntnisstand über die menschliche Natur (Soziobiologie), die psychologisch nur sehr eingeschränkte Steuerungsfähigkeit von Individuen, für die globale Gesellschaft

345 Kotkin, J. (2020). The coming of neo-feudalism: A warning to the global middle class. Encounter Books.

Institutionen und Zugang zu Wissen und Bildung ermöglichen würden, die die Menschheit vor weiteren *Dummheiten* bewahren könnten.

Sie wissen aus der Rezeption der Zustandsbeschreibung der Gegenwart in den Medien, es ist in Bezug auf die 100-Jahres-Prognose von **Keynes** im weiteren Verlauf nicht so gekommen. Unsere kleine Zeitdiagnose sieht daher anders aus. Wir lehnen uns mit der folgenden Grafik an **Ulrich Beck** und seine Analyse einer globalen Risikogesellschaft von 1986 an, die zum besseren Verständnis nur geringfügig modifiziert dargestellt wird.[346]

Abbildung 23: Krisen der globalen Gegenwartsgesellschaft, KI als Brandbeschleuniger oder Lösungshilfe? – in Anlehnung an Ulrich Beck (1986)

Beck hat diese Großrisiken früh auch im Kontext mit der digitalen Transformation von Medien und Gesellschaft beschrieben; die fundamentale Eigenschaft, die KI als Basistechnologie eines neuen, zweiten Maschinenzeitalters[347] hat, konnte er aber nicht kennen. Das erste Maschinenzeitalter der Industriegesellschaften im Übergang vom 19. zum 20. Jahrhundert in der Form von auf Mechanik, Thermodynamik, moderner Physik, Biologie, Chemie, Verhaltens- und Sozialwissenschaften sowie klassischer Computerwissenschaft und neuen Kommunikationsmedien basierenden technischen Errungenschaften und die damit verbundene Beschleunigung

346 Beck, U. (1986). Risikogesellschaft: Auf dem Weg in eine andere Moderne. Suhrkamp
347 Brynjolfsson, E., & McAfee, A. (2014). The second machine age: Work, progress, and prosperity in a time of brilliant technologies. W. W. Norton & Company.

von gesellschaftlichen Veränderungen führte ja nicht nur bereits beim unglücklichen **Ludwig Boltzmann** zur Diagnose der Neurasthenie, also einer Überreizung der Nerven, sondern potenziert sich in der Gegenwart als *„alles und überall Krise“*. Besonders ist hier, dass immer unwahrscheinlichere und bizarrerer Übergangserscheinungen möglich werden. KI ist z.Z. eher ein Brandbeschleuniger, der die „Temperatur“ in der Gesellschaft steigen lässt, analog zu den Verhältnissen in Boltzmann-Maschinen „bedeutet“ Temperatur die Balance zwischen zerstörerischem Chaos und Entropie auf der einen Seite und kreativer Entstehung neuer, sinnvoller Ordnung auf der anderen Seite. Ein Interregnum mit vielfältigen morbiden Erscheinungen, oder wie **Slavoj Žižek** mit Bezug auf **Antonio Gramsci und** die Gegenwart schreibt: Eine Zeit der Monster.[348]

KI wirkt sowohl in Richtung der Selbstdestruktion durch Verschlimmerung der in der Grafik aufgezeigten Krisen, besonders im Quadranten links unten, als auch in Richtung der Möglichkeit die Krisen durch Veränderung von Institutionen und Anwendung von Technologien, die bei der Komplexitätsbewältigung hilfreich sein können: Damit würde es möglich in Richtung einer *nachhaltigen Veränderung* der globalen sozialen Ordnung zu steuern.

Wir haben vor uns mit Lösungsperspektiven in einer Folgepublikation mit dem Arbeitstitel ***„Wirtschaftliche und Politische Strategien im Zeitalter der künstlichen Intelligenz“***[349] zu beschäftigen, in der Sie konkretere Vorschläge zur Bearbeitung der Krisenerscheinungen und Vertreibung der Monster erwarten können. Ihnen ist aber mit diesem Band, das war unsere Absicht, das nötige Grundwissen zugänglich, um selbst Überlegungen anzustellen. Technologie allein wird uns nicht retten, manchmal muss man, wie Keynes, Überzeugungsarbeit für das gute Leben und wie Wittgenstein für das Wahre leisten *wollen*, dazu kann man nicht ernsthaft glauben, dass das Heil in im eigennützigen Handeln von Individuen an Märkten liegt, also so weiter machen wie bisher und in die gute alte Zeit des

348 Žižek, S. (2010). A permanent economic emergency. New Left Review, 64, 85–95.
349 Witt, Frank H. (2025) Wirtschaftliche und Politische Strategien im Zeitalter der künstlichen Intelligenz, unv. Manuscript Auszüge auf LinkedIn Frank H. (Prof. Dr.) Witt | LinkedIn

Bürgertums zurückkehren wollen. Diese *regressive Politik* scheint derzeit leider mehrheitsfähig zu sein.

Technologisch lässt sich das beginnende Zeitalter mit Bezug auf **Eric Brynjolfsson** und **Andrew McAfee** von KI als *zweites Maschinenzeitalter* einordnen. Oder im bekannteren Ansatz von **Klaus Schwab** dem Direktor des jährlich in Davos stattfindenden World Economic Forum (WEF) als Industrie 4.0.[350] Damit eine Zeit von weniger Arbeit, mehr Fortschritt und Wohlstand zu verbinden und zu realisieren, erfordert Umdenken in Bezug auf Normen und Werte in einer Radikalität, die wir mit **Keynes** und **Piketty** beschrieben haben und die auch **Andrew McAfee** fordert.[351]

Die weitere Entwicklung von AI in den nächsten 10 Jahren lässt sich insoweit absehen, als dass sie mit anderen Maschinen verschmelzen wird und auch zu einem *realen Akteur in der Gesellschaft und außerhalb des Internets* werden kann. Gleich ob als autonomes Fahrzeug, Sachbearbeiter, Polizist, Soldat oder für Interaktionen im Alltagsleben, so sozialisiert und verständnisvoll und möglicherweise vertrauenswürdiger, als Menschen. Insgesamt wird KI in den nächsten zehn Jahren eine immer wichtigere Rolle bei der Bewältigung globaler Krisen spielen. Fortschritte in Bereichen wie maschinelles Lernen, Robotik und Datenanalyse versprechen neue Lösungsansätze. Die Effizienz und Reichweite dieser Technologien werden sich erhöhen, was einerseits Chancen für Innovation und Krisenmanagement eröffnet, andererseits aber auch regulatorische und ethische Debatten zu Missbrauch intensivieren muss.

Ob KI zu einer echten Entlastung von oder gar Lösung globaler Krisen beiträgt, hängt somit nicht nur vom verantwortungsvollen Einsatz, dem gesellschaftlichen Diskurs und der effektiven Regulierung ab, sondern auch von einer *substantiellen Veränderung des Gesellschaftssystems* ab.

---

350 Brynjolfsson, E., & McAfee, A. (2014). The second machine age: Work, progress, and prosperity in a time of brilliant technologies. W. W. Norton & Company.

351 McAfee, A. (2023). The geek way: The radical mindset that drives extraordinary results. Macmillan Business.

Register